ESG/SDGs キーワード130

江夏あかね・西山賢吾 著
Akane Enatsu ／ Kengo Nishiyama

一般社団法人金融財政事情研究会

サステナビリティリテラシーの時代
——推薦のことば

サステナビリティリテラシーが求められる時代である。ESG（環境、社会、ガバナンス）やサステナビリティに関する理解が問われるという意味である。背景には環境と社会の危機がある。

気候変動の激化や生物種の絶滅の急増など、地球環境が限界に達しつつある。一方で、経済格差の拡大や社会の分断の加速は、安定した社会基盤を壊しつつある。それらの多くは経済活動に起因する。そして結局は経済にも影響する。つまりビジネスや金融がどう行動するかが環境や社会という経済活動の基盤に影響し、それがビジネスや金融へと跳ね返ってくる。それゆえ、その関係を何とかしようと、さまざまな仕組みが生まれ、多様な取組みがなされている。そうした関係の全体像に対する理解が、サステナビリティリテラシーである。

単に知識として知っているだけでは十分ではない。その裏側にあるストーリーや文脈までわかったうえで、その知識を使いこなせること、すなわち日々の行動や判断に生かせることが、「リテラシーが高い」ということだろう。

本書の目次をみれば、この分野に関する用語がこれほどあるということに驚くのではないか。そこには組織の名称もあれば仕組みや方法論の名前もあり、具体的な文書名から、より抽象的な概念まである。これらの組織や仕組みや概念などが相互に関係し合い、全体として一つのエコシステムを形成している。

本書はその全体像をつかもうとしたものだと思う。単なる用語集ではなく、各項目の背景や現状について数ページを費やして解説しているので、気になった項目を選んで、じっくり読んでいけば、おのずとリテラシーが高まっていくことだろう。

著者の西山賢吾氏はこの分野で長年発信されてきた。江夏あかね氏とは「ESG債市場の持続的発展に関する研究会」でご一緒し、その成果は『サステナブルファイナンスの時代——ESG/SDGsと債券市場』（一般社団法人金融財政事情研究会）に結実した。この2人の筆になる本書なら、確かな内容を備えているものと信じている。

社会全体のサステナビリティリテラシーが高まれば、市民や個人投資家のサステナビリティに対する選好（preferences）も高まるだろう。それは、ESG投資を根底で支え、SDGsの達成に向けたモメンタムを生み、サステナブルな社会に近づくための力となる。ぜひ多くの方に本書を手にとっていただきたい。

2020年12月

高崎経済大学
経済学部教授
水口　剛

はしがき

環境・社会・ガバナンス（ESG）投資やサステナブルファイナンスは、2006年4月に提唱された責任投資原則（PRI）、2015年に国際的合意に至った持続可能な開発目標（SDGs）やパリ協定等を通じて、欧米を中心に発展してきた。日本では数年前まで、ESG投資やサステナブルファイナンスを遠い海外で起こっている一過性の動きととらえる金融市場参加者もゼロではなかった。しかし、昨今の猛暑、ゲリラ豪雨、台風等の自然災害の激甚化等を通じて気候変動の影響を身近に感じることが増え、さらに新型コロナウイルス感染拡大の影響もあり、世界全体が持続可能な社会の実現に向けて取り組むことの重要性があらためて認識された。このようななか、近年の日本の金融市場におけるESG投資やサステナブルファイナンスの発展は目覚ましい。

筆者たちが属する野村資本市場研究所は、資本市場の健全な発展に資する研究を行う一環として、近年、ESG投資やサステナブルファイナンスに関する研究を拡充してきた。2018年より約1年をかけて「ESG債市場の持続可能な発展に関する研究会」（座長：高崎経済大学 水口剛教授）を開催し、2019年6月には、報告書として、一般社団法人金融財政事情研究会より『サステナブルファイナンスの時代――ESG/SDGsと債券市場』を発行した。その際にご担当くださった、出版部長の花岡博氏より、約１年前に本書の執筆のお話をいただいた。そして、本書の構想を練り始めた2019年12月、野村資本市場研究所でさらにサステナビリティ関連研究を深める場として、野村サステナビリティ研究センターが設立され、執筆にも勢いがついた。

ESGやサステナブルファイナンスにかかわるステークホルダーは、機関投資家、企業、金融機関、政府、非営利組織、研究機関・研究者、個人、メディア等、広範にわたる。本書の作成にあたっては、各キーワードを取り巻く状況・経緯を含めた実務に役立つ内容をできる限りわかりやすく解説するように心がけ、より多くのステークホルダーにとって、「知識の引き出し」になるような本となることを目指した。具体的には、「ESG/SDGs全般」「環境」「社会」「ガバナンス」といったテーマに大別し、合計130のキーワードを紹介している。ただし、キーワードによっては、テーマの分類が困難なものがあったほか、新型コロナウイルス感染症問題のなかで新たにリストに加わったものや、内容が大幅に変更・更新となったものもあった。また、「索引」では、あるキーワードがほかのキーワードの解説で言及されていることを網羅的に示し、キーワード間の有機的な関連性がわかるように配慮した。索引を手掛かりにして、関連するキーワード群の解説をまとめて読むことで、より各キーワードの理解が深まるのではないかと思う。

本書は、2020年11月に脱稿しており、特に断りのない限り、事実関係はその時点の記述となる。また、本書において示された意見はすべて筆者たちの個人的なものであり、筆者たちの勤務する野村資本市場研究所の公式見解等ではない。ただし、本書における知見の多くが野村資本市場研究所における調査研究活動に立脚するものであり、飯山俊康社長、野村資本市場研究所が属するコンテンツ・カンパニー担当の鳥海智絵野村證券専務をはじめとする野村グループの支援に謝意を表したい。そして、推薦の言葉をお引き受けいただいた水口教授には、研究分野としてのESGやサステナブルファイナンスの魅力をさまざまな場面で暖かくご教示いただき、言葉では尽くすことのできない感謝の気持ちを抱いている。

さらに、本書の執筆にあたって、野村證券の相原和之氏、野村ホールディングスの出口ゆう子氏および久山祐理子氏には、構想段階から有益なコメントを頂戴した。一方、野村資本市場研究所の橋口達氏、加藤貴大氏、松本リエ氏にも、多大なご助力をいただいた。本書の公刊に際して、新型コロナウイルス感染拡大のなかでスケジュールが大幅に変更になるなか、たくさんのアドバイスを頂戴するともに、ご尽力いただいた花岡氏とあわせて、謝意を表したい。

本書が読者の皆様にとってESGやサステナブルファイナンスに関する知識を広げる一助となるとともに、持続可能な社会の実現に向けて僅かでも貢献することを願っている。

2020年12月

野村資本市場研究所 野村サステナビリティ研究センター

江夏あかね

西山　賢吾

【著者略歴】

江夏　あかね（えなつ　あかね）

株式会社野村資本市場研究所 野村サステナビリティ研究センター長

オックスフォード大学経営大学院修了、博士（経済学、埼玉大学)。ゴールドマン・サックス証券、日興シティグループ証券等を経て、2012年に野村資本市場研究所に入社、2019年12月より現職。研究分野は、国家・地方財政、信用分析および格付、ESG。政府、地方公共団体等の委員を歴任。著書に『地方債投資ハンドブック』(単著)、『地方債の格付けとクレジット』(単著)、『サステナブルファイナンスの時代――ESG/SDGsと債券市場』(共著）等がある。

西山　賢吾（にしやま　けんご）

株式会社野村資本市場研究所、野村サステナビリティ研究センター主任研究員

1991年、早稲田大学政治経済学部卒業。同年、株式会社野村総合研究所入社。1998年、野村證券株式会社転籍。企業アナリスト、日本株ストラテジストなどを経て2018年より株式会社野村資本市場研究所。ESG、株式保有構造、株主還元、資本政策等が企業や株式市場に与える影響を分析、調査し、投資家、企業双方に向け積極的に情報発信している。2017年、早稲田大学大学院ファイナンス研究科修了、ファイナンス修士（専門職)。著書に『内部留保の実態調査――主要企業786社を対象に過去17年間の推移（別冊商事法務413)』『自己資本利益率（ROE）の分析（同425)』など。

目 次

ESG／SDGs 全般

環　境

社　会

ガバナンス

ESG／SDGs 全般

アカウンタビリティ

アカウンタビリティとは、なんらかの権限を委託された受託者が、その権限を行使することによって生じた結果を委託者に対して報告・説明する義務であり、金融資本市場においては一般に、企業（経営者）が、株主や投資家に対し、自社の状況や財務状況などについて、報告、説明することである。

現代の株式会社の有する特質の一つに「所有と経営の分離」がある。取引所に株式を上場している大規模な株式会社においては通常、出資者、所有者が多数に分散しているため、株主はプリンシパル（依頼人）として、彼らの代理人（エージェンシー）である経営者に企業の経営を委託し、委託された経営者は株主に対し、株主の財産を自らの意思、裁量で運用し、事業を遂行することに伴う責任、受託者責任を負うことになる。

企業の意思決定を担う経営者は、経営に関する情報を株主よりも多量かつ詳細に有している。これを情報の非対称性というが、企業家経営者はこれを悪用して自らの利益を優先する行動をとりかねない。このため、企業経営者は自分たちが受託者責任を適正、かつ適切に遂行していることを株主に対し証明する責務が生じる。すなわち、アカウンタビリティは、単なる報告や説明にとどまるものではなく、受託者が自分の行った行為の正当性を証明する責務、いわゆる「立証責任」的なものと考えるほうがより適切である。

このように、「アカウンタビリティ」は株主と企業経営者の間で生じるが、他方で従業員や顧客といったステークホルダーに会社の状況等を説明することを「ディスクロージャー」という。しかし、株主も広く分散していることを考えれば、アカウンタビリティもディスクロージャーも実質的には企業経営者に対して同じような行動を要請するものと考えることができるであろう。

[西山賢吾]

インベストメント・チェーン

インベストメント・チェーンとは、⑴年金など投資家の資金が、⑵機関投資家、運用会社、銀行や証券会社などの金融仲介業者を経て企業にわたり、⑶企業がその資金を使って企業活動を拡大し、⑷稼得したリターンを投資家に還元するという、投資資金の流れを意味する。投資対象の企業が中長期的に持続的に成長すれば、その成果は賃金や配当などのかたちで最終的に家計まで還元され、経済全体の成長にもつながる。インベストメント・チェーンは伊藤レポートのなかで「全体最適に立ったインベストメント・チェーン改革を目指す」として取り上げられた。

インベストメント・チェーンの例を考えてみる。個人投資家や年金基金が運用会社など機関投資家に資金を委託する。機関投資家はその委託された資金を株式投資などで運用する。企業業績が改善すれば、その成果は株価上昇や雇用の拡大などを通じて投資家や従業員などに還元され、結果として経済全体の成長に結びついていく。インベストメント・チェーンにおけるこのような好循環の連鎖を期待するものである。

コーポレートガバナンス・コードやスチュワードシップ・コードは、インベストメント・チェーンの最適化を促進する役割を果たす。年金基金などの機関投資家（アセットオーナー）

は個人投資家から委託された資金を用いて企業に投資をするが、企業とアセットオーナーの間には運用機関という別の機関投資家（アセットマネージャー）が介在するのが通常である（図表参照）。こうした機関投資家が中長期的かつ持続的に企業価値を高めることを目的に当該企業との間で行う建設的な対話がスチュワードシップ活動である。一方、アセットオーナーはアセットマネージャーのスチュワードシップ活動を評価し、その結果によりアセットマネージャーへの委託の配分を変えていく。アセットマネージャーにはアセットオーナーからの評価を高めるためにスチュワードシップ活動を行うというインセンティブが働く。

図表　インベストメント・チェーンの概念図

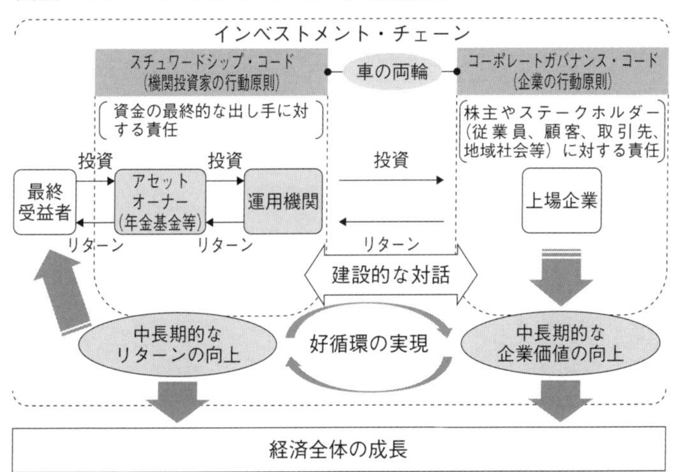

出所：金融庁「スチュワードシップを巡る状況」より野村資本市場研究所作成

このように、2つのコードが「車の両輪」となり、企業の中長期的な価値向上が機関投資家、アセットオーナーの中長期的なリターン向上、最終受益者へのリターン、そして経済全体の成長に結びつく、という好循環が生まれるのである。よって、こうした好循環を効率的に生み出すことができる仕組みをつくること、すなわちインベストメント・チェーンの高度化が重要になる。

［西山賢吾］

インパクト

インパクトには、「事業や活動の結果として生じた、社会的・環境的な変化や効果」[1]、「プロジェクトや計画によって生じる、直接的若しくは間接的、意図的若しくは意図的でないポジティブ・ネガティブな効果」[2]等の定義がある。環境省は、「組織によって引き起こされるポジティブ又はネガティブな環境、社会又は経済に対する変化のことをいい、直接的な成果や結果（アウトプット）ではなく、それにより環境、社会又は経済面にどのような違いを生み出したかという効果（アウトカム）」[3]と定義づけている。インパクトは、金融市場で長らく根付いてきた投資判断の尺度であるリスク、リターンに次ぐ評価軸として、注目が集まる傾向にある（図表１参照）。

ESG投資手法の一つであるインパクト投資について、インパクト投資のグローバルネットワークであるGlobal Impact Investing Network（GIIN）[4]は、財務的リターンと並行して、ポジティブで測定可能な社会的および環境的インパクトを同時に

1　Global Steering Group for Impact Investment（GSG）国内諮問委員会「日本におけるインパクト投資の現状　2019」2020年３月31日、14頁。

2　Impact Management Project, *Glossary*.

3　環境省ESG金融ハイレベル・パネルポジティブインパクトファイナンスタスクフォース「インパクトファイナンスの基本的考え方」2020年７月15日、７頁。

図表1　インパクト投融資の考え方

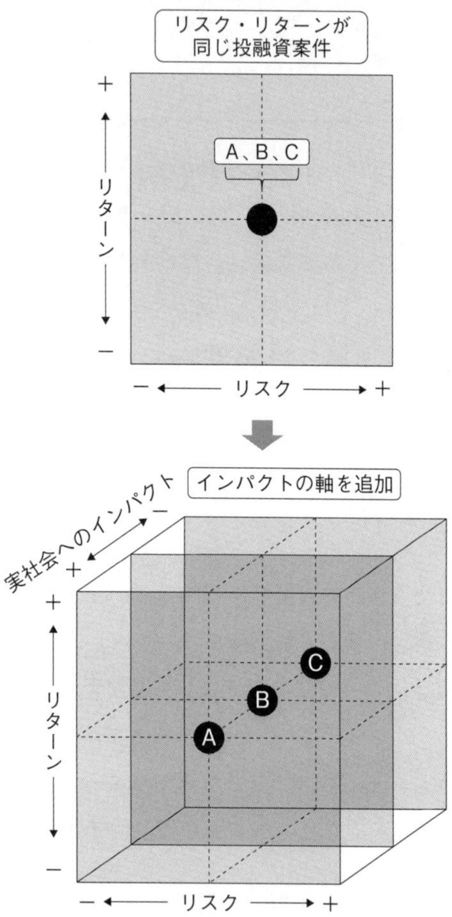

出所：環境省「「インパクト投融資」の考え方」ポジティブインパクトファイナンスタスクフォース第1回資料1－1、2020年4月23日

生み出すことを意図する投資と説明している[5]。そして、インパクト投資の特徴について、⑴明確な意図をもって、投資を通じて、財務的なリターンと並行し環境や社会にポジティブなインパクトをもたらすことに貢献していること、⑵エビデンスやインパクトデータを活用して投資戦略を設計すること、⑶インパクトパフォーマンスの把握を通じて投資を管理していること、⑷インパクト投資の発展に貢献していること、としている。

インパクト投資という言葉そのものが最初に使用されたのは、2007年に米国のロックフェラー財団によって開催された会議とされているが、欧米では20世紀後半頃から社会的・環境的課題解決のための投資が行われてきた[6]。21世紀に入って、世界的な推進を目指す組織（GIIN、Impact Management Project〔IMP〕[7]、SDGs Impact[8]等）の設立、ソーシャルインパクトボン

4　GIINは、インパクト投資の活性化を目的にロックフェラー財団を中心とした投資家層によって着想され、2009年に創設された。GIINは、ネットワーキングや情報交換、ガイドラインや調査報告書の発表、インパクト測定・管理ツールの提供等を通じてインパクト投資の普及促進を目指している。

5　Global Impact Investing Network, *What is Impact Investing?*.

6　Global Steering Group for Impact Investment（GSG）国内諮問委員会「日本におけるインパクト投資の現状　2019」2020年3月31日、6～7頁。

7　IMPは、2016年にBridges Fund Managementなどが中心となり、2,000以上の組織を巻き込んで始められたイニシアティブである。IMPは、ESGやインパクトの測定・管理・報告に係る重要事項を議論し、世界的な統一基準の形成を目指している。

8　SDGs Impactは、IMPメンバーの協力のもと、国際連合開発計画（UNDP）が2018年に設立した。持続可能な開発目標（SDGs）達成に向けた効果的な投資を可能にするための基準やツールの提供、ネットワーク機会などを提供する。

ドの誕生（2010年）、ESG投資のイニシアティブであるPRIによるESGをリスク要因として認識することからインパクトを起こすことへの変革を謳う戦略計画[9]（2015～2018年）、国際連合環境計画金融イニシアティブ（UNEP FI）によるポジティブ・インパクト金融原則[10]の策定（2017年）、国際金融公社（IFC）による「インパクト投資の運用原則」[11]の策定（2019年）等もあり、インパクト投資は世界に広がっていった。

GIINによるインパクト投資家へのアンケート調査に基づくと、世界におけるインパクト投資残高は2020年公表時点で、約4,040億ドルに達している。一方、Global Steering Group for Impact Investment（GSG）国内諮問委員会によると、日本のインパクト投資市場の規模は2019年時点で約4,480億円にのぼっている（図表2参照）。

9　Principles for Responsible Investment, *Annual Report 2015 : From Awareness to Impact*, 2015.

10　国際連合環境計画金融イニシアティブによる「ポジティブ・インパクト金融原則」は、金融において、ポジティブ・インパクトを創出するための共通原則である。持続可能な開発の3側面（環境、社会、経済）に関して、ポジティブ、ネガティブの両面からインパクト評価を行う包括的な内容となっている。

11　国際金融公社による「インパクト投資の運用原則」（2019年4月に策定）は、経済的なリターンを追求すると同時に、測定可能な社会・環境へのプラスのインパクト実現に貢献する意図をもった企業・組織に対する投資を行う際の運用管理の要件を提示している。IMPやGIIN等、既存のインパクト投資の取組みにも整合している。同原則では、投資プロセスを5つの主要素に分け、9つの原則を策定している。

図表2　世界と日本におけるインパクト投資残高

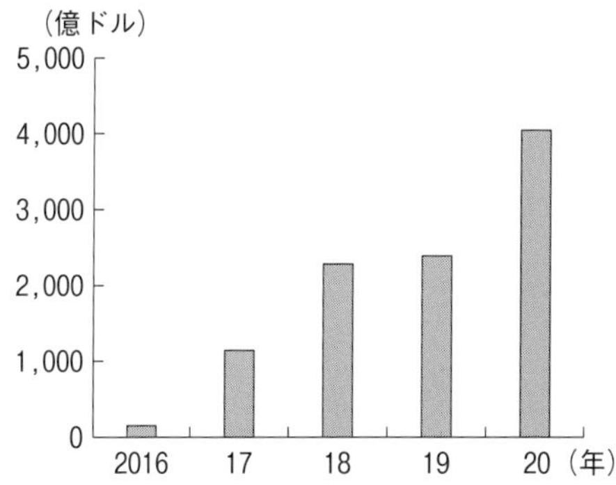

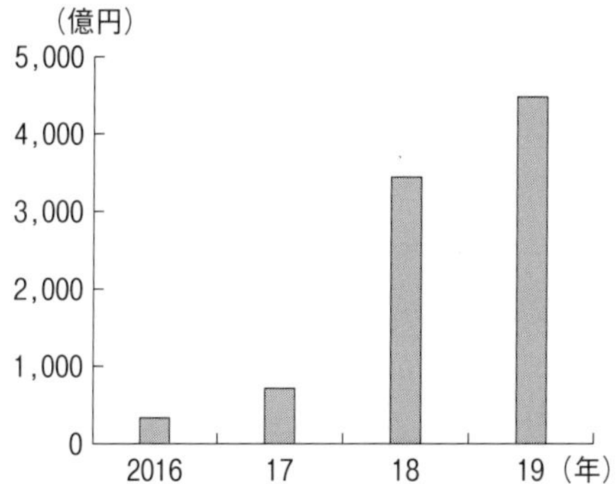

出所：Global Impact Investing Network（GIIN），*Annual Impact Investor Survey*、各年、Global Steering Group for Impact Investment（GSG）国内諮問委員会「日本におけるインパクト投資の現状」および「日本における社会的インパクト投資の現状」各年より野村資本市場研究所作成

［江夏あかね］

エシカル消費

エシカル消費とは、「地域の活性化や雇用なども含む、人や社会、環境に配慮した消費行動」[1]と定義づけられている。「エシカル（ethical）」は、「倫理的・道徳的」という意味だが、消費者それぞれが各自にとっての社会的課題の解決を考慮したり、そうした課題に取り組む事業者を応援したりしながら消費行動を行うことを指す。商品選択において、安心・安全、品質、価格に次いで「第4の尺度」ともいわれている。消費者庁では、エシカル消費の配慮の対象と具体例を以下のようにあげている（図表参照）。

エシカル消費という考え方は、英国で1989年に専門誌『エシカルコンシューマー』が創刊されたことや、1998年に「エシカル・トレード・イニシアティブ」というエシカルビジネスのアライアンスが発足したこと等を背景に、欧州を中心に広がっていった。その後、国際連合サミットで2015年9月に採択された「持続可能な開発目標（SDGs）」の12番目の目標「つくる責任、つかう責任」は、「持続可能な消費と生産のパターンを確保する」ことを目指していることもあり、世界的にも浸透が進んで

1　消費者基本計画（消費者基本法第9条に基づき、長期的に講ずべき消費者政策の大綱および消費者政策の計画的な推進を図るために必要な事項について、閣議決定するもの）の定義による。

図表　エシカル消費の配慮の対象と具体例

配慮の対象	具体例
環境	・エコ商品を選ぶ（リサイクル素材を使ったものや資源保護等に関する認証がある商品を購入）
社会	・フェアトレード商品を選ぶ（発展途上国の原料や製品を適正な価格で継続的に取引することを通じて提供された商品） ・寄付付き商品を選ぶ（売上金の一部が寄付につながる商品）
人	・障がいがある人の支援につながる商品を選ぶ（働きたい障がいがある人を支援している事業者の商品）
地域	・地元の産品を買う（地産地消によって地域活性化や輸送エネルギーを削減） ・被災地の産品を買う（被災地の特産品を消費することで経済復興を応援）
生物多様性	・認証ラベルのある商品を選ぶ ➢　例：FSC 森林認証（適切に管理された森林資源を使用した商品〔紙製品等〕）、MSC 認証（海洋の自然環境や水産資源を守って獲られた水産物〔シーフード〕）、RSPO 認証（環境への影響に配慮した持続可能なパーム油使用の商品〔洗剤等〕）

出所：消費者庁「エシカル消費ってなぁに」２頁より野村資本市場研究所作成

いる。

日本でも、2010年代に入った頃から、環境や被災地の復興、開発途上国の労働者の生活改善等の社会的課題に配慮した商品・サービスを選択して消費することへの関心が高まっている。2014年５月に「日本エシカル推進協議会」が発足したほか、2015年に閣議決定された「消費者基本計画」においても、エシカル消費の重要性が謳われた。加えて、消費者庁では、2015～2017年に「「倫理的消費」調査研究会」を開催し、倫理的消費の内容やその必要性等について検討し、国民の理解を広め、日常生活での浸透を深めるためにどのような取組みが必要なのか等に焦点を当てて調査研究を行った経緯がある。

［江夏あかね］

外部評価

グリーンボンドをはじめとした持続可能な社会を実現するためのサステナブルファイナンスにおいては、投資家の投資判断をサポートする外部評価が重要な役割を果たしている。投資家は、ESG投資にあたって、環境・社会を改善するインパクトが期待できるプロジェクトを評価し、投資判断を行っているが、投資家によっては発行体による開示情報に基づく調査・分析体制を有していないケースもある。そのような場合、ESGに専門性を有する組織による外部評価が活用されることになる。

グリーンボンド、ソーシャルボンド、サステナビリティボンドといったSDGs債[1]の場合、多くの発行体が自らの起債の信頼を高めるべく、外部評価を取得している。金融市場に最も浸透している国際資本市場協会（ICMA）のグリーンボンド原則

1　日本証券業協会によると、SDGs債は、調達資金がSDGsに貢献する事業に充当される債券であり、SDGsのなかでも環境・社会へのポジティブなインパクトを有し、一般的にスタンダードとして認められている原則（たとえば、国際資本市場協会〔ICMA〕によるグリーンボンド原則、ソーシャルボンド原則、サステナビリティボンド・ガイドラインなど）に沿った債券や、事業全体がSDGsに貢献すると考えられる機関が発行し、インパクト（改善効果）に関する情報開示が適切になされている債券が含まれる（日本証券業協会『SDGsに貢献する金融商品に関するガイドブック』4頁）。

(GBP) 等においては、発行体による外部評価の取得は任意とされているが、欧州委員会が策定を進めている欧州連合（EU）のグリーンボンド基準（EU GBS）においては外部評価が義務づけられている。

SDGs債の外部評価には、セカンド・パーティ・オピニオン

図表1　外部評価の形態

項　目	詳　細
セカンド・パーティ・オピニオン	発行体とは独立した環境・社会面での専門性を有する機関が、SDGs債原則の適合性を査定。特に、発行体の包括的な目的、戦略、環境・社会面での持続可能性に関連する理念および／またはプロセス、かつ資金使途として予定されるプロジェクトの環境・社会面での特徴に対する評価を含みうる
検証	典型的にはビジネスプロセスおよび／または環境・社会基準に関連する一定のクライテリアに照らした独立した検証を取得
認証	SDGs債やそれに関連するフレームワーク、または調達資金の使途について、一般的に認知された外部のESG基準もしくは分類表示への適合性に係る認証を、認証クライテリアとの適合性を検証する資格を有し、認定された第三者機関が確認
スコアリング／格付	SDGs債やフレームワークまたは資金使途のような鍵となる要素について、専門的な調査機関や格付会社などの資格を有する第三者機関の、確立されたスコアリング・格付手法を拠り所とする評価または査定を受ける

出所：国際資本市場協会「グリーンボンド原則2018」2018年6月、国際資本市場協会「ソーシャルボンド原則2018」2018年6月より野村資本市場研究所作成

(SPO）をはじめとしていくつかの形態があるが、発行体のSDGs債のフレームワーク[2]について、発行体から独立した専門機関が客観的な評価を与えるものが典型的である（図表1参照)。

グリーンボンドの場合、評価を行っている外部評価機関には、ノルウェーのオスロ国際気候環境研究センター（CICERO）をはじめとして複数が存在し、監査法人系機関や格付会社等も評価に取り組んでいる（図表2参照)。そのほか、気候債券イニシアティブ（CBI）が、気候ボンド基準（CBS）への準拠について外部評価を受けた債券に認証を付与している[3]。

図表2　主な外部評価機関の概要

外部評価機関	特　徴
オスロ国際気候環境研究センター（CICERO)	・ノルウェーの首都オスロに本拠がある外部評価機関 ・グリーンボンド評価は、同社が提供する機能の一つ ・2008年11月に世界銀行が設定したグリーンボンドフレームワークに対してセカンドオピニオンを提供しており、これが世界発のグリーンボンドの評価となる ・同社のグリーンボンド評価は、その資金使途となるプロジェクトのレベルがグリーンの「Shade（色合い)」で示される

2　フレームワークは、当初段階では個別のプロジェクトが確定しておらず、資金を充当する範囲とSDGs債として適合する基準を定めて、発行後にプロジェクトを選定する場合、発行体が策定するものである。

3　Climate Bonds Initiative, *Certified Green Bonds.*

DNV GL	・ノルウェーのオスロを起源とする外部評価機関 ・第三者認証・各種リスクアセスメント、再生可能エネルギー関連など、企業の持続可能な発展をサポートする技術サービスを提供 ・グリーンボンド評価では、セカンド・パーティ・オピニオンの提供およびCBI認定機関として検証サービスを提供
Sustainalytics（サステイナリティクス）	・オランダのアムステルダムに本拠をもち、責任投資、ESG投資専門のリサーチサービスを提供 ・機関投資家向けに上場企業のESG評価を提供しているほか、債券投資においては発行体向けの外部評価として、主にセカンド・パーティ・オピニオンを提供 ・CBI認定機関として検証サービスも提供 ・米国の投資信託評価会社大手であるモーニングスターが2020年7月、サステイナリティクスを完全子会社化
Vigeo Eiris（ヴィジオ・アイリス）	・フランスに本拠を有し、機関投資家を対象に上場企業のESGリサーチを提供 ・2015年末にフランスのESGリサーチ企業であったVigeoが、英国の同業であったEirisと経営統合 ・債券評価はセカンド・パーティ・オピニオンを提供しており、発行体のESG評価と対象となるプロジェクトを含む当該債券に関するESG評価の2段階評価に特徴がある ・CBI認定機関として検証サービスも提供 ・2019年4月に信用格付会社であるムーディーズが過半数の株式取得を表明し、筆頭株主となった
気候債券イニシアチブ（CBI）	・低炭素・気候変動への耐久性のある経済への移行に向けた大規模な投資を促進すべく設立された英国を本拠とする非営利団体

	・投資家、政府等が低炭素・気候変動対応経済に真に寄与する分野への投資を優先することを可能とすべく、金融市場のインフラとして認証を実施 ・認証の前提となるのは、気候ボンド基準（CBS）であり、認証気候債として認められるためには、CBSの規定を満たすことが求められる
格付投資情報センター（R&I）	・日本の主要信用格付会社の1社 ・グリーンボンドで調達された資金が環境問題の解決に資する事業に投資される程度に対する意見を、程度の高い順にGA1からGA5までの5段階の符号で表示 ・グリーンボンドに関しては、符号による格付とセカンド・パーティ・オピニオンを提供 ・ソーシャルボンドとサステナビリティボンドに関して、格付は行われず、それぞれ国際資本市場協会（ICMA）のソーシャルボンド原則（SBP）とサステナビリティボンド・ガイドライン（SBG）への適合を評価するセカンド・パーティ・オピニオンの提供が行われている
日本格付研究所（JCR）	・日本の主要信用格付会社の1社 ・グリーンボンド評価においては、対象債券などのグリーンプロジェクトとしての有効性、資金の充当割合によるグリーン性評価を行い、発行体の管理・運営・透明性評価を加えることで、評価マトリクスによって総合評価としてJCRグリーンファイナンス評価を決定し、評価の高い順にGreen1からGreen5の5段階の符号を付与 ・ソーシャルファイナンス、サステナビリティファイナンスについても、同様のマトリクスによって5段階の符号によって総合評価を実施 ・国内の環境評価会社E&Eソリューションズ、DNV GLとの業務提携を2018年に発表

	・2019年よりCBI認定機関として検証サービスを提供

出所：相原和之「サステナブルファイナンスと外部評価」『証券アナリストジャーナル』第58巻第2号、日本証券アナリスト協会、2020年2月、31～33頁より野村資本市場研究所作成

［江夏あかね］

企業行動憲章

企業行動憲章とは、日本経済団体連合会（経団連）[1]が会員企業に対して遵守を求める行動原則である。同憲章は、企業倫理とコンプライアンスの観点から、経済団体の自主的ガイドラインとして1991年に制定されたが、制定当初は企業倫理の面を中心とし、その後の証券不祥事やグローバル化への対応、環境への関心の高まりなど、社会からの要請の変化に応じて数次にわたり改定された。

2017年11月に行われた第５回改定の特徴は、Society5.0[2]の実現を通じた持続可能な開発目標（SDGs）の達成が柱となっている点である（図表参照）。サブタイトルに、企業が社会の一員として持続可能な社会を牽引する役割を担うことが掲げられ、企業が受動的ではなく、主体的にSDGsに取り組むことが

1　日本経済団体連合会（経団連）は、総合経済団体として、企業と企業を支える個人や地域の活力を引き出し、わが国経済の自律的な発展と国民生活の向上に寄与することを目的に1946年８月に設立された組織。会員数は2020年４月１日現在、1,600（うち、企業会員1,444、団体会員109、特別会員47）となっている（日本経済団体連合会「経団連とは」）。

2　Society5.0は、サイバー空間（仮想空間）とフィジカル空間（現実空間）を高度に融合させたシステムにより、経済発展と社会的課題の解決を両立する、人間中心の社会（Society）。狩猟社会（Society1.0）、農耕社会（Society2.0）、工業社会（Society3.0）、情報社会（Society4.0）に続く、新たな社会を指すもので、第５期科学技術基本計画において、日本が目指すべき未来社会の姿として初めて提唱された（内閣府「Society5.0」）。

宣言された[3]。同憲章の改定を通じて、日本でも企業、投資家等の間で広範にSDGsの概念が浸透する傾向がみられる[4]。

図表　企業行動憲章—持続可能な社会の実現のために—

企業は、公正かつ自由な競争のもと、社会に有用な付加価値および雇用の創出と自律的で責任ある行動を通じて、持続可能な社会の実現を牽引する役割を担う。そのため企業は、国の内外において次の10原則に基づき、関係法令、国際ルールおよびその精神を遵守しつつ、高い倫理観をもって社会的責任を果たしていく。
(持続可能な経済成長と社会的課題の解決) 1．イノベーションを通じて社会に有用で安全な商品・サービスを開発、提供し、持続可能な経済成長と社会的課題の解決を図る。
(公正な事業慣行) 2．公正かつ自由な競争ならびに適正な取引、責任ある調達を行う。また、政治、行政との健全な関係を保つ。
(公正な情報開示、ステークホルダーとの建設的対話) 3．企業情報を積極的、効果的かつ公正に開示し、企業を取り巻く幅広いステークホルダーと建設的な対話を行い、企業価値の向上を図る。

3　長谷川知子「SDGs 達成への公認会計士のさらなる寄与に向けて　第5回 “Society5.0 for SDGs” の実現に向けて」『会計・監査ジャーナル』第32巻第2号、第一法規、2020年2月、16頁。

4　憲章改定後の2018年3月から6月にかけて経団連が実施した「企業行動憲章に関するアンケート調査」によると、回答企業の約8割が、憲章の理念である、「持続可能な社会の実現」を経営理念や企業の行動規範・指針に反映していることが示された（長谷川知子「SDGs 達成への公認会計士のさらなる寄与に向けて　第5回 “Society5.0 for SDGs” の実現に向けて」『会計・監査ジャーナル』第32巻第2号、第一法規、2020年2月、17頁）。

（人権の尊重） 4．すべての人々の人権を尊重する経営を行う。
（消費者・顧客との信頼関係） 5．消費者・顧客に対して、商品・サービスに関する適切な情報提供、誠実なコミュニケーションを行い、満足と信頼を獲得する。
（働き方の改革、職場環境の充実） 6．従業員の能力を高め、多様性、人格、個性を尊重する働き方を実現する。また、健康と安全に配慮した働きやすい職場環境を整備する。
（環境問題への取組み） 7．環境問題への取組みは人類共通の課題であり、企業の存在と活動に必須の要件として、主体的に行動する。
（社会参画と発展への貢献） 8．「良き企業市民」として、積極的に社会に参画し、その発展に貢献する。
（危機管理の徹底） 9．市民生活や企業活動に脅威を与える反社会的勢力の行動やテロ、サイバー攻撃、自然災害等に備え、組織的な危機管理を徹底する。
（経営トップの役割と本憲章の徹底） 10．経営トップは、本憲章の精神の実現が自らの役割であることを認識して経営にあたり、実効あるガバナンスを構築して社内、グループ企業に周知徹底を図る。あわせてサプライチェーンにも本憲章の精神に基づく行動を促す。また、本憲章の精神に反し社会からの信頼を失うような事態が発生した時には、経営トップが率先して問題解決、原因究明、再発防止等に努め、その責任を果たす。

出所：日本経済団体連合会「企業行動憲章―持続可能な社会の実現のために―」2017年11月8日（第5回改定）

［江夏あかね］

原則主義と細則主義

行動規範やルール等を策定・運用する際に、大掴みの原則のみを定め、関係者がその趣旨の理解を前提にして策定・運用することを原則主義（プリンシプルベース・アプローチ）といい、一方、細かな規則を定め、その遵守を前提に策定・運用することを細則主義（ルールベース・アプローチ）という。プリンシプルベース・アプローチは主に欧州で、ルールベース・アプローチは米国で採用されることが多かった。

日本では金融規制や会計基準などの法令等を定めるにあたっては、主にルールベースを採用し、詳細な規定を定めることが一般的であった。しかし、経済のグローバル化が進展し、金融商品や金融取引などが複雑になる一方、ルールの運用対象となる金融機関や企業側でも、その規模や特性などが多様化してきた。そのようななかでは、従来のような細かなルールを定めるルールベース・アプローチでは、変化のスピードに柔軟に対応することがむずかしくなってきた。そのため、最近ではプリンシプルベース・アプローチを採用することが増えてきた。たとえば、日本では任意での適用が認められている国際会計基準（IFRS）もプリンシプルベース・アプローチである。

また、2013年から始まったコーポレートガバナンス改革においても、プリンシプルベース・アプローチが採用されている。

2014年に制定されたスチュワードシップ・コード[1]では、コードの履行の態様が機関投資家の規模や運用方針などによってさまざまに異なりうる点に鑑み、機関投資家が各々の置かれてきた状況に応じて、自らのスチュワードシップ責任をその実質において適切に果たすことができるようにすることを、プリンシプルベース・アプローチを採用する理由としてあげている。

さらに、同コードでは、「「プリンシプルベース・アプローチ」の意義は、一見、抽象的で大掴みな原則（プリンシプル）について、関係者がその趣旨・精神を確認し、互いに共有したうえで、各自、自らの活動が、形式的な文言・記載ではなく、その趣旨・精神に照らして真に適切か否かを判断することにある。機関投資家が本コードをふまえて行動するに当たっては、こうしたプリンシプルベース・アプローチの意義を十分にふまえることが望まれる」とされている。

スチュワードシップ・コードにおいて、プリンシプルベース・アプローチに基づいていることを典型的に示す部分は、機関投資家がコードの各項目を受け入れるかどうかについて、「コンプライ・オア・エクスプレイン」での対応が求められている点である。

「コンプライ・オア・エクスプレイン」は一般的に、「(各原

1　2015年に制定されたコーポレートガバナンス・コードには「原則主義」という文言はないが、コードの各項目の受入れは、コンプライ・オア・エクスプレインの原則にのっとっており、プリンシプルベース・アプローチが採用されているということができる。

則を）受け入れるか、受け入れないのであれば、その理由を説明せよ」というもので、ルールベース・アプローチのように、原則を受け入れることが前提で、原則を実行していくために細かな規則をつくるのではなく、各原則を受け入れるかどうかは機関投資家の置かれている状況に鑑みて決定し、もし受け入れないのであれば、その理由を説明することが認められている。

日本ではまだプリンシプルベース・アプローチが十分浸透しておらず、対象企業においてはコードの各原則の受入れ等に関する説明について、ガイドラインの制定や、いわゆる「ひな形」を求めることも少なくないが、今後、プリンシプルベース・アプローチがさらに普及していくなかで、原則の趣旨の深い理解に基づき、独自性をもった、説得力のある内容で説明することが求められる。

［西山賢吾］

国連グローバル・コンパクト

国際連合（国連）グローバル・コンパクト（UNGC）とは、1999年の世界経済フォーラム（ダボス会議）の席上でコフィー・アナン国連事務総長（当時）が提唱したイニシアティブである。各企業・団体が責任ある創造的なリーダーシップを発揮することによって、社会のよき一員として行動し、持続可能な成長を実現するための世界的な枠組みづくりに参加する自発的な取組みである。UNGCでは、４つの分野（人権の保護、不当な労働の排除、環境への対応、腐敗の防止）にかかわる10の原則が掲げられている（図表参照）。

UNGCに賛同し、署名している企業・団体は2020年11月18日現在、世界に１万5,980あり、10原則を軸に活動を行っている[1]。署名企業・団体には、グローバル・コンパクトの10原則（GC10原則）の実践状況と成果をUNGC本部へ提出することが義務づけられている。具体的には、⑴企業は、署名後１年以内にCOP（Communication on Progress）第１回目、以後１年に１回提出すること、⑵団体は、署名後２年以内にCOE（Communication on Engagement）第１回目、以後２年に１回提出すること、とされ

1　United Nations Global Compact, *Our Participants*（https://www.unglobalcompact.org/what-is-gc/participants、2020年11月18日閲覧）。

図表　国連グローバル・コンパクトの10原則

分　野	原　則
人権	原則１：人権擁護の支持と尊重
	原則２：人権侵害への非加担
労働	原則３：結社の自由と団体交渉権の承認
	原則４：強制労働の排除
	原則５：児童労働の実効的な廃止
	原則６：雇用と職業の差別撤廃
環境	原則７：環境問題の予防的アプローチ
	原則８：環境に対する責任のイニシアティブ
	原則９：環境にやさしい技術の開発と普及
腐敗防止	原則10：強要や贈収賄を含むあらゆる形態の腐敗防止の取組み

出所：グローバル・コンパクト・ネットワーク・ジャパン「国連グローバル・コンパクトの10原則」

ている[2]。一方、署名企業・団体には、(1) GC10原則と持続可能な開発目標（SDGs）の実現を目指した活動の実施、(2) UNGCへの

2　COPやCOEは、GC署名企業・団体からステークホルダーに向けた定期活動報告である。COPの要件は、(1) UNGCやその10原則、イニシアティブに対して自社の現行コミットメントを継続していくことに対する最高責任者による支持の表明、(2)企業が実施した、または実施しようとする４分野に関するGC原則の実践的行為の記述、(3)成果の測定、がある。COEの要件は、(1) UNGCやその10原則、イニシアティブに対して自社の現行コミットメントを継続していくことに対する署名団体代表者もしくは同等の者による支持の表明、(2) GC原則に関する実践的行為の記述、(3)成果の測定、がある。（グローバル・コンパクト・ネットワーク・ジャパン「GC署名企業・団体に求められること」）

参加やGC原則を積極的にPR、が奨励されている。

UNGCでは、(1)国連事務総長やグローバル・コンパクト本部職員、署名企業・団体が対話を行い、UNGCの活動に対する勧告や戦略策定を行う最高レベルの会議（国連グローバル・コンパクト・リーダーズ・サミット）の開催、(2)署名企業・団体により構成される各国のローカルネットワークによる活動展開、等が行われている。

日本においては、2003年12月にグローバル・コンパクト・ネットワーク・ジャパン（GCNJ）が発足し、2011年10月に法人化された。GCNJには2020年10月27日時点で379企業・団体が加入している[3]。

UNGCは、企業に対して、環境・社会・ガバナンス（ESG）に責任をもつことを求める考え方であるため、国連が支援する他の持続可能性のイニシアティブ（責任投資原則〔PRI〕、持続可能な証券取引所〔SSE〕等）を発足させる触媒にもなった[4]。

[江夏あかね]

---

3 グローバル・コンパクト・ネットワーク・ジャパン「加入企業・団体一覧」（http://ungcjn.org/gcjn/state/index.html、2020年11月26日閲覧）。

4 「Interview――国連グローバル・コンパクト　創設メンバー、元事務局長　英アラベスク・グループ会長　ゲオルグ・ケル氏――企業の役割、がらりと変わった　カーボンマイナスが企業価値に」『日経ESG』2020年4月、45頁。

コンプライ・オア・エクスプレイン

「コンプライ・オア・エクスプレイン」とは、機関投資家や上場企業の行動原則であるスチュワードシップ・コード、コーポレートガバナンス・コードの受入れを表明するうえで、各原則を受け入れるのか、受け入れないのであればその理由を説明することである。

コンプライ・オア・エクスプレインは、原則主義（プリンシプルベース・アプローチ）に基づくものである。両コードは法律や規則のような強制力をもつものではないため、細かな規則等を作成して運用する細則主義（ルールベース・アプローチ）ではなく大掴みな原則のみを定め、それを受け入れるかどうかは、コードを受け入れる上場企業や機関投資家の判断に委ねられている。そのうえで、受け入れないのであればその理由を開示することになる。

ただし、両コードの各原則は、これらを受け入れ、実施することがコーポレートガバナンスやスチュワードシップの観点からは望ましいものとして定められている。したがって、基本的には企業や機関投資家に原則を受け入れることが求められていると考えられ、コードの各原則を受け入れないということは、これらを受け入れなくてもコードの求める目的を達成できると企業や機関投資家が考えていると理解される。よって、「エクスプレイン」とは、企業や機関投資家は、コードに従わなくともその趣旨を実現できると考える理由を明確に説明するものであり、単に、コードに示された内容を「実施しない理由」を説明する性質のものではない。

また、エクスプレインの内容については、それが虚偽ではない限りにおいて罰則等はなく、情報の受け手側（たとえば、コーポレートガバナンス・コードであれば機関投資家をはじめとした投資家）がその説明内容の適否を判断し、もし納得できないのであれば、エンゲージメントの主要なテーマの一つとして取り上げたり、議決権行使において経営トップに反対したりするなどの行動をとることになる。

一方、「コンプライ・オア・エクスプレイン」の発祥である英国では、2020年に行われたスチュワードシップ・コードにおいて、原則については「受け入れて、かつ説明する」という「アプライ・アンド・エクスプレイン」の手法が取り入れられている。今後日本でも「アプライ・アンド・エクスプレイン」が研究され、その受入れの適否が検討される方向になるかどうかが注目される。

［西山賢吾］

サステナビリティ・テーマ投資

サステナビリティ・テーマ投資とは、ESG投資手法の一つで、サステナビリティに関するテーマ、組織、資産等に対して投資を行う手法である。たとえば、再生可能エネルギーや持続可能な農業等のプロジェクトや企業に対する投資が典型的である。グリーンボンド等SDGs債もこのカテゴリーに属するといえる。日本では、世界的な環境問題への意識の高まりを背景に、1990年代後半頃から環境に配慮した経営を行っている企業を中心に投資する投資信託（エコファンド）が設定された。エコファンドもサステナビリティ・テーマ投資の一種に分類される。

［江夏あかね］

サステナビリティボンド

サステナビリティボンドとは、環境と社会開発等にともに資する事業を資金使途とする債券で、国際資本市場協会（ICMA）が2017年６月、サステナビリティボンド・ガイドライン（SBG）を公表している[1]。なお、SBG以外では、ASEAN資本市場フォーラム（ACMF）がサステナビリティボンド基準（SUS）を2018年10月に公表している。

SBGによると、サステナビリティボンドは、その手取金の全額がグリーンプロジェクトおよびソーシャルプロジェクト双方への初期投資またはリファイナンスに充てられるもので、グリーンボンド原則（GBP）とソーシャルボンド原則（SBP）に共通する４つの核となる要素に適合する債券と定義づけられている。

ICMAにおいては、プロジェクトには環境面と社会面にまたがる複数の便益がある場合があるが、グリーンボンド、ソーシャルボンド、サステナビリティボンドのどれに分類するかは、当該プロジェクトの主な目的に基づき、発行体が決めるべきとの見解を示している[2]。すなわち、グリーンボンドとソーシャルボンドは発行目的が異なるが、グリーンボンドとサステ

1　サステナビリティボンド・ガイドラインは、2018年６月に改訂されている。

ナビリティボンド、ソーシャルボンドとサステナビリティボンドについては、発行目的が共通している場合がある。

諸外国では、2008年12月にサステナビリティボンドを発行したフランスのノール・パ・ド・カレー州(現・オー・ド・フランス州)をはじめとして多くの発行体がサステナビリティボンドの起債に取り組んでいる[3]。日本の発行体では、日本政策投資銀行が2015年10月に初のサステナビリティボンドを起債している。

サステナビリティボンドの発行は当初、地方公共団体、政府系機関、銀行が中心だったが、2016年5月に米国のスターバッ

図表　サステナビリティボンドの発行状況

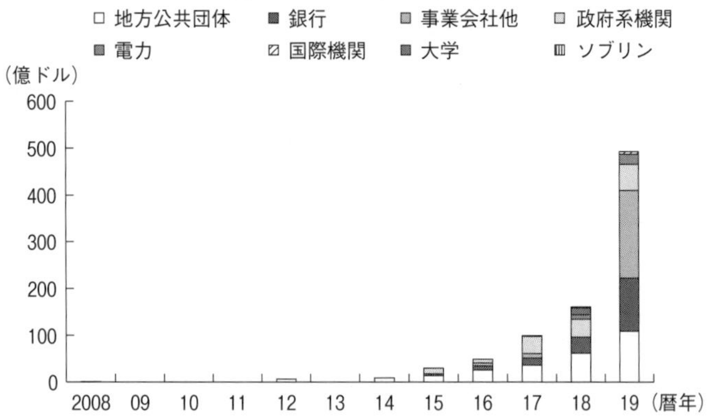

2　なお、複数の便益を有している場合でも、同一の債券に対して複数の異なる名称を用いることは避けるべきとされている(国際資本市場協会「質問と回答」7頁)。

3　ブルームバーグの統計に基づく。

発行体セクター別発行残高の内訳

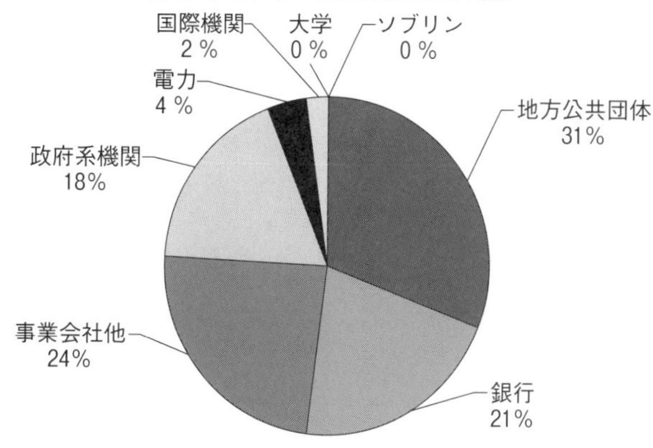
国際機関
2％
大学
0％
ソブリン
0％
電力
4％
地方公共団体
31％
政府系機関
18％
事業会社他
24％
銀行
21％

国別発行残高の内訳

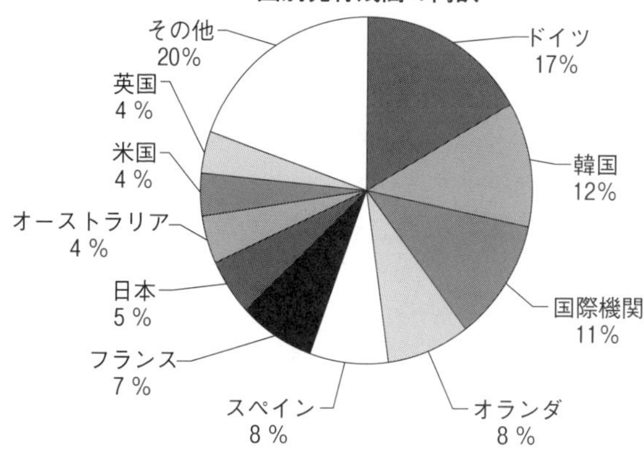
その他
20％
ドイツ
17％
英国
4％
米国
4％
韓国
12％
オーストラリア
4％
日本
5％
国際機関
11％
フランス
7％
スペイン
8％
オランダ
8％

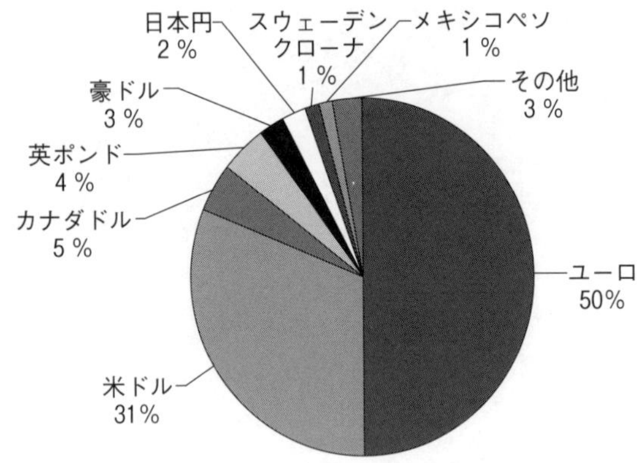

(注) データ（2019年12月末時点）は、ブルームバーグによるソーシャルボンドの判定基準に基づく。米ドル換算ベース。
出所：ブルームバーグのデータをもとに、野村資本市場研究所作成

クスが起債して以降、事業会社等にも広がっていった。国別では、ドイツ、韓国、オランダ等が中心で、通貨別ではユーロが半分程度、米ドルが約３割を占めている。

[江夏あかね]

サステナビリティ・リンク・ローン

サステナビリティ・リンク・ローンとは、一般的に、事前に設定・合意されたかたちで、借り手の「サステナビリィ・パフォーマンス」の向上を促すためのインセンティブが組み込まれた金融商品である[1]。サステナビリティ・パフォーマンスは、重要業績評価指標（KPI）、外部機関による格付等のサステナビリティ・パフォーマンス・ターゲット（SPT）を用いて測定される。表面利率が変動する仕組みの場合、借り手がSPTを達成すれば、低い利率で利息を支払い、未達の場合は高い利率で利息を支払うというものである。

グリーンボンド、ソーシャルボンド、サステナビリティボンド等のサステナブルファイナンス関連の金融商品と比較した場合のサステナビリティ・リンク・ローンの特徴としては、⑴資金使途が限定されず、一般事業目的（General Corporate Purpose）、⑵成果連動型、⑶ローンであるため、借り手にあわせた柔軟な商品設計が可能、といった点があげられる。

サステナビリティ・リンク・ローンに関する自主的ガイドラ

1　本用語については、江夏あかね「企業等のサステナビリティ・パフォーマンスに着目したサステナビリティ・リンク・ローンの発展と注目点」『野村資本市場クォータリー』第23巻第2号（2019年秋号）、17～32頁を参考に記している。

インとしては、英国のローン・マーケット・アソシエーション（LMA）、アジア太平洋地域のアジア・パシフィック・ローン・マーケット・アソシエーション（APLMA）およびローン・シンジケーション＆トレーディング・アソシエーション（LSTA）が共同で2019年３月に公表したサステナビリティ・リンク・ローン原則（SLLP）がある。また、日本の環境省は2020年３月、「グリーンローンおよびサステナビリティ・リンク・ローンガイドライン2020年版」を公表している。

サステナビリティ・リンク・ローンの組成については、タームローンではなく、リボルビング・クレジット・ファシリティが中心となっている[2]。リボルビング・クレジット・ファシリティ契約は、コミットメントライン契約とも呼ばれ、貸し手の銀行が手数料を徴収することによって、借り手のために一定の期間、一定の融資極度額を設定し、その範囲内であれば借り手は借入れを行う権利を取得し、貸し手は貸付を行う義務を負担する契約である。また、多くの事例は、既存のローン契約をサステナビリティ・リンク・ローン形式に変更するかたちをとっており、オランダのフィリップスによる世界初の事例が2017年に実現した頃から、このような契約変更が増えているとみられる。

ブルームバーグの統計における組成額残高（2020年９月末現在、約2,446億ドル）に基づくと、サステナビリティ・リンク・

2　Bloomberg NEF, *Rise of Sustainability-Linked Loans Aided by 'Principles'*, 21 March 2019, p.7.

図表　サステナビリティ・リンク・ローンの仕組み（イメージ）

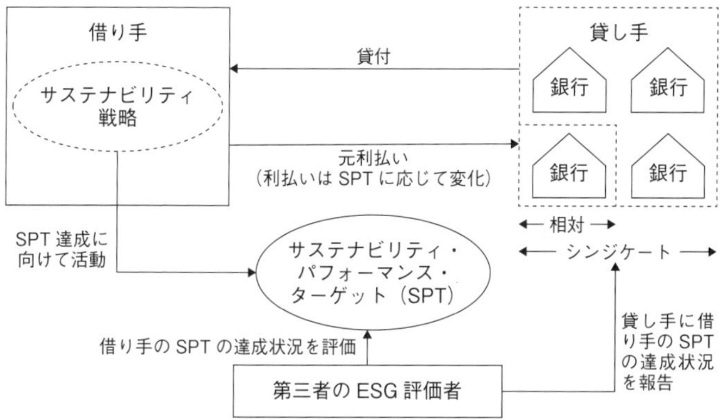

出所：野村資本市場研究所

ローンの借り手としては、電力、食品・飲料、不動産投資信託(REIT) 等が中心となっている。国別では、スペイン、フランス、イタリア、米国、オランダと欧米諸国、通貨別ではユーロや米ドルが中心となっている。SPTについては、二酸化炭素排出量削減もしくは排出係数削減、エネルギー効率化およびデジタル化、ESGスコア改善が中心となっている。なお、日本については、日本郵船が2019年11月、本邦初のサステナビリティ・リンク・ローンを組成したことを公表している。

ちなみに、イタリアの大手電力会社であるエネルのオランダにある金融子会社であるエネル・ファイナンス・インターナショナルは2019年9月、サステナビリティ・リンク・ローン類似の金融商品として、世界初となるサステナビリティ・リンク・ボンドを発行した。その後、国際資本市場協会（ICMA）

は2020年６月、サステナビリティ・リンク・ボンド原則（SLBP）を公表した。一方、欧州中央銀行（ECB）は2020年９月、資産購入計画（Asset Purchase Programme、APP）やパンデミック緊急購入計画（Pandemic Emergency Purchase Programme、PEPP）において、一定の条件を満たすサステナビリティ・リンク・ボンドを2021年１月１日から適格担保に含める旨を公表した[3]。日本では、不動産大手のヒューリックが2020年10月、サステナビリティ・リンク・ボンドを発行している。

［江夏あかね］

3　European Central Bank, *ECB to Accept Sustainability-linked Bonds as Collateral*, 22 September 2020.

サステナブルファイナンス

サステナブルファイナンスは、持続可能な社会を実現するための金融である。国際資本市場協会（ICMA）は、気候、グリーン、ソーシャルファイナンスの要素を組み込みつつ、資金調達を行う組織の長期的かつ経済的な持続可能性や、金融システム全体の役割と安定性に関して、より幅広い考慮が加えられたものと定義している[1]。

欧州連合（EU）は、パリ協定の目標や持続可能な開発目標（SDGs）の達成に多額の財源を要することが見込まれることをふまえて、サステナブルファイナンスを促進する金融システムの構築に向けた取組みの一環として、2018年３月にサステナブルファイナンスに関するアクションプランを公表した。同アクションプランは、サステナブル活動に関するEU分類枠組み（EUタクソノミー）をはじめとして10の項目で構成されており、各種基準の策定、金融規制等の見直し、サステナビリティに関する開示の強化など、サステナブルファイナンスに対して包括的にメスを入れる内容となっている（図表参照）。

その後、EUでは2019年12月に就任したフォンデアライエン欧州委員長が最優先政策に掲げる気候変動対策の一環として、

1　International Capital Market Association, *Sustainable Finance : High-Level Definitions*, May 2020, p.5.

図表　欧州委員会によるサステナブルファイナンスに関するアクションプランの概要

1．サステナブル活動に関するEU分類枠組み（EUタクソノミー）の構築
2．グリーン金融商品への基準とラベルの作成
3．サステナブルプロジェクトの投資促進
4．ファイナンシャル・アドバイスの提供時におけるサステナビリティの考慮
5．サステナビリティ・ベンチマークの推進
6．格付および市場リサーチへのサステナビリティ要素の反映
7．機関投資家および資産運用会社の義務の明確化
8．健全性規制におけるサステナビリティの考慮
9．サステナビリティに関する開示の強化と会計基準の影響の評価
10．サステナブル・コーポレートガバナンスと資本市場における短期志向への対応

出所：European Commission, *Action Plan：Financing Sustainable Growth*, 8 March 2018より野村資本市場研究所作成

同年同月に公表された脱炭素と経済成長の両立を図ることを目的とした工程表である「欧州グリーンディール」においても、サステナブルファイナンス戦略の策定が掲げられた。同戦略では、⑴サステナブル投資に関する基盤強化、⑵サステナブル投資に関する特定可能性および信頼性向上、⑶気候・環境リスクの金融システムへの組入れ、といった３つの方針が柱となっている。

このように、サステナブルファイナンスは、欧州が中心の傾向とも考えられるが、パリ協定の目標やSDGsの達成に向けた財源確保は、世界共通の課題である。そのため、たとえば、サ

ステナブルファイナンスにおいて中心的な位置づけをもつタクソノミーをめぐっては、EUのみならず、国際標準化機構（ISO）に加え、カナダや中国といった国による取組みもみられている。

[江夏あかね]

サプライチェーン

サプライチェーンは、製品、商品が消費者の手元に届くまでの一連の過程、すなわち、原材料の調達、製造、在庫管理、配送、販売、消費といった流れのことをいう。サプライチェーンのなかでは多くの企業、また、同一企業内の各部門が関連する。このため、それらの過程を別々にみるのではなく一連の流れとして管理し、サプライチェーン全体を最適化するほうが効率的に高品質な製商品を供給することが可能になり、最終的には企業収益やキャッシュフローの拡大につながると考えられる。このように、サプライチェーンを管理して在庫管理や製品供給を適切に行うことで企業価値の向上につなげていくことをサプライチェーンマネジメントという。

サプライチェーンはESGの観点からも注目される。上述のように、サプライチェーンを適切に管理し、サプライチェーン全体を効率的に運営することは企業価値の向上につながる。それに加え、サプライチェーン全体において環境や人権、労働に配慮することの重要性が高まっている。たとえば、消費者にとって安価な商品が供給されることは好ましいことであるが、それがサプライチェーン内での犠牲、すなわち児童労働や労働搾取、環境の破壊（たとえば木材の不法な伐採や環境汚染物質の排出など）により実現しているとすれば、それは地球全体からみればむしろマイナスである。衣料品や食品のサプライチェーンにおいてこのような人権無視、環境破壊の問題が、人権、環境 NGO の告発等により明らかになった。

サプライチェーンを適正に管理していないと、本社部門の把握ができないところで上述のような問題が生じ、それが広く明らかになった場合には市民による製商品の不買運動等が起きて企業収益へ影響が及ぶ可能性があることに加え、ESG を重視する投資家によって投融資の引きあげや株式の売却にもつながるなど、企業にとって重要なリスク要因となってきた。

さらに、新型コロナウイルス感染症によるパンデミックの発生もサプライチェーンマネジメントの重要性を再認識させた。すなわち、パンデミックの影響により、たとえば多くの感染者が発生した地域に原材料の供給や生産を集中させていた企業はサプライチェーンが寸断されることで製品の供給ができなくなり、企業価値に大きな影響を受けることになる。また、需要の減少により労働者へ賃金を払えないなどの事態も生じている。

サプライチェーンマネジメントと人権の問題については、2011年６月に承認された国連の「ビジネスと人権に関する指導原則」にのっとった「人権デュー・ディリジェンス」のプロセスが参考になる。人権デュー・ディリジェンスとは、企業はすべての事業活動において人権を尊重する責任に関する方針を決定して公表すること、その方針に沿って、企業活動・取引を通じた人権への負の影響を特定し、負の影響の防止・軽減措置をとるとともに、是正・救済の仕組みを整えることを求めるものである。サプライチェーン内での人権デュー・ディリジェンスの実行が，サプライチェーンマネジメントにとって今後いちだんと重要になるであろう。

［西山賢吾］

スチュワードシップ・コード

スチュワードシップ・コード（正式名称は「「責任ある機関投資家」の諸原則《日本版スチュワードシップ・コード》」）は、機関投資家が実施することが求められる行動原則のことである。スチュワードシップ・コードは金融庁「日本版スチュワードシップ・コードに関する有識者検討会」によって、2014年２月に策定された。その後、2017年５月、2020年３月に２度の改訂がなされ、現在に至っている。2020年５月29日現在、281の機関投資家がコードを受け入れている[1]。

同コードにおいて、「スチュワードシップ責任」とは、機関投資家が、投資先企業やその事業環境等に関する深い理解のほか運用戦略に応じたサステナビリティ（ESG要素を含む中長期的な持続可能性）の考慮に基づき、建設的な「目的をもった対話」（エンゲージメント）を通じて、当該企業の企業価値の向上や持続的成長を促すことにより、「顧客・受益者」が得る中長期的な投資リターンの拡大を図る責任を意味する。

日本のコーポレートガバナンス改革は、企業が中長期的、持

1　スチュワードシップ・コードが対象とする「機関投資家」には、運用会社などのアセットマネージャーだけではなく、年金基金などのアセットオーナーや、議決権行使助言会社や年金コンサルタントといった機関投資家向けサービス供給者が含まれる。

続的に成長するうえで投資家、特に長期の投資家の役割を重視している。スチュワードシップ・コードはその目的の達成に向けて機関投資家が企業と建設的な対話を行うための行動規範であり、同コードと企業が投資家との建設的な対話を行うための行動規範であるコーポレートガバナンス・コードとは「車の両輪」といわれる。

スチュワードシップ・コードは原則主義（プリンシプルベース・アプローチ）であるので、対象となる機関投資家がコードの各原則を受け入れるかどうかは「コンプライ・オア・エクスプレイン」ベースであり、コードのなかに受け入れない原則があれば、その理由を説明しなければならない。

スチュワードシップ・コードの８つの原則は図表に示したとおりである。原則１はスチュワードシップ責任を果たすための方針の策定・公表、原則２は利益相反管理方針の策定と公表である。原則３は、スチュワードシップ活動を適切に果たすための企業の状況（たとえば投資先企業のガバナンス、企業戦略など）の的確な把握である。原則４は、投資先企業との建設的な「目的をもった対話」を通じた認識の共有と問題の解決である。ここでは、必要に応じ他の機関投資家と協働して対話を行う「協働エンゲージメント[2]」が有益な場合もあるとされている。

原則５では、議決権行使と行使結果の公表について投資先企

2　エレクティブ・エンゲージメント、コレボレーション・エンゲージメントともいう。

業の持続的成長に資するような方針をもつこととされている。ここでは、議決権行使結果の個別企業、個別議案ベースでの公表と、その賛否の理由の説明、議決権行使助言会社のサービスを利用している場合にはそのサービスの具体的な活用方法の公表が求められている。原則6はスチュワードシップ活動の定期的（少なくとも年1回）報告、原則7はスチュワードシップ活動に伴う判断を適切に行うための実力の具備、原則8は議決権行使助言会社や年金コンサルタントを含む機関投資家向けサービス会社に対する利益相反管理方針の策定・公表の要請、議決権行使助言会社に対する助言策定プロセスの公表の要請などとなっている。

また、2020年の再改訂において、ESGに対する関心と重要度の高まりを反映し、「スチュワードシップ責任」に「運用戦略に応じたサステナビリティ（ESG要素を含む中長期的な持続可能性）の考慮」が付加されている。

図表　スチュワードシップ・コードの8原則

原則1	スチュワードシップ責任を果たすための明確な方針を策定し、これを公表すべき
原則2	スチュワードシップ責任を果たすうえで管理すべき利益相反について、明確な方針を策定し、これを公表すべき
原則3	投資先企業の持続的成長に向けてスチュワードシップ責任を適切に果たすため、当該企業の状況を的確に把握すべき
原則4	投資先企業との建設的な「目的をもった対話」を通じて、投資先企業と認識の共有を図るとともに、問題の解決に努めるべき

原則5	議決権の行使と行使結果の公表について明確な方針をもつとともに、議決権行使の方針については、単に形式的な判断基準にとどまるべきではなく、投資先企業の持続的成長に資するものとなるよう工夫すべき
原則6	議決権の行使を含め、スチュワードシップ責任をどのように果たしているのかについて、原則として、顧客・受益者に対し定期的に報告を行うべき
原則7	投資先企業の持続的成長に資するよう、投資先企業やその事業環境等に関する深い理解に基づき、当該企業との対話やスチュワードシップ活動に伴う判断を適切に行うための実力を備えるべき
原則8	機関投資家向けサービス提供者は、機関投資家がスチュワードシップ責任を果たすにあたり、適切にサービスを提供し、インベストメント・チェーン全体の機能向上に資するものとなるよう努めるべきである

出所：金融庁「スチュワードシップ・コードに関する有識者検討会（令和元年度）」より野村資本市場研究所作成

［西山賢吾］

スマートシティ

スマートシティとは、都市の抱える諸課題に対して、情報通信技術（ICT）等の新技術を活用しつつ、マネジメント（計画、整備、管理・運営等）が行われ、全体最適化が図られる持続可能な都市または地区を指す[1]（図表参照）。

図表　スマートシティの主な分野

項　目	説　明
交通	・公共交通を中心に、あらゆる市民が快適に移動可能な街
自然との共生	・水や緑と調和した都市空間
省エネルギー	・パッシブ・アクティブ両面から建物・街区レベルにおける省エネを実現 ・太陽光、風力など再生可能エネルギーの活用
安全安心	・災害に強い街づくり、地域コミュニティの育成 ・都市開発において、非常用発電機、備蓄倉庫、避難場所等を確保
資源循環	・雨水等の貯留・活用 ・排水処理による中水を植栽散水等に利用

出所：国土交通省都市局「スマートシティの実現に向けて【中間とりまとめ】」2018年８月、４頁より野村資本市場研究所作成

1　国土交通省都市局「スマートシティの実現に向けて【中間とりまとめ】」2018年８月、３頁。

スマートシティの概念は、2010年代に入る頃に国内外で注目を集めるようになった。主な背景としては、都市問題や地球温暖化への対応に加えて、スマートシティを担う産業の成長ポテンシャルがあげられる。特に、都市問題については、世界的に人口が都市に集中する傾向が続き、居住空間や公共インフラの不足等のさまざまな問題が顕在化することが見込まれるなか、エネルギーや行政サービスの効率的管理等を通じた都市機能の最適化が必須となっている。一方、スマートシティ関連産業の成長ポテンシャルに関して、米コンサルティング会社のフロスト＆サリバンによると、AI（人工知能）、個別化医療、ロボット技術、先進運転支援システム（ADAS）、分散型発電等の技術を通じて、世界のスマートシティ関連の市場規模は、2025年までに２兆米ドル以上に成長すると推計されている[2]。

スマートシティの概念が浸透し始めた2010年代初頭は、エネルギー等の特定分野を対象とした個別分野特化型が中心だった。その後、2010年代半ば頃からはICT・データを利活用し、環境、エネルギー、通信、教育、医療・健康といった複数の分野に幅広く取り組む分野横断型の事例が増えている。

日本では、複数の省庁の推進策も背景にして、福島県会津若松市の「スマートシティ会津若松」や千葉県柏市の「柏の葉キャンパスシティ」をはじめとして多くの地方公共団体が取組

2　フロスト＆サリバン ジャパン「スマートシティ関連市場は2025年までに２兆米ドルに成長見込み　AIが形成する都市化とスマートシティ」2018年５月25日。

みを行っている。諸外国では、首都でスマートシティ化の実現に取り組むデンマーク・コペンハーゲン市の「コペンハーゲン・コネクティング」、市が保有する行政サービスを開放し、民間企業にビジネス機会を提供する米国サンフランシスコ市の「SF OpenData (OpenSF)」等が知られている。さらに、国家を中心にスマートシティに取り組む事例としては、国土全体を3D モデル化し、建物や土木インフラ等にさまざまな情報を連携させた3D データベースである「バーチャル・シンガポール」に取り組むシンガポール等がある。一方、カナダ・トロントの都市開発プロジェクト「Sidewalk Toronto」は、民間企業が中心となり、政府や地方公共団体と連携してスマートシティ化を推進する事例の一つとして知られている。

[江夏あかね]

ダイベストメント

ダイベストメント（投資撤収）とは、ESGの観点から、特定の企業や業種にかかわる有価証券等を投資対象から除外する、すでに投資対象として保有している場合には、これを売却する投資手法のことである。ダイベストメントと似た手法としてネガティブ・スクリーニングがあるが、ネガティブ・スクリーニング（投資除外）がなんらかの基準に基づいて、特定の企業・業種の株式等を最初から投資対象から除外するのに対して、ダイベストメントは、すでに保有しているものに対し特定の基準等を当てはめて投資対象から除外し、売却する投資手法である。

ダイベストメントが話題にのぼるようになったのは、環境問題、特にCO_2削減に関連して「脱石炭」「脱炭素」という考え方が広まり、石炭関連企業や、石炭火力発電を行う電力会社に対する投資を引きあげる動きがみられ始めたためである。特に、ノルウェー政府年金基金が2015年より石炭関連事業から収入30％以上を得ている企業をダイベストメントの対象とし、このなかに日本の電力会社も含まれていたことから、日本でも関心が高まった。ダイベストメントの動きは株式投資だけではなく、保険の引受けや銀行の投融資にも広がっている。

ESG投資によるダイベストメントについては、現在ESG投資の中心的な存在となっている年金基金等の「ユニバーサルオーナー」の間でも評価が分かれている。たとえば、上述のノルウェー政府年金基金は、「中長期的に社会や経済にプラスのインパクトを与える」と、肯定的にとらえている。それに対し、「特定の企業や業種を投資対象から除外することはポートフォリオ（分散）投資の観点からは望ましくなく、エンゲージメントを通じて課題を解決するほうが望ましい」として否定的に考えているユニバーサルオーナーもいる。たとえば、GPIFは「石炭採掘企業や電力会社などの環境負荷の大きい企業について、形式的に銘柄除外を行う指数（ダイベストメント）は、「ユニバーサルオーナー」を志向するGPIFの方針と合致せず、ポジティブ・スクリーニングによる指数、業種内での相対評価を行う指数が望ましい」[1]と考えている。

このように、「ダイベストメント」か「エンゲージメント」かに対する評価は、必ずしも統一したものはないが、環境や社会関連の課題に注目が集まるなかで、今後ダイベストメントに対する評価がどのようになっていくかが注目される。

［西山賢吾］

1　グローバル環境株式指数の選定結果について（GPIF〔年金積立金管理運用独立行政法人〕2018年９月25日）より野村資本市場研究所作成。

タクソノミー

タクソノミーとは、もともと生物学の分類体系を示すものとして使用されている言葉だが、他の分野でも物や概念の分類体系やその分類に基づく原理を表す言葉として使われている。ESG関連では、欧州連合（EU）が2018年３月８日に採択したサステナブルファイナンスのアクションプランにおいて環境面でサステナブルな経済活動を定義すべく、分類枠組み（タクソノミー）を構築することを最重要課題として位置づけたこともあり、同用語が金融市場にも広く浸透していった。

そもそも、EUや世界レベルにおいて環境面でサステナブルな経済活動の定義はなかったが、投資家や企業が環境に優しい経済活動への投資を決定する際の一助となるツールとして、EUタクソノミーの策定が進められた。EUタクソノミー規則は、2020年６月22日付の官報に掲載され、2020年７月12日に施行された[1]。同規則では、６つの環境目的が掲げられ、該当する経済活動として認められる要件として、少なくとも１つの環境目的の達成に実質的に貢献し、他の目的を著しく害しないこ

1 European Union, "Regulation (EU) 2020/852 of the European Parliament and of the Council of 18 June 2020 on the Establishment of a Framework to Facilitate Sustainable Investment, and Amending Regulation (EU) 2019/2088," *Official Journal of the European Union*, 22 June 2020.

と等があげられた（図表参照）。そして、環境面でサステナブルな経済活動の種類として、6つの環境目的に実質的に貢献する活動のみならず、低炭素経済社会への移行（Transition）を目的とした活動（移行活動）等も含まれた。

図表　環境面でサステナブルな経済活動の定義（抜粋）

環境目的
1．気候変動緩和 2．気候変動適応 3．水・海洋資源の持続可能な利用と保護 4．循環経済への移行 5．汚染の予防と管理 6．生物多様性および生態系の保全と回復
該当する経済活動として認められる要件
1．上記の6つの環境目的のうち少なくとも1つに実質的な貢献を提供 2．他の環境目的のいずれにも「重大な害を及ぼさない（No Significant Harm）」 3．堅牢かつ科学に基づいた技術的スクリーニング基準の遵守 4．最低限の社会的およびガバナンスのセーフガードの遵守
環境面でサステナブルな経済活動の種類
1．上記の6つの環境目的のうち少なくとも1つに実質的に貢献する活動 2．移行活動：技術的および経済的に実行可能な低炭素の代替物はないものの、温室効果ガスの排出の段階的廃止等を通じて、気温上昇を産業革命前に比して1.5℃未満に抑制する道筋に合致する方法で、気候変動に影響を及ぼさない（クライメート・ニュートラル）経済への移行をサポートする活動 3．活動の有効化：他の活動が1つ以上の目的に実質的に貢献で

きるようにする活動。そして、その活動が資産の経済的寿命を考慮して、長期的な環境目的を損なう資産の固定化につながらないこと。また、ライフサイクルの観点から、環境に大きなプラスの影響を与えること ※固体化石燃料による発電活動を適格から明示的に除外
移行活動として該当する条件
1．当該活動の温室効果ガスの排出レベルが、セクターもしくは業界においてベスト・パフォーマンスとなっていること 2．低炭素代替品の開発および展開を妨げないこと 3．炭素集約型資産の経済的寿命をふまえて、同資産の活用を固定化しないこと 4．技術的スクリーニング基準は、当該移行活動がクライメート・ニュートラルに向かう信頼できる道筋であることを確実にする必要がある。そのため、技術的スクリーニング基準は、定期的な見直しが求められる

出所：European Commission, *Questions and Answers: Political Agreement on an EU-wide Classification System for Sustainable Investments (Taxonomy)*, 18 December 2019より野村資本市場研究所作成

EU タクソノミー規則の適用範囲としては、政策・基準・ラベル等、投資関連開示、非財務情報開示指令（NFRD）関連開示、が想定されている。そして、EU タクソノミー規則は、委任法令のかたちで2回に分けて採択される予定である。気候変動関連の環境目的に係る委任法令は、2020年末までに採択され、2022年から適用開始、それ以外の4つの環境目的に係る委任法令は、2021年末までに採択され、2023年から適用開始、というスケジュールが見込まれている。

なお、欧州委員会は2020年11月、気候変動関連の環境目的に係る委任法令案を公表し、パブリックコメントの募集を開始し

た。欧州委員会は、約4週間の募集期間を経た後、パブリックコメントの内容を考慮しつつ、内容を最終化する予定となっている[2]。

タクソノミーをめぐっては、EUのみならず、国際標準化機構（ISO）がタクソノミーも含めた規格の制定作業を進めている[3]。個別国によるタクソノミー関連の取組みもみられる。たとえば、カナダ政府が設置したサステナブルファイナンスに関する専門家パネルが2019年6月に公表した最終報告書では、カナダのグリーン債券市場を拡大し、トランジション志向のファイナンスのための国際標準を設定するといった提言も含まれた[4]。また、中国の国家発展改革委員会（NDRC）、中国人民銀行（PBoC）等の7つの公的機関が2019年3月、グリーンボンドやグリーンローンの資金使途先産業を示す「グリーン産業ガイダンス・カタログ」を公表している[5]。 **［江夏あかね］**

2　European Commission, *Daily News 20/11/2020*, 20 November 2020.

3　ISOにおいては、ISO14030のグリーンボンド規格策定のなかで、債券の資金使途の事業分類として、グリーンに絞ったタクソノミーの整理が行われている。一方、TC322のサステナブルファイナンス規格において、ソーシャルな分野も含めたサステナブルファイナンス・タクソノミーの制定が想定されている。ISOの作業は、いずれも2020～2021年の成立を目指している（「OECD、「サステナブル・タクソノミー」の調査・整理プロジェクトを開始。EU、ISOなどの基準化の共通点、相違点、ギャップを点検。中国の「クリーンコール」も焦点に」『環境金融研究機構』2019年4月17日）。

4　Government of Canada, *Final Report of the Expert Panel on Sustainable Finance：Mobilizing Finance for Sustainable Growth*, June 2019, p.28.

5　国家発展改革委員会等「緑色産業指導目録〈2019年版〉」2019年3月5日。

地方創生

地方創生とは、人口急減・超高齢化という日本が直面する課題に対して、政府が一体となって取り組み、各地域がそれぞれの特徴を生かした自律的で持続的な社会を創生することを目指すものである[1]。日本では、2008年に人口減少が始まり、少子高齢化も諸外国に比して早いスピードで進んでおり、将来的に経済・社会・財政的に大きな問題を抱える可能性がある。このようななか、2014年５月に公表された日本創成会議による消滅可能性都市に関するレポートを契機に、地方創生に関する国民の関心が高まっている[2]。

第２次安倍改造内閣発足後の2014年11月に、地方創生の柱となる「まち・ひと・しごと創生法」が公布された（図表１参照）。同法律に基づき、日本政府は2014年12月、長期ビジョン（2060年に１億人程度の人口を維持する中長期展望）および総合戦略（５カ年の政策目標・施策）を策定した。そして、ほぼすべての地方公共団体も、地方人口ビジョン（各地域の人口動向や将

1　首相官邸「地方創生」。

2　日本創成会議の提言では、地方からの人口流出がこのまま続いた場合、若年女性（20～39歳）が2040年までに50％以上減少する市町村が896（全体の49.8％）にのぼると推計され、これらの市町村は出生率が上昇しても将来的に消滅するおそれが高いと指摘されている（日本創成会議・人口減少問題検討分科会「成長を続ける21世紀のために「ストップ少子化・地方元気戦略」」2014年５月８日）。

図表1　まち・ひと・しごと創生法第1条（抜粋）

少子高齢化の進展に的確に対応し、人口の減少に歯止めをかけるとともに、東京圏への人口の過度の集中を是正し、それぞれの地域で住みよい環境を確保して、将来にわたって活力ある日本社会を維持していくために、まち・ひと・しごと創生(※)に関する施策を総合的かつ計画的に実施する。
※まち・ひと・しごと創生：以下を一体的に推進すること。
　まち…国民一人一人が夢や希望を持ち、潤いのある豊かな生活を安心して営める地域社会の形成
　ひと…地域社会を担う個性豊かで多様な人材の確保
　しごと…地域における魅力ある多様な就業の機会の創出

出所：内閣官房まち・ひと・しごと創生本部事務局 内閣府地方創生推進事務局「地方創生の現状と今後の展開」2019年7月23日、1頁

来人口推計の分析や中長期の将来展望）および地方版総合戦略（各地域の人口動向や産業実態をふまえた5カ年の政策目標・施策）を策定している。

地方創生では、まち・ひと・しごとを創生すべく、4つの基本目標およびそれに関連する政策パッケージが掲げられた（図表2参照)。第1期となる2015～2019年度について、就業者数は増加したものの、人口減少・少子高齢化や東京一極集中に歯止めがかかっていない実態が明らかになり、第2期（2020～2024年度）には、新たな視点もふまえた目標が掲げられた（図表3参照)。

なお、「地方での持続可能な開発目標（SDGs）の推進は、地方創生の実現にも資する」との安倍晋三総理大臣（当時）の発言（SDGs推進本部会合〔第3回〕2017年6月9日）にもあるよう

図表2　第1期「まち・ひと・しごと創生総合戦略」における4つの基本目標と政策パッケージ

基本目標	政策パッケージ
1．地方にしごとをつくり、安心して働けるようにする	・生産性の高い、活力に溢れた地域経済実現に向けた総合的取組 ・観光業を強化する地域における連携体制の構築 ・農林水産業の成長産業化 ・地方への人材還流、地方での人材育成、地方の雇用対策
2．地方への新しいひとの流れをつくる	・政府関係機関の地方移転 ・企業の地方拠点強化等 ・地方における若者の修学・就業の促進 ・子どもの農山漁村体験の充実 ・地方移住の推進
3．若い世代の結婚・出産・子育ての希望をかなえる	・少子化対策における「地域アプローチ」の推進 ・若い世代の経済的安定 ・出産・子育て支援 ・地域の実情に即した「働き方改革」の推進（ワーク・ライフ・バランスの実現等）
4．時代に合った地域をつくり、安心なくらしを守るとともに、地域と地域を連携する	・まちづくり・地域連携 ・「小さな拠点」の形成（集落生活圏の維持） ・東京圏をはじめとした大都市圏の医療・介護問題・少子化問題への対応 ・住民が地域防災の担い手となる環境の確保 ・ふるさとづくりの推進 ・健康寿命をのばし生涯現役で過ごせるまちづくりの推進 ・温室効果ガスの排出削減と気候変動への適応を進める地域づくり ・地方公共団体における持続可能な開発目標（SDGs）の達成に向けた取組の推進

出所：内閣官房まち・ひと・しごと創生本部事務局 内閣府地方創生推進事務局「地方創生の現状と今後の展開」2019年7月23日、3頁

図表3　第2期「まち・ひと・しごと創生総合戦略」の概要

目指すべき将来	
将来にわたって「活力ある地域社会」を実現する	・人口減少を和らげる ・地域の外から稼ぐ力を高めるとともに、地域内経済循環を実現する ・人口減少に適応した地域をつくる
「東京圏への一極集中」の是正	
基本目標	
1．稼ぐ地域をつくるとともに、安心して働けるようにする	・地域の特性に応じた、生産性が高く、稼ぐ地域の実現 ・安心して働ける環境の実現
2．地方とのつながりを築き、地方への新しいひとの流れをつくる	・地方への移住・定着の推進 ・地方とのつながりの構築
3．結婚・出産・子育ての希望をかなえる	・結婚・出産・子育てしやすい環境の整備
4．ひとが集う、安心して暮らすことができる魅力的な地域をつくる	・活力を生み、安心な生活を実現する環境の確保
横断的な目標	
多様な人材の活躍を推進する	・多様なひとびとの活躍による地方創生の推進 ・誰もが活躍する地域社会の推進
新しい時代の流れを力にする	・地域における Society 5.0の推進 ・地方創生 SDGs などの持続可能なまちづくり

出所：内閣府地方創生推進事務局 内閣官房まち・ひと・しごと創生本部事務局「まち・ひと・しごと創生長期ビジョン（令和元年改訂版）及び第2期「まち・ひと・しごと創生総合戦略」（概要）」6頁

に、SDGsが掲げる17の目標は地方創生の目指す目標と整合性がある。このような背景のもと、日本政府は地方公共団体におけるSDGsの推進も後押ししている。2018年度からは、地方公共団体によるSDGsに向けた優れた取組みを提案する都市を「SDGs未来都市」として、また、特に先進的な取組事業を「自治体SDGsモデル事業」として選定している。加えて、日本政府は、地方創生に向けたSDGs金融の推進に向けた取組みも進めている。内閣府は、地方創生に向けた地域のSDGs推進に資するビジネスにいっそうの民間資金が充当され、地域における自律的好循環が形成されることを目指すべく、「地方創生SDGs・ESG金融調査・研究会」を2018年度に設置した。同研究会が2019年3月にとりまとめた「地方創生に向けたSDGs金融の推進のための基本的な考え方」では、地方創生SDGs金融を実現するためのフレームワーク（地方創生SDGs金融フレームワーク）が示され、地域事業者、地方公共団体、地域金融機関、機関投資家・大手銀行・証券会社等のステークホルダーが連携するための3つのフェーズ（地域事業者のSDGs達成に向けた取組みの見える化、SDGsを通じた地域金融機関と地域事業者の連携促進、SDGsを通じた地域金融機関等と機関投資家・大手銀行・証券会社等の連携促進）が提案された。

［江夏あかね］

追 加 性

追加性（Additionality）には、「介入が評価されなかった場合に起こらなかったであろう社会的価値の実質的な増大」[1]等の定義がある。

サステナブルファイナンスにおいて追加性という用語は、２つの意味で使用されることが多い[2]。１点目は、「(サステナビリティ関連プロジェクト向けの）資金の追加性」である。たとえば、グリーンボンドの場合、調達資金が新しいグリーンプロジェクトに活用されたか、あるいは、グリーンプロジェクトに向かう資金が増加したかということを指して使用される[3]。

サステナビリティ関連プロジェクト向けの資金の追加性が求められる背景としては、たとえば、グリーンボンドの場合、銀行借入れに比して返済方法等の観点から資金調達の柔軟性が低いため、リファイナンス（借換え）に使用されることが多く、

1　HM Treasury, *The Green Book, Central Government Guidance on Appraisal and Evaluation*, 2018, p.109.

2　本用語については、富永健司「ESG債の追加性」水口剛編著・野村資本市場研究所「ESG債市場の持続的発展に関する研究会」『サステナブルファイナンスの時代─ESG/SDGsと債券市場─』金融財政事情研究会、2019年、126～130頁を参考に記している。

3　Chiang J, *Growing the U.S. Green Bond Market—Volume 1 : The Barriers and Challenges—*, January 2017, p.18 ; "Green Bonds : a Different Take on 'Additionality'," *Environmental Finance*, 26 October 2018.

環境的・社会的インパクトの創出に真に貢献しているのかといった懸念があることがあげられる。環境的・社会的リターンを求める投資家にとっては、投資を行った資金がどの程度リファイナンスに使用されているかが、環境的・社会的インパクトを評価するうえで重要な点となる。

2点目は、「環境的・社会的インパクトの追加性」である。ESG債への投資がなければ生まれえなかった環境的・社会的インパクトを指す意味で使用される[4]。資金の追加性を考慮することに加えて、投資による環境および社会問題の改善効果をより直接的に測り、環境的・社会的インパクトを一定程度明確にすることが必要となる。特に、2015年に持続可能な開発目標（SDGs）が採択され、投資とSDGsを結びつける機運が高まっていることもあり、環境的・社会的インパクトに関する透明性向上が求められる傾向にあるようだ[5]。たとえば、国際資本市場協会（ICMA）が2018年6月に公表した投資家調査によれば、インパクトレポーティングの質問事項において、回答者の7割が投資ポートフォリオに関する環境的・社会的インパクト等に関する報告が必要と回答している[6]。

---

4 マット・クリステンセン「ESGの最先端を行くインパクト投資」加藤康之編『ESG投資の研究　理論と実践の最前線』一灯舎、2018年、232～233頁。

5 たとえば、国際資本市場協会は2018年6月、グリーンボンドおよびソーシャルボンドとSDGsの各目標の結びつきを示すレポートを公表している。同レポートはその後、毎年更新されている（International Capital Market Association, *Green and Social Bonds：A High-Level Mapping to the Sustainable Development Goals,* June 2018）。

ちなみに、1997年12月に開催された第3回国際連合気候変動枠組条約締約国会議（COP）で採択された京都議定書では、第12条で「クリーン開発メカニズム」（CDM）が規定された。同メカニズムは、先進国と途上国が共同で温室効果ガス削減プロジェクトを途上国において実施し、そこで生じた削減分の一部を先進国がクレジットとして得て、自国の削減に充当できる仕組みである。CDMにおいては、追加性をめぐって、⑴温室効果ガス排出量削減の追加性（そのプロジェクトがなかった場合と比べて、人為的な温室効果ガス排出量の追加的削減がある）、⑵収益の追加性（プロジェクトの収益性が一定以下であり、CDMの制度が存在しない場合には民間企業等によって営利目的で実施される可能性がないこと）、⑶技術の追加性（そのCDMプロジェクトがなければ、当該地域において、導入される可能性がない技術であること）、⑷政策の追加性（当該地域には政策的な規制・推進要素がないため、そのCDMプロジェクトがなければ、民間企業等によって実施される可能性がないこと）、を検討することが求められている[7]。

［江夏あかね］

6　同調査には、グリーンボンド原則（GBP）およびソーシャルボンド原則（SBP）のバイサイドのメンバーおよびオブザーバー51社が回答している（International Capital Market Association, *Summary of Investor Survey among GBP/SBP Buy-Side-Members & Observers*, 8 June 2018）。

7　国土交通省「社会資本整備におけるCDMの活用を目指して―地球温暖化対策を通じた国際貢献―」2005年3月、8頁。

トリプルボトムライン

トリプルボトムラインは、企業活動を評価する際に、経済の側面だけではなく、社会の側面や環境の側面を加えた3つの軸で評価するという考え方であり、1997年に英国の環境シンクタンクであるサステナビリティ社のジョン・エルキントン氏が提唱したものである。

ボトムラインとは損益計算書の最終行、すなわち純利益を指し、企業活動の結果、創出された利益（あるいは損失）のことである。いってみれば経済の側面からの評価結果である。従来はこの経済的な側面からのみ企業活動を評価していたが、エルキントン氏は、企業が持続可能であるためには、経済的な側面からの評価だけでは不十分であり、社会の側面、環境の側面も同様に重要であると指摘した。すなわち、損益計算書のボトムラインに収益、費用の最終結果を示すように、社会面では人権配慮や社会貢献、環境面では資源節約や汚染対策などについて評価し、統合したより広い意味での「企業の利益」について考慮し、説明すべきであるということを意味する。

トリプルボトムラインはCSR報告書の国際基準であるGRI（グローバル・レポーティング・イニシアティブ）のガイドラインにも反映されている。トリプルボトムラインを説明することによって、企業が、環境（たとえばCO_2削減目標）や社会（たとえば人権への配慮方針）を考慮したうえで持続可能な利益を稼得することができるかという、より長期の視点で経営戦略を検討することが期待される。

［西山賢吾］

ネガティブ・スクリーニング

ネガティブ・スクリーニングとはESG投資手法の一つであり、投資を決定する際に倫理的な側面などなんらかの価値観に基づき、望ましくない企業を最初から投資対象から外すというものである。

ネガティブ・スクリーニングはESG投資の最も古典的な手法であり、1920年代に米国キリスト教教会などが、宗教上の理由でタバコ、アルコール、ギャンブル等の産業への投資を除外したことに端を発する。世界的にみると、現在でもESG投資の投資手法のうち、ネガティブ・スクリーニングの残高が最も多くなっている（98頁の図表2「手法別にみたESG（サステナブル）投資残高」を参照）。

ネガティブ・スクリーニングに似た投資手法として最近注目されているダイベストメントは、これまで投資ポートフォリオに入っていた銘柄をなんらかの価値判断に基づいてすべて売却するものである。これに対し、ネガティブ・スクリーニングはそもそも投資対象にしない点が異なるが、除外した銘柄を除いて投資ポートフォリオを構築する点では同じと考えられる。しかし、ESGスコアといった評価基準によって相対評価を行い、一定の閾値を下回った銘柄を投資対象から外す手法は「一定の価値判断基準にのっとって投資対象から外す」というネガティブ・スクリーニングには当てはまらず、ESGインテグレーションやポジティブ・スクリーニングに該当する[1]。

ネガティブ・スクリーニングは「望ましくない」銘柄を投資対象から外すという点から意図が明確でわかりやすいという利点があるが、ポートフォリオ理論の観点からは十分な分散投資ができなくなるなどの批判もある。

［西山賢吾］

1　サステナブル投資残高調査2019（NPO法人日本サステナブル投資フォーラム）「ネガティブ・スクリーニングの理解について」3頁。

バックキャスティング思考／フォアキャスティング思考

さまざまな課題を解決するための手法を考えるうえで、「将来あろう姿、理想とする姿」を想定し、そこに至るためには現在何をすべきかを考えるものがバックキャスティング思考であり、いわば「未来からの発想」である。現状にとらわれない創造的、革新的なものを生み出すことに適する。ただし、常に現実とのギャップを意識しながら進めないと「画餅」になってしまう可能性がある。

バックキャスティング思考と対になる思考方法として、フォアキャスティング思考がある。これは、現状分析、これまでの経験等をもとに（積上げで）将来の姿を予測していくものであり、いわば「現状の延長線上からの発想」である。フォアキャスティング思考は現状からの積上げを基本にするので現実的であるが、「パラダイムシフト」への対応はむずかしいという欠点がある。

2015年に制定されたSDGs（持続可能な開発目標）では2030年の「あるべき姿」を設定し、そこに向けて、いま何をしていくべきかを考えるというバックキャスティング思考が用いられている。しかし、2つの考え方そのものに優劣があるわけではなく、検討する内容によりどちらを用いていくのかを考えていく、相互補完的なものといえるであろう。

図表　「バックキャスティング思考」と「フォアキャスティング思考」

・バックキャスティング思考

将来あろう（あるべき）姿

・フォアキャスティング思考

現状分析（実績、経験をベース）

現状から考えうる将来の姿

過去～現在　　　　　　　　　　将来

出所：野村資本市場研究所

［西山賢吾］

フェア・ディスクロージャー

フェア・ディスクロージャーとは「公平な開示」のことであり、業績予想の大幅な修正やエクイティファイナンス、M&Aなど、株価形成に影響を与えるような公表前の情報を、上場企業が大株主やアナリストなど特定の第三者に選択的に開示するのではなく、他の不特定多数の投資家にもすみやかに提供することを意味する。フェア・ディスクロージャー・ルール（以下FDルール）とは、選択的な開示を原則的に禁止し、公表措置をとらせるためのルールであり、投資家間の公平性の確保とインサイダー取引の防止を意図している。

日本では2017年5月の金融商品取引法の一部改正によって取り入れられ（金融商品取引法第27条の36)、2018年4月より施行された。同ルールが導入されたのは、欧米やアジアの主要市場ではFDルールをすでに導入ずみであったことに加え、上場会社が証券会社のアナリストに未公表の業績に関する情報を提供、証券会社がそれを顧客に提供して株式売買の勧誘を行っていた事例が複数発覚し、日本でも同ルール導入の必要性が指摘されるようになったことが背景にある。そして、FDルールの導入により、すべての投資家が安心して取引できる市場環境を整備し、「早耳情報」に基づく短期的な売買ではなく、公平に開示された情報に基づく中長期的な視点に立った投資を目指すものである。

FDルールの概要は、(1)上場会社等が公表されていない重要な情報をその業務に関して証券会社、投資家等に伝達する場合、意図的な伝達の場合にはほぼ同時に、意図的でない伝達の場合にはすみやかに、当該情報を公表[1]する、(2)情報を得たものが上場会社等に対して守秘義務および投資判断に用いない義務を負う場合は当該情報の公表は不要、というものである。

FDルールの規制対象となる情報の範囲は、「上場会社等の運営、業務または財産に関する公表されていない重要な情報であって、投資家の投資判断に重要な影響を及ぼすもの（インサイダー取引規制における重要事実に該当する情報以外の情報のうち、発行者または金融商品に関係する未公表の確定的な情報であって、公表されれば発行者の有価証券の価額に重要な影響を及ぼす蓋然性があるものを含む)」とされている。なお、工場見学や事業別説明会で一般に提供されるような情報など、他の情報と組み合わせることで投資判断に活用できるものの、その情報のみでは直ちに投資判断に影響を及ぼすとはいえない情報（いわゆる

1　公表方法は、(1) EDINET、(2)12時間ルール（所定の報道機関2以上に対して公開してから12時間以上経過)、(3) TDnet、(4)自社のウェブサイト（当該ウェブサイトに掲載された重要情報が集約されている場合であって、掲載した時から少なくとも1年以上、投資者が無償でかつ容易に重要情報を閲覧できるようにしておく）に重要情報を掲載、とされている。ただし、FDルールの対象となる重要情報がインサイダー取引規制上の重要事実にも該当する場合は、(4)のみではインサイダー取引規制を満たしたことにならず、(1)〜(3)のいずれかによって公表措置を終了したのち(4)を行う。

「モザイク情報等」）については、それ自体ではFDルールの対象となる情報に該当しないと考えられる。

一方で、FDルールの適用により、企業側がこれに保守的に対応することで情報開示や対話が後退するとの懸念もある。これに対し、日本IR協議会は2018年2月、「情報開示と対話のベストプラクティスに向けての行動指針～フェア・ディスクロージャー・ルールを踏まえて～」を公表した。これは、FDルール導入により情報開示の萎縮や対話機会の縮小が引き起こされないように策定されたものであり、⑴FDルールの導入を一つの契機として、上場企業のIR活動のさらなる健全な発展を図ること、⑵上場企業と資本市場との建設的対話の促進をよりいっそう図ることを目的としている。

ESGとの関係では、「モザイク情報等」は建設的対話において説明等を行うことに特段の問題がない情報であり、ESGに関する情報（ガバナンスに関する情報を含む）は基本的に「モザイク情報等」に該当するとされている。

［西山賢吾］

フェアトレード

フェアトレードとは、発展途上国等の生産者の生活改善と自立を実現するため、生産者が無理なく十分に生産できる価格で取引する仕組みである。公正取引、公平貿易、公正貿易等とも訳されるほか、オルタナティブ・トレードとも呼ばれる。

商品の取引は、売る人と買う人の間で、価格、量、品質等の条件を合意して成り立つものである。しかし、先進国が途上国に不利な条件を押し付けて商品を買い上げているケースがある。たとえば、2006年に公開されたドキュメンタリー映画『おいしいコーヒーの真実』では、トールサイズのコーヒー1杯330円のうち、カフェ小売業者・輸入業者が約9割（297円）を受け取り、輸出業者・地元の貿易会社の取り分が約7％（23円）で、開発途上国の生産者が受け取るのはわずか1～3％（3～9円）であることが紹介されている[1]。発展途上国では、不当な取引を通じて、恒常的な低賃金労働者や児童労働の発生、貧困による乱開発等の問題が発生している。

フェアトレードのビジネスモデルとしては、適正な価格での取引をはじめとして複数のポイントがあげられる（図表1参照）。

1　平成23年度 外務省NGO研究会「フェアトレードで世界を変えよう」2012年3月、6頁。

図表1　フェアトレードのビジネスモデルの概要

項　目	詳　細
適正な価格での取引	人間的な生活維持を保障するコストを考慮して価格を設定
環境対応	環境に配慮した開発を通じて、コミュニティ全体の環境が改善し、豊かになる
長期的・安定的契約	安定的な収入を保障することを通じて、長期的な将来を見据えた自立への道が広がる
前払い	生産者の状況に応じて、自立支援のため前払いを行うことがある
割増金（プレミアム）の支払と使途	販売に基づき、途上国のパートナー団体（協同組合等）に対してソーシャルプレミアムを支払う。多くの場合、その資金使途は、地域の生活向上やインフラ整備となる
中間業者の排除	途上国の貿易で最も強烈な搾取を行う中間業者と訣別することを通じて、価格的な競争力を確保する
技術指導	現地の原材料、文化、生産者の能力を尊重しつつ、先進国の市場で売れるような商品開発や技術移転を行う
組織化（協同組合／NGO）	生産者とともに事業を進めるため、組織的な協働を推進する
社会的側面への対応	環境のみならず、児童労働、女性の強制労働、団体交渉権、組合の組織化、生産者の健康と安全など、労働環境を中心に、国際労働機関（ILO）条約の遵守による社会的側面に配慮した生産と取引を行うことが前提となる
情報提供	情報格差を埋め、先進国側の消費者がどのような商品を望んでいるか等、価格情報以外の情報も提供し、対等性を高める

多角化の追求	生産物の多様化を追求（例：コーヒーについて、モノカルチャーを避け、他の現金作物や自給作物も生産できるようにする）

出所：平成23年度 外務省NGO研究会「フェアトレードで世界を変えよう」2012年3月、7～8頁より野村資本市場研究所作成

フェアトレードは、1960年代の欧米で起こった市民運動を契機に、世界に広がっていった。オランダでは、1988年にフェアトレードの基準を決め、その基準を満たした製品にラベルを付与する仕組みが始まった。その後、各国でそれぞれ定められていたラベルの基準やデザインを統一すべく、1997年に国際フェアトレードラベル機構（Fairtrade International）が設立された。同機構の国際フェアトレード認証ラベルは、(1)適正価格の保証、(2)プレミアム（奨励金）の支払、(3)長期的な取引、(4)児童労働の禁止、(5)環境に優しい生産、等の基準を満たした製品に付与される。国際フェアトレード認証ラベルの対象製品には、コーヒー、紅茶、チョコレート、バナナ等の食品に加え、コットン、化粧品類等もある。

国際フェアトレードラベル機構によると、国際フェアトレード認証商品の取引金額は2018年時点で約98億ユーロに達している。また、同機構の構成メンバーであるフェアトレード・ラベル・ジャパンによると、2019年の日本における推定市場規模は約124億円となっている（図表2参照）。

図表2　世界と日本におけるフェアトレードの取引金額の推移

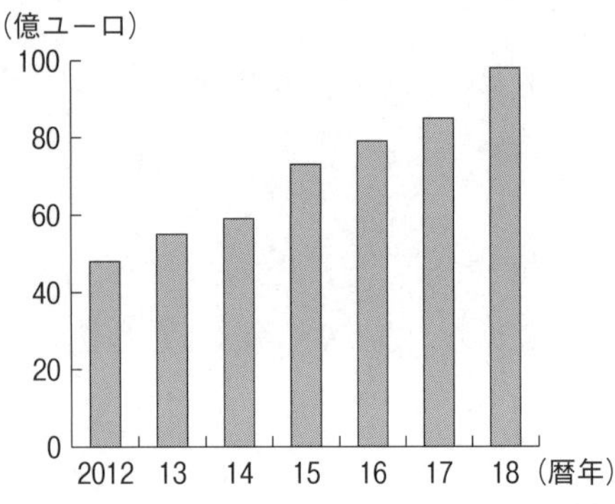

日　本

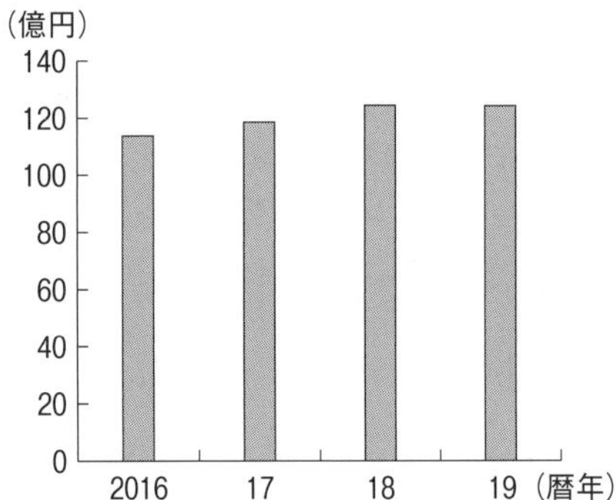

出所：Fairtrade International, *Fairtrade Global Sales Overview*、フェアトレード・ラベル・ジャパン「2019年度　事業報告書」１頁より野村資本市場研究所作成

［江夏あかね］

ポジティブ・スクリーニング

ポジティブ・スクリーニングとは、ESGの投資手法の一つで、ESGの観点から優れた取組みを行っている企業を選別して投資するものであり、ベスト・イン・クラスともいう。多くは、通常の投資で使われる指数の構成銘柄のなかからESGに関連する多くの評価で一定の基準を満たす銘柄を組み入れるためのスクリーニングを行い、他社と比較して相対的に優れた企業を選別することになる。GPIFが採用しているESG指数はポジティブ・スクリーニングを採用しており、指数会社がESGの観点から設けた基準に沿って評価が高かった銘柄を組み入れたり、組入比率を高めることにより構成されている。

［西山賢吾］

マテリアリティ

マテリアリティとは「重要性」「重要課題」のことである。もともとは自社の財務に重大な影響を与える要因を指す用語であったが、ESGやCSRの分野では財務要因だけではなく非財務要因にも用いられる。

企業が中長期的、持続的に価値を高めるためには、財務的な要因だけではなく、非財務要因も重要であるという認識が高まった。また、株主（投資家）と企業に大きな影響を与える課題だけではなく、より広い範囲のステークホルダーに大きな影響を与える課題に対し、企業が優先的に取り組んでいくことの必要性が認識されるようになった。

何がマテリアリティをもつ事象かは企業や業種により異なるものであるが、日本企業がCSRに取り組む際にはどうしても総花的な対応を行う傾向がある。しかし、活動の実効性を高めるためには、マテリアリティを特定して取り組む必要がある。

国際的にサステナビリティ（持続可能性）を推進するGRI（グローバル・レポーティング・イニシアティブ）は国際基準「サステナビリティ・レポーティング・ガイドライン」を策定し、CSR報告書や統合報告書等を作成する際の指針とされている。2013年に策定されたGRIのガイドライン第4版（以下G4）において、マテリアルな項目、すなわち「組織が経済、環境、社会に与える著しいインパクトを反映する項目、ステークホルダーの評価や意思決定に対して実質的に影響を及ぼす項目」を特定（マテリアリティの特定）し、それらについて開示・報告すること、そして、企業がなぜそれをマテリアルな項目として特定したのかについて、その理由の開示を求めている。

企業が統合報告書、長期ビジョン、SDGsへの取組み計画等を策定する際に中長期的、優先的に取り組んでいく課題となるマテリアリティを特定することは、中長期的な持続可能性のある成長に向けた経営戦略を構築するうえで重要である。マテリアリティの特定にあたっては、自社に影響を与えるESG要因をピックアップしたうえで、それらの影響を評価するとともに、自社のステークホルダーを抽出し、彼らの問題意識とピックアップした課題の重要度もあわせて評価したうえで、優先的に取り組む課題を決定する、というプロセスがとられる。そして、統合報告書等を通じ、特定したマテリアルな項目とそれに対する取組みなどにつき、わかりやすく説明することにより、ステークホルダーとの相互理解を深めていくことが重要である。

［西山賢吾］

ユニバーサルオーナー

ユニバーサルオーナーとは、巨額の運用資産を有し、その運用資産を多数の資産や証券に分散投資している投資家のことであり、GPIFやノルウェーの政府年金基金、カリフォルニア州職員退職年金基金（CalPERS）などの巨大な公的年金基金がこれに該当する。

現在、上記のような巨大な公的年金基金がESG投資をグローバルに牽引しているが、彼らがESG投資を正当化する根拠としてあげているのがユニバーサルオーナーという考え方である。ユニバーサルオーナーは巨大な資産を幅広く分散投資していることから、事実上市場全体を「輪切りにした一部」を有する存在となっている。それゆえに、株式の売買のような市場における投資行動が市場全体に与える影響が大きくなることから、ユニバーサルオーナーは市場で運用資産を積極的に売買する手法をとることが非常にむずかしい。

一方、公的年金基金は年金の支給という目的から、その運用資産の運用対象期間（タイムホライズン）は超長期となる。そのため、ユニバーサルオーナーが運用するにあたっては、個別の投資先企業や運用資産の直接的なリスク・リターンだけではなく、経済社会の持続的成長や、健全な市場機能の発揮、自然環境などが運用ポートフォリオ全体の成果に与える影響を重視することが必要である。

このようにユニバーサルオーナーは経済社会の持続的な成長や、市場の健全な機能発揮を重視することから、彼らの活動の特徴の一つとして、それらを阻害する可能性のある要因、たとえば企業活動に起因する環境汚染や温室効果ガス排出問題などに対しては、当該企業にとどまらず、該当する業界全体や規制当局に対しても積極的に働きかけ、エンゲージメント活動を行うことがあげられる。

その具体例としては、2014年頃から積極化してきた「脱石炭投資」、いわゆる「ダイベストメント」（投資先から資金を引きあげること）の活動があげられる。石炭の使用を放置することにより地球温暖化が進行することを許せば、経済社会が多大なリスクを背負う、という強い懸念から、温暖化の抑制に向けて、多量の温室効果ガスを排出する石炭火力発電を行う電力会社から投資資金を引きあげる動きが相次いだ。

その運用資産が巨大であるために、ユニバーサルオーナーは市場に影響を与えることを懸念して、従来、運用資産の積極的な売買を行わなかった。しかし、「ダイベストメント」という動きには、ユニバーサルオーナーの市場への影響力の大きさを利用して、企業や社会の変革を促進しようというねらいもあると考えられる。ESG投資において、ユニバーサルオーナーという考え方と、それを根拠に活動する公的年金の動向が注目される。

［西山賢吾］

CSR

CSR（Corporate Social Responsibility：企業の社会的責任）は、企業は利益を追求するだけでなく、社会へ与える影響に責任をもち、消費者、投資家等、および社会全体といったステークホルダーに対し責任のある行動をとるべきという考えである。

企業が社会的責任を果たすことにより、企業はステークホルダー、社会から信頼を獲得することができ、それが持続的な成長につながり、結果的に社会の持続性の向上に貢献するものとされる。企業が行うCSRは多岐にわたるが、環境保全や人権の保護、労働環境の改善、サステナビリティ（持続可能性）、地域社会への貢献などが主なものである。

企業がCSR活動を行ううえで指針となるものとして、2010年11月に発効した組織の社会的責任に関する国際規格「ISO（国際標準化機構）26000」[1]がある。これはISOが中心となり、国連、ILO（国際労働機関）、各国政府、産業界、NGO/NPOなど多様な立場の参加者でつくりあげた規格である。ISO26000では７つの原則（「説明責任」「透明性」「倫理的な行動」「ステークホルダーの利害の尊重」「法の支配の尊重」「国際行動規範の尊

1　ISO26000は「社会的責任（SR）に関する手引」となっている。SRは対象が企業（CSR）、すなわち営利企業だけではなく、組織、すなわち非営利組織にまで拡大されているが、求められる行動や責任などは基本的に同一である。

重」「人権の尊重」）と、7つの中核主題（「組織統治」「人権」「労働慣行」「環境」「公正な事業慣行」「消費者課題」「コミュニティへの参画」）が示されている。ISO26000は他のISOのような認証規格ではなくガイダンスとしての位置づけであり、現在多くの企業でCSR報告書や環境報告書を作成する際に参照されている。

CSRは社会貢献的な色彩が強いのに対し、社会貢献と企業価値創造を結びつけるのがCSV（共通価値の創造）である。またSDGs（持続可能な開発目標）はビジネスで社会的課題の克服を図るという点でCSRと区別されるが、企業活動の目的は「持続的な企業価値創造」であることを考えれば、これら3つの間には大きな差異はないと考えられる。

［西山賢吾］

CSV

CSV（Creating Shared Value：共通価値の創造）は経営戦略論の第一人者であるハーバード大学のマイケル・ポーター教授が2011年の論文「共通価値の戦略」のなかで打ち出した。「経済価値を創造しながら社会的ニーズにも対応することで社会的価値も創造する」、すなわち企業の価値や競争力の向上と社会的課題の解決を両立させて、企業と社会の両方に価値を生み出す取組みのことである。

ポーターによれば、CSVを実現するためには次の3つの方法があり、共通価値を創造する能力は、具体的なチャンスは同じではないが、先進国にも途上国にも等しく活用できるし、そのチャンスも業界や企業によっても大きく異なるであろうが、いかなる企業にも開かれているとしている。

(1) 製品と市場を見直す：社会的ニーズ（健康、栄養改善、高齢化、環境負荷の軽減等）をとらえ、「われわれの製品は顧客（そして顧客の顧客）の役に立つのか」という観点からそれらを解決することで共通価値を創出する。

(2) バリューチェーンの生産性を再定義する：社会問題にはバリューチェーンの経済的コストを発生させる可能性があるため、その生産性を向上させることで共通価値を創出する。

⑶　地域社会にクラスターを形成する：サプライヤー、サービス・プロバイダー、ロジスティックス等が地理的に集積した地域（クラスター）を形成して効率性を高めることで共通価値を創出する。

しかし、いくらESG（CSR）を意識していても、それが企業価値向上とどのように結びつくかが明確ではない企業は、投資家にとって魅力があるとは言いがたい。CSVは「利益を創造し、最大化するために必要不可欠な競争戦略」として位置づけ

図表　CSRとCSVの比較

CSR (Corporate Social Responsibility)		CSV (Creating Shared Value)
価値は「善行」	⇔	価値はコストと比較した経済的便益と社会的便益
シチズンシップ、フィランソロピー、持続可能性	⇔	企業と地域社会が共同で価値を創出
任意、あるいは外圧によって	⇔	競争に不可欠
利益の最大化とは別物	⇔	利益の最大化に不可欠
テーマは、外部の報告書や個人の嗜好によって決まる	⇔	テーマは企業ごとに異なり、内発的である
企業の業績やCSR予算の制限を受ける	⇔	企業の予算全体を再編成する
たとえば、フェアトレードで購入する	⇔	たとえば、調達方向を変えることで品質と収穫量を向上させる

出所：マイケル・E・ポーター、マーク・R・クラマー「共通価値の戦略」『DIAMONDハーバード・ビジネス・レビュー』2011年6月号をもとに野村資本市場研究所作成

られており、社会的価値と経済的価値の両立が意識されている（より広い社会の目的に合致するよう、事業の目的を再定義）。ガバナンスだけではなく、環境や社会と企業との関係も投資における重要なテーマとなるなかでは、社会的価値と経済的な価値との両立を意識しつつ利益の最大化を目指し、持続的な成長を果たすための企業戦略として、CSVは投資家、企業双方からの関心を集めている。

［西山賢吾］

DJSI

DJSI（Dow Jones Sustainability Index）は米国S&P Dow Jones Indices（S&Pダウ・ジョーンズ・インデックス）社が開発した世界的なESG株価指数の一つである。企業の経済・環境・社会面の評価に基づき、持続可能性に優れた企業が構成銘柄として選定される。

DJSIには、先進国・新興国の双方を対象とした「DJSI World」、北米地域を対象とした「DJSI North America」、欧州地域を対象とした「DJSI Europe」、アジア太平洋地域を対象とした「DJSI Asia Pacific」など8種類あるが、最も注目されるのはDJSI Worldである。DJSI Worldは1999年に算定を開始して以来、20年を超えるESG指数のパイオニアである。

DJSIはDJSIシリーズの銘柄評価を行うS&Pグローバル（S&P Global）社の一部門であるSAM[1]が毎年実施する財務的に重要なESG要因の分析である「コーポレート・サステナビリティ評価（CSA）」をベースに、毎年1回見直しが行われる。CSAとは、財務的に重要かつ業界固有のさまざまなESG基準

1　2019年11月、S&Pグローバル社は、スイスのロベコサム（Robeco SAM）社より、ESG評価関連事業を買収した。このため、従来同社が行っていたCSAは、S&Pグローバル社の一部門としてのSAMが実施することになった。なお、ロベコサム社は2020年11月、社名をロベコスイス（Robeco Swizerland）社に変更すると発表した。

を適用した後、各企業にトータル・サステナビリティ・スコアを割り当てるものである。そして、ベスト・イン・クラスのアプローチに従って各業界（61業種）で上位10％以内に入った企業がDJSI Worldに採用される。2020年11月に行われた銘柄入替えでは、全世界の主要企業約2,500社を対象に323社が選定された。そのうち日本企業は39社を数える。企業側の関心も高く、同指数への採用のため、DJSIが提供するベンチマークスコアカードを分析して、業界内での相対的位置づけやESGにおける課題を把握するコンサルティングサービスなども存在する。

［西山賢吾］

ESD

ESDは、Education for Sustainable Developmentの略で、「持続可能な開発のための教育」と訳されている。ESDは、持続可能な社会づくりの担い手を育む教育であり、地球規模の課題を自らの問題としてとらえ、一人ひとりが自分でできることを考え、実践していく態度（think globally, act locally）を身につけ、課題解決につながる価値観や行動を生み出し、持続可能な社会を創造していくことを目指す学習や活動である[1]。

ESDでは、持続可能な社会づくりを構成する「6つの視点」（多様性、相互性、有限性、公平性、連携性、責任性）を軸にして、教員・社会づくりにかかわる課題を見出し、関連するさまざまな分野を持続可能な社会の構築の観点からつなげ、総合的に取り組むことが必要とされている[2]（図表参照）。そして、課題解決に必要な7つの能力・態度としては、(1)批判的に考える力、(2)未来像を予測して計画を立てる力、(3)多面的・総合的に考える力、(4)コミュニケーションを行う力、(5)他者と協力する力、(6)つながりを尊重する態度、(7)進んで参加する態度、があ

1　文部科学省「今日よりいいアースへの学び　ESG 持続可能な開発のための教育」。

2　文部科学省・日本ユネスコ国内委員会「ユネスコスクールで目指すSDGs 持続可能な開発のための教育」2018年11月、6頁。

図表　ESDの概念図

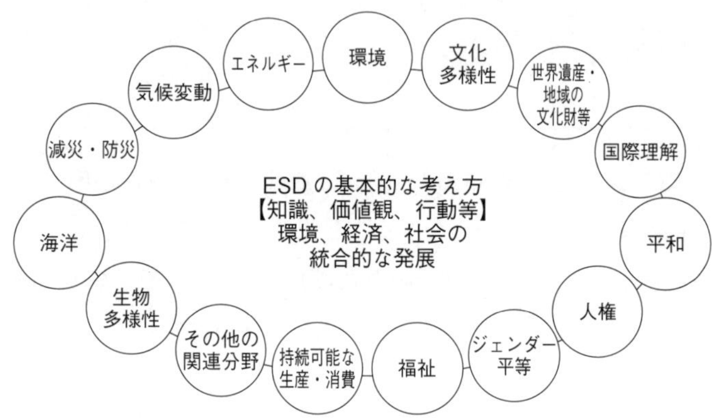

出所：文部科学省・日本ユネスコ国内委員会「ユネスコスクールで目指すSDGs 持続可能な開発のための教育」2018年11月、6頁

げられる。

ESDをめぐっては、1992年に開催された国際連合（国連）環境開発会議にて、持続可能な開発のための教育の重要性が指摘された。そして、2002年に開催された持続可能な開発に関する世界首脳会議にて、日本の提案により世界首脳会議実施計画に「ESDの10年」に関する記載が盛り込まれた。また、同年に開催された国連第57回総会にて、2005～2014年の10年を「国連ESDの10年」とし、国連教育科学文化機関（ユネスコ）が主導機関に指名された。そして、2015～2019年を対象とした「ESDに関するグローバル・アクション・プログラム（GAP）」が2014年に開催された国連第69回総会にて承認された。さらに、2019年に開催された第40回ユネスコ総会および国連第74回総会

では、GAPの後続枠組みである「ESD for 2030」が採択された。

日本においては、2017年3月に公示された幼稚園教育要領、小・中学校学習指導要領および2018年3月に公示された高等学校学習指導要領にて、「持続可能な社会の創り手」の育成が掲げられるなど、ESDの考え方が教育に組み込まれている。

なお、ESDの考え方は、持続可能な開発目標（SDGs）にも組み込まれている。SDGsの目標4「質の高い教育をみんなに」は、「すべての人々に包摂的かつ公平で質の高い教育を提供し、生涯学習の機会を促進する」ことを目指しており、10のターゲットで構成されている[3]。ターゲット4.7では、「2030年までに、持続可能な開発と持続可能なライフスタイル、人権、ジェンダー平等、平和と非暴力の文化、グローバル市民、および文化的多様性と文化が持続可能な開発にもたらす貢献の理解などの教育を通じて、すべての学習者が持続可能な開発を推進するための知識とスキルを獲得するようにする」として、ESDに関する言及がある。

[江夏あかね]

3　グローバル・コンパクト・ネットワーク・ジャパン「持続可能な開発目標（SDGs）」。

ESG

ESGは、環境（E）、社会（S）、企業統治（G）の略であり、投資先企業のガバナンス、企業戦略、業績、資本構造、事業における社会・環境問題に関連するリスクと収益機会を意味する。企業が自らの価値を高めるうえで、これら3つの観点を取り入れることが重要であるという考えが投資の世界で認知されるようになっている。

ESGの起源は1920年代にさかのぼることができる。当時の米国キリスト教教会などで、宗教上の理由によりタバコ、アルコール、ギャンブル等産業への投資を除外するネガティブ・スクリーニングの手法が用いられた。1960年代の米国では社会運動、反戦運動が広がるなかで、社会目的に沿った投資や株主提案が行われ、英国でも宗教に関連した投資と、アパルトヘイトなど社会運動と関連した社会的責任投資（SRI）が始まった。

ESGが本格的に取り上げられたのは、当時の国連事務総長コフィ・アナン氏の提唱により2006年に策定された責任投資原則（PRI）であり、そのなかで、ESGの課題を投資の意思決定に取り込むことが謳われた。SRIは社会的課題の解決や持続的成長という面に重きを置いているのに対し、ESGは投資の観点から、社会的課題の解決、持続的成長は長期的な運用収益の向上にもつながるという面を重視する。

図表1は地域別にみたサステナブル投資（ESG投資とほぼ同義）残高と運用資産に占める割合を示したものである。これをみると、ESGが最も普及しているのは欧州であり、米国は欧州に比べると残高、運用資産に占めるシェアともに低い。一方、日本では、2013年に始まったコーポレートガバナンス改革、そして、2015年のGPIFのPRI署名によりESGが普及してきた。NPO法人日本サステナブル投資フォーラムが集計した2018年3月末時点（回答機関数42）でのわが国のサステナブル投資残高は231.95兆円（2018年3月末時点でのドル円レート

図表1　地域ごとのESG（サステナブル）投資残高

	2016年		2018年	
	サステナブル投資残高（十億ドル）	運用資産に占めるシェア（％）	サステナブル投資残高（十億ドル）	運用資産に占めるシェア（％）
欧州	12,040	52.6	14,075	48.8
米国	8,723	21.0	11,995	25.7
日本	474	3.4	2,180	18.3
カナダ	1,086	37.8	1,699	50.6
オーストラリア／ニュージーランド	516	50.6	734	63.2
グローバル	22,890	26.3	30,683	33.4

出所：NPO法人日本サステナブル投資フォーラムおよびGlobal Sustainable Investment Review 2018（The Global Sustainable Investment Alliance）より野村資本市場研究所作成

106.3円で換算すると約2.18兆ドル）となり、前回（残高集計時期2017年3月末、回答機関数32）の136.6兆円に比べ残高は70％増加した。

図表2は投資手法別にみたESG投資残高（重複を含む）であるが、日本で最も残高が多い手法はエンゲージメント（140.755兆円）であり、議決権行使（132.035兆円）がこれに次ぐ。先述のように、日本のESGはコーポレートガバナンス改革をきっ

図表2　手法別にみたESG（サステナブル）投資残高

分類	日本（2018年：十億円）	前年比（％）	参考：日本（ドル換算：十億ドル）	参考：グローバル（2018年：十億ドル）	前回（2016年）比（年換算）（％）
ESGインテグレーション	121,512	+182.8	1,144	17,544	+30.2
ポジティブ（ベスト・イン・クラス）・スクリーニング	6,425	−4.0	60.5	1,842	+50.1
サステナビリティ・テーマ型投資、インパクト・コミュニティ投資	2,015	+14.6	19.0	1,462	+166.9
議決権行使	132,035	+140.0	1,242.7	9,835	+8.3
エンゲージメント	140,755	+59.9	1,324.7		
ネガティブ・スクリーニング	17,328	+21.1	163.1	19,771	+14.6
国際規範に基づくスクリーニング	31,604	+32.2	297.5	4,679	−13.1

出所：NPO法人日本サステナブル投資フォーラムおよびGlobal Sustainable Investment Review 2018（The Global Sustainable Investment Alliance）より野村資本市場研究所作成

かけに普及してきたため、コーポレートガバナンスとの関連が深いエンゲージメントや議決権行使の残高が多い。一方、グローバルにみると、ESG投資手法として最も歴史のあるネガティブ・スクリーニングの残高が最も多い。また、日本でも世界でも残高の増加が目立つのは、運用プロセスにESGの要素を取り入れるESGインテグレーションである。

ESGの対象となる資産も、当初は株式投資が中心であったが、最近は債券投資や投融資にも拡大しており、ESG債やインパクト投資にも注目が集まっている。

［西山賢吾］

ESGインテグレーション

ESGインテグレーションは、通常の運用プロセスに環境(E)、社会(S)、企業統治(G)の要素を組み込んだ投資手法である。ESGインテグレーションはESG投資手法のなかでも伸び率の高い手法であり、NPO法人日本サステナブル投資フォーラム「第4回サステナブル投資残高アンケート調査結果」(2018年12月)によれば、2018年の日本のESGインテグレーション残高は前年に比べ182.8%増加して121.512兆円となり、エンゲージメント(140.755兆円)、議決権行使(132.035兆円)に次ぐ(ただし重複を含む)。世界的にみてもESGインテグレーション残高は増加している。The Global Sustainable Investment Alliance(世界サステナブル投資連盟)のGlobal Sustainable Investment Review 2018によれば、2018年のグローバルのESGインテグレーション残高は17.544兆ドル(2016年比+30.2%)となり、ネガティブ・スクリーニング(19.771兆ドル)に次ぐものとなっている。

ESGインテグレーションにおいて、ESGの要素を「どこに」「どの程度」織り込んでいくのかについては投資家ごとに異なるが、一般的には、ESGの各要素に関する基準(たとえば、CO_2排出量や取締役会構成など)を定量的に評価してスコア化を行ったうえで、その評価を業績予想(成長率)に加味する、あるいは企業価値を算出するための資本コスト（リスクプレミアム）に反映させる。ESG評価が高ければ、財務諸表により同等に評価された企業に比べ中期成長率を高めに設定したり、資本コストを低くしたりして反映させる。また、ESGインテグレーションを行う際に用いるESGの各要素に関する基準の評価については、自社で専門のアナリストを配置して評価をして

図表　代表的な企業評価手法とESGインテグレーションの方法

企業価値評価方法	ESGインテグレーションの方法	実務におけるポイント
マルチプル法（類似会社比較法）	PERやPBR等を用いて比較可能な類似企業と比較した後、ESG評価に応じてプレミアムを上乗せ／ディスカウントする	ESG評価に応じた企業価値の調整幅の決定方法
DCF法	キャッシュフロー予想（財務諸表予想）にESG要素の影響を反映させる	定性的なESG情報の数値への落とし込み
	資本コスト（割引率）をESG評価に応じ変化させる	ESG評価に応じた資本コストの調整幅の決定方法
	継続価値（ターミナルバリュー）をESG評価にあわせて変化させる	ESG評価に応じた継続価値の決定方法

出所：加藤康之編著『ESG投資の研究』一灯舎、217頁より野村資本市場研究所作成

いるケースや金融情報ベンダーによる評価を採用しているケース、それらの折衷であるケースなど、投資家によりさまざまである。

このようにESGインテグレーションが普及するのにあわせ、年金等のアセットオーナー側でも運用機関を評価するのに際しESGインテグレーションを求める動きが進んできている。たとえば、GPIF（年金積立金管理運用独立行政法人）は2019年8月に、資産の運用および管理に関する具体的な方針である「業務方針」を一部改正し、委託先運用会社の総合評価の方法として、ESGインテグレーションを追加した。

具体的には、運用プロセスにおいて、「投資方針と整合がとれた運用プロセスの構築」「付加価値の追求方法（パッシブ運用機関：総取引費用の最小化等による収益の確保にも配慮しつつ、マネジャー・ベンチマークに追随する手法。アクティブ運用機関：超過収益の追求方法）」が合理的であり、「運用実績を伴い、有効と認められるか」「運用リスクを客観的に認識しているか」「資産の特性に応じて、与えられたマネジャー・ベンチマークからの乖離度の把握その他のリスク管理が適切に行われているか」「ファンド特性に適したESGインテグレーション（ESGを投資分析および投資決定に明示的かつ体系的に組み込むこと）を実施しているか」とされている。

［西山賢吾］

ESG指数

ESG指数は、環境（E）、社会（S）、企業統治（G）の取組みに優れた企業を選定し、それらの企業で構成した株価指数のことであり、ESGを実際に投資に取り入れる手法の一つである。

たとえば、世界最大の公的年金かつ投資家である年金積立金管理運用独立行政法人（GPIF）は2017年7月、FTSE Blossom Japan Index、MSCIジャパンESGセレクト・リーダーズ指数、そしてMSCI日本株女性活躍指数（WIN）の3つを、そして2018年9月に2つのESG指数、S&P/JPXカーボン・エフィシェント指数、S&Pグローバル大中型株カーボン・エフィシェント指数（除く日本）を選定した。現在は合計5つの指数を用いて、総額約5.7兆円でパッシブ運用を行っている。

GPIFの選定した5つの指数のうち、FTSE Blossom Japan Index、MSCIジャパンESGセレクト・リーダーズ指数はESGへの取組みにおいて総合的に優れた企業で構成される総合型、一方、MSCI日本株女性活躍指数（WIN）、S&P/JPXカーボン・エフィシェント指数（日本株、外国株）は、女性の活躍推進、温室効果ガス排出といったテーマへの取組みに優れた企業で構成されるテーマ型である。

さらに、2020年12月より、外国株式を対象にしたMSCI ACWI ESGユニバーサル指数（総合型；当初投資額1兆円程度）と、

図表　GPIF の採用している ESG 指数

名称	タイプ	対象資産	コンセプト	指数組入候補	指数構成銘柄	運用資産額（億円）
FTSE Blossom Japan Index	総合型	日本株	・世界でも有数の歴史をもつFTSE の ESG 指数シリーズ。FTSE4Good Japan Index の ESG 評価スキームを用いて評価。 ・ESG 評価の絶対評価が高い銘柄をスクリーニングし、最後に業種ウェイトを中立化した ESG 総合型指数。	FTSE JAPAN INDEX（509銘柄）	181	9,314
MSCI ジャパン ESG セレクト・リーダーズ指数	総合型	日本株	・世界で1,000社以上が利用する MSCI の ESG リサーチに基づいて構築し、さまざまな ESG リスクを包括的に市場ポートフォリオに反映した ESG 総合型指数。 ・業種内で ESG 評価が相対的に高い銘柄を組み入れ。	MSCI JAPAN IMI TOP 700（700銘柄）	248	13,061
MSCI 日本株女性活躍指数（WIN）	テーマ型（S）	日本株	・女性活躍推進法により開示される女性雇用に関するデータに基づき、多面的に性別多様性スコアを算出、各業種から同スコアの高い企業を選別して指数を構築。 ・当該分野で多面的な評価を行った初の指数。	MSCI JAPAN IMI TOP 700（700銘柄）	305	7,978
S&P/JPX カーボン・エフィシエント指数	テーマ型（E）	日本株	・環境評価のパイオニア的存在である Trucost による炭素排出量データをもとに、世界最大級の独立系指数会社である S&P ダウ・ジョーンズ・インデックスが指数を構築。 ・同業種内で炭素効率性が高い（温室効果ガス排出量／売上高が低い）企業、温室効果ガス排出に関する情報開示を行っている企業の投資ウェイト（比重）を高めた指数。	TOPIX（2,164 銘柄）	1,725	9,802
S&P/JPX カーボン・エフィシエント指数（除く日本）	テーマ型（E）	外国株		S&P Global Large Mid Index（ex JP）（2,896銘柄）	2,037	17,106
MSCI ACWI ESG ユニバーサル指数	総合型	外国株	・MSCI の ESG 旗艦指数の一つ。ESG 格付けと ESG トレンドをもとにしたウェイト調整を主眼として指数全体の ESG 評価を高めた総合型指数。 ・親指数と同様の投資機会およびリスクエクスポージャーを維持しつつ ESG インテグレーションを行うことを目指す大規模投資家向けに開発された指数。	MSCI ACWI（2,197銘柄）	2,100	10,000程度
Morningstar ジェンダー・ダイバーシティ指数（愛称「GenDi」）	テーマ型（S）	外国株	・Equileap ジェンダー・スコアカードによる企業のジェンダー間の平等に対する取組みの評価等に基づき投資ウエイトを決定。 ・評価は①リーダーシップおよび従業員の男女均衡度、②賃金の平等とワークライフ・バランス、③ジェンダー間の平等を推進するためのポリシー、④コミットメント・透明性・説明責任という 4 つのカテゴリーで実施。	Morningstar Developed Markets（ex JP）Large-Mid（1,873銘柄）	1,765	3,000程度

（注） 2020年 3 月末現在、ただし、MSCI ACWI ESG ユニバーサル指数と、Morningstar ジェンダー・ダイバーシティ指数は2020年12月18日公表分。
出所：GPIF 資料より野村資本市場研究所作成

Morningstar ジェンダー・ダイバーシティ指数（テーマ型（女性活躍）；当初投資額3000億円程度）の運用を開始した。

GPIF がこうした ESG 指数を採用しているのは、現に ESG への取組みにおいて優れた企業を評価するだけではなく、これらの ESG 指数が、さまざまな企業の ESG 対応が進むインセンティブとなり、長期的な企業価値の向上につながることを期待するためである。実際、こうした指数に採用されることを目指してなんらかの取組みを行う企業や、実際に指数に採用されるとプレスリリース等で公表し、投資家等へのアピールポイントとする企業がみられる。

［西山賢吾］

FTSE

FTSEは英国ロンドンに拠点を置き、株価指数の算出・管理や、関連する金融データの提供サービスを行う企業である。1965年に英国の金融新聞であるフィナンシャル・タイムズ社（FT）とロンドン証券取引所（LSE）の共同出資により設立された。現在はロンドン証券取引所グループ（LSEグループ）の子会社に位置づけられている。

FTSEの算出する株価指数は世界的に用いられているが、代表的な指数としては、大型・中型株から小型株まで含む48カ国の約7,400銘柄以上で構成され、世界の投資可能時価総額の98%をカバーするFTSE Global All Cap Indexがある。

ESGやサステナブル投資関連の株価指数も算出している。FTSE 4 Good Developed Indexは、世界各国の大手企業を対象に、環境・社会・企業統治面の調査を行い、企業の持続可能性を評価のうえ、同社の基準を満たした企業を選定するもので、サステナブル投資のファンドや金融商品の作成・評価に広く利用される。また、FTSE Blossom Japan Indexは、ESGについて優れた対応を行っている企業のパフォーマンスを測定するために設計されたものであり、GPIFが2017年にESG投資を行うための総合型指数の一つとして採用したことから、企業、投資家双方からの関心が高い。 **［西山賢吾］**

GPIF

GPIF（Government Pension Investment Fund：年金積立金管理運用独立行政法人）は、厚生年金保険など国民年金の給付の財源となる年金積立金の管理・運用を行う独立行政法人であり、管理・運用収益を国に納めることで年金事業の運営に貢献している。1961年11月に設立された年金福祉事業団に端を発しており、2011年には年金資金運用基金が設立されて厚生労働大臣から寄託された年金資産の運用を開始、2015年には年金積立金管理運用独立行政法人として、公的な年金積立金の管理・運用業務を担う最大の機関となった。2019年度（2020年３月末）現在の運用資産額は約155兆円を誇る世界でも最大級の公的年金基金であり、あらかじめ定められた基本ポートフォリオを基準として、許容された一定の乖離幅の範囲で各資産を運用している（図表参照）。

GPIFのESGに対する取組みをみると、2015年３月に投資原則を制定し、株式投資においてスチュワードシップ責任を果たすようなさまざまな活動を通じ、被保険者のために長期的な投資収益の拡大を図ることを明確化し、同年９月に国連が提唱する責任投資原則（PRI）に署名した。さらに、2017年10月には投資原則を改訂し、従来、株式投資を対象としていたスチュワードシップ責任に関する活動をすべての資産に拡大すること

図表　GPIF の運用資産額・構成割合（年金積立金全体）

	資産額（2020年３月末：兆円）	資産構成割合（%）	基本ポートフォリオ（%）	許容乖離幅（%）
国内債券	37.1	23.9	35	±10
短期資産	9.3	6.0	―	―
国内株式	35.6	22.9	25	± 9
外国債券（為替ヘッジなし）	34.5	22.2	15	± 4
外国債券（為替ヘッジあり）	1.9	1.2		
外国株式	37.2	23.9	25	± 8

（注）　年金積立金全体には、2019年度末時点の特別会計で管理する積立金（約4.9兆円）を含む。
出所：GPIF「業務概況書」（2019年度）より野村資本市場研究所作成

を決定、その具体的な活動として ESG を考慮した取組みを明記した。

このように、GPIF が ESG への取組みを強化している背景にあるのは、GPIF は年金資金を運用するという「超長期投資家」であり、かつその多額の運用資産を株式、債券市場をはじめとした多くの市場に投資している「ユニバーサルオーナー」であり、GPIF が長期にわたって投資収益を獲得するためには、個別の企業や政府の活動による負の外部性（環境・社会問題等）を最小化し、市場全体、さらにはその背後にある社会が持続的かつ安定的に成長することが不可欠であるという考えがある。

2017年６月には、スチュワードシップ活動原則と議決権行使原則を制定し、運用受託機関に対して、議決権行使を含むスチュワードシップ活動に関して求める事項や原則を明確にした。GPIFは自らのスチュワードシップ責任を果たすため、運用受託機関における議決権行使を含むスチュワードシップ活動の取組状況をモニタリングし、運用受託機関と積極的に対話（エンゲージメント）を実施している。

一方、2017年には国内株式について、２つのESG総合指数（FTSE Blossom Japan Index、MSCIジャパンESGセレクト・リーダーズ指数）と１つの女性活躍指数（MSCI日本株女性活躍指数〔WIN〕）を選定し、パッシブ運用によるESG運用を開始した。2018年には気候変動問題に関連して、企業の炭素効率性（売上高当りの温室効果ガス排出量）を評価した株式指数であるS&P/JPXカーボン・エフィシェント指数およびS&Pグローバル大中型株カーボン・エフィシェント指数（除く日本）を選定し、これらの指数に基づくパッシブ運用を開始した。これら５つの指数によるESG投資の運用額は、2018年度末の約3.5兆円から、2019年度末には5.7兆円に拡大した。これらに加え、2020年12月より外国株式を対象にしたMSCI ACWI ESGユニバーサル指数（総合型；当初投資額１兆円程度）と、Morningstarジェンダー・ダイバーシティ指数（テーマ型（女性活躍）；当初投資額3,000億円程度）の運用を開始した。

さらに、2015年９月のPRIへの署名に続き、30%Coalition[1]、

1　取締役会における多様性を求め、女性比率30%を目的とする。

TCFD[2]、Council of Institutional Investors[3]、Climate Action 100＋[4]、ICGN[5]といった国際的イニシアティブへ参加し、ESGに関する知見を高め、運用受託機関のスチュワードシップ活動の評価に活用している。

［西山賢吾］

2　気候関連財務情報開示タスクフォース：投資家の適切な投資判断のために、気候関連のリスクと機会がもたらす財務的影響について情報開示を促す任意の提言を公表。

3　機関投資家評議会：米国における株主権利やコーポレートガバナンスに関する啓発および協働を目的に、米国の公的年金基金が設立。

4　グローバルな環境問題の解決に大きな影響力のある企業と、気候変動に係るガバナンスの改善、温室効果ガス排出量削減に向けた取組み、情報開示の強化などについて建設的な対話を行う。

5　国際コーポレートガバナンス・ネットワーク：機関投資家等により設立された業界団体。効率的な市場と持続可能な経済を推進することを目的に、コーポレートガバナンスの向上とスチュワードシップ活動の促進に取り組む。

GRI

GRI（Global Reporting Initiative）は、世界の企業や政府が、気候変動、人権、ガバナンス、社会福祉等の重要なサステナビリティ関連課題を理解し、伝達するのを支援すべく、米国の非営利組織セリーズ[1]（CERES）や国連環境計画（UNEP）が中心となって1997年に設立された組織である。

GRIは2000年に「GRIガイドライン」を公表した。同ガイドラインは、1997年に提唱された「トリプル・ボトムライン」[2]の考え方に即して、経済、環境、社会の3つの側面について、企業が開示すべき項目や指標を定めている。すなわち、GRIガイドラインは、「サステナビリティ」という抽象的な概念を具体的な指標として可視化しており、持続可能な経営を目指す企業

1　セリーズ（Coalition for Environmentally Responsible Economies、CERES）は、米国の環境保護団体や投資関係団体などから構成される非営利組織であり、環境問題に関する企業の取組みを推進している。「環境に責任をもつ経済のための連合」と訳される。CERESは、1989年にアラスカ湾沖で起きたタンカー（バルディーズ号）の座礁による原油流出事故を契機として、企業が環境保全のために遵守すべき10原則（バルディーズ原則、後にセリーズ原則と改称）を公表している。

2　トリプル・ボトムラインとは、企業活動を経済、社会、環境面から評価する概念。1997年に英国サステナビリティ社のジョン・エルキントンが、決算書の最終行（ボトムライン）で収益・損失の結果を述べるように、社会面では人権配慮や社会貢献、環境面では資源節約や汚染対策等について評価するべき、と提唱した。同概念は、GRIガイドラインにも反映されている。

をはじめとしたさまざまな組織の活動を後押ししてきた。同ガイドラインはさまざまなステークホルダーの間で議論が重ねられながら、複数回にわたって改定が行われ、2013年５月には第４版が公表された。その後、サステナビリティ報告書の普及の進捗を受けて、2016年にガイドラインから、「GRI スタンダード」というかたちに変わっている。

GRI スタンダードは、組織が経済、環境、社会に与えるインパクトを一般に報告する際の、グローバルレベルにおけるベストプラクティスを提示するための規準と位置づけられている[3]。同スタンダードに基づき作成されたサステナビリティ報告書では、組織が持続可能な発展に対して与える、プラスおよびマイナスの寄与に関する情報が提供される。

GRI スタンダードは、⑴サステナビリティ報告書を作成するすべての組織に適用される「共通スタンダード」、⑵組織が自己にとってマテリアルな項目（経済、環境、社会）について報告を行うための「項目別のスタンダード」、で構成されている（図表１参照）。

世界にはサステナビリティ関連の開示基準等は複数存在するが、これらの基準等と GRI スタンダードを比較した場合、GRI スタンダードには、⑴想定する開示情報利用者を、消費者・労働者・市民社会等の幅広い企業のステークホルダー（マルチ・ステークホルダー）としていること、⑵細則主義（ルール・ベー

3　Global Reporting Initiative「GRI Standards Download Center―日本語版（Japanese Translations）」。

図表1　GRIスタンダードの構成

共通スタンダード

基礎
GRI 101
（GRIスタンダードを使用するための出発点）

一般開示事項
GRI 102
（組織の背景情報の報告）

マネジメント手法
GRI 103
（マテリアルな項目に関するマネジメント手法の報告）

マテリアルと特定した項目を選択してその開示事項を報告

出所：Global Reporting Initiative「GRI Standards Download Center―日本語版（Japanese Translations）」より野村資本市場研究所作成

図表2　世界の主要なESG情報開示基準等の類型化

		想定する情報利用者（目的とする開示）	
		マルチ・ステークホルダー（企業が経済・環境・社会に与えるインパクトの開示）	投資家（企業の経営成績や財務状態への影響に関連する情報の開示）
設計思想	原則主義	―	・国際統合報告フレームワーク ・TCFD最終提言書
	細則主義	・GRIスタンダード	・SASBスタンダード

出所：林寿和「多様化するESG情報開示基準等の果たす役割と課題―GRI・IIRC・SASB・TCFDの比較分析を通じて―」『資本市場』第407号、資本市場研究会、2019年7月、28頁

ス）の色彩が強く、ESGの要素ごとに具体的な開示項目・指標が設定されていること、といった特徴が指摘されている（図表2参照）。特に、1点目について、GRIスタンダードは、想定情報利用者をマルチ・ステークホルダーとしていることから、経営成績や財務状態への影響に関する情報開示を目的とする他の開示基準等とは異なり、企業が経済・環境・社会に与える（正または負の）インパクトの開示を目的としている点が注目される。

GRIスタンダードは、世界的に最も歴史が長いサステナビリティ関連の開示基準の一つと位置づけられ、世界各国の多くの企業が活用している。日本においても、GRIスタンダードが幅広く活用される傾向がみられる。

なお、近年は、サステナビリティ関連の開示枠組み・基準設定団体が協働する動き等がみられている。2014年に国際統合報告評議会（IIRC）による提唱のもと、「企業報告ダイアログ」（Corporate Reporting Dialogue、CRD）というネットワークが設立された。同ネットワークには、5つの主要サステナビリティ関連開示枠組み・基準設定団体（CDP、気候変動開示基準委員会〔CDSB〕[4]、GRI、IIRC、サステナビリティ会計基準審議会〔SASB〕）、

4　気候変動開示基準委員会（Climate Disclosure Standards Board、CDSB）は、自然資本と金融資本を同等にみなす主要な企業情報開示モデルの世界での推進および標準化に注力する9つの企業および環境関連非政府組織（NGO）で構成されている、2007年に設立された国際コンソーシアム。CDSBの使命は、環境および気候に関する情報を財務情報と同じ厳密さで報告するフレームワークを企業に提供することである。

国際会計基準（IFRS）を策定する国際会計基準審議会（IASB）、国際標準化機構（ISO）に加え、オブザーバーとして米国財務会計基準審議会（FASB）が参加している。

そして、上述の5つの主要サステナビリティ関連開示基準設定団体は2020年9月、包括的な企業開示システムの構築に向けて協働する旨を発表した[5]。協働の目的として、開示枠組み・基準を補完的かつ追加的に適用する方法に関する共同ガイダンスの提供等を目指すとされた。一方、ダボス会議を主催する世界経済フォーラムも同年同月、「ステークホルダー資本主義の測定」と題した報告書を公表した[6]。同報告書では、既存の開示基準やフレームワークを基に、サステナブルな価値創造に関する共通指標を検討し、最終的に、21のコア指標と34の拡張指標が提案されている。

一方、IASBの設置団体であるIFRS財団も同年同月、サステナビリティ報告に関する協議文書を公表し、2020年末を期限に意見募集を始めている[7]。同協議文書では、IFRS財団の下にサステナビリティ基準審議会（SSB）を設立する案等が示された。

5　CDP, CDSB, GRI, IIRC and SASB, *Statement of Intent to Work Together Towards Comprehensive Corporate Reporting*, September 2020.

6　World Economic Forum, *Measuring Stakeholder Capitalism : Towards Common Metrics and Consistent Reporting of Sustainable Value Creation*, September 2020.

7　IFRS Foundation, *Consultation Paper on Sustainability Reporting*, September 2020.

さらに、IIRCとSASBは2020年11月、経営統合し、「バリュー・レポーティング財団」を設立するする意向を表明した[8]。

このように、サステナビリティ関連の開示枠組み・基準をめぐっては、さまざまな動きがみられており、サステナビリティ関連開示の比較可能性や透明性が高まれば、環境・社会・ガバナンス（ESG）投資の活性化につながる可能性がある。

［江夏あかね］

---

8 IIRC and SASB, *IIRC and SASB Announce Intent to Merge in Major Step Towards Simplifying the Corporate Reporting System*, 25 November 2020.

ICMA

国際資本市場協会（International Capital Market Association、ICMA）は、国際債券市場に係る自主規制団体で、2020年３月時点で、世界62カ国の発行体、発行市場・流通市場取引仲介業者、アセットマネージャー、投資家、資本市場インフラ運営者等、約600のメンバーで構成されている[1]。ICMAは、⑴メンバー間の良好な関係を促進し、国際資本・証券市場に関する課題を共同で検討するためのベースを提供するとともに、会員の活動を規律づける規則および勧告を発出、⑵国際資本・証券市場の参加者に対してサービスおよび支援を提供、を目的として掲げている。

サステナブルファイナンスに関して、ICMAは、グリーンボンド原則（GBP）、ソーシャルボンド原則（SBP）、サステナビリティボンド・ガイドライン（SBG）およびサステナビリティ・リンク・ボンド原則（SLBP）の事務局を担っている。これらの原則等は、自主的ガイドラインであり、透明性の確保、情報開示およびレポーティングを推奨し、市場の秩序を促進させるために策定されており、国際的な基準として一般的に

1　International Capital Market Association, *About ICMA*、野村證券「ICMA「グリーンボンド原則・ソーシャルボンド原則アドバイザリー・カウンシル」への選出について」2019年10月25日。

認識されている。

ICMAではこれらの原則等のガバナンス体制として、(1)メンバーおよびオブザーバー、(2)執行委員会（Executive Committee)、(3)運営委員会（Steering Committee)、(4)事務局（Secretariat)、を構築している[2]。原則の更新は、メンバーおよびオブザーバーの意見を事務局主導で募集し、執行委員会が制定するかたちで進められる。運営委員会は、原則等の変更に関する推奨等を執行委員会に行う。その他、執行委員会を補佐し、原則等の認知度向上やより幅広い意見を反映させるために、諮問委員会（Advisory Council）も設立されている[3]。

［江夏あかね］

---

2 International Capital Market Association, *The Governance Framework of the Principles*, 5 May 2020.

3 International Capital Market Association, *Advisory Council of the Green Bond Principles and Social Bond Principles Executive Committee.*

IIRC

IIRC（International Integrated Reporting Council：国際統合報告評議会）は2010年７月に英国で設立された国際的非営利団体であり、財務情報と非財務情報を統合して開示する「統合報告フレームワーク」を開発・推進することを主な活動としている。IIRCは規制者、投資家、企業、基準設定主体、会計専門家およびNGOにより構成される。

IIRCは2013年12月に「国際統合報告フレームワーク」を公表した。「国際統合報告フレームワーク」は、組織が中長期にわたりいかにして企業価値を生み出そうとしているのかについて報告するための枠組みである。IIRCは「７つの指導原則」に基づき、「８つの内容要素」の情報開示を求めている。

「７つの指導原則」：⑴戦略的焦点と将来志向、⑵情報の結合性、⑶ステークホルダーとの関係性、⑷重要性、⑸簡潔性、⑹信頼性と完全性、⑺首尾一貫性と比較可能性。

「８つの内容要素」：⑴組織概要と外部環境、⑵ガバナンス、⑶ビジネスモデル、⑷リスクと機会、⑸戦略と資源配分、⑹実績、⑺見通し、⑻作成と表示の基礎。

「国際統合報告フレームワーク」において、統合報告書は、財務、製造、知的、人的、社会・関係、自然に分類される「６つの資本」を用いて、どのように価値を創造しているかを表し

図表　IIRCの価値創造プロセス

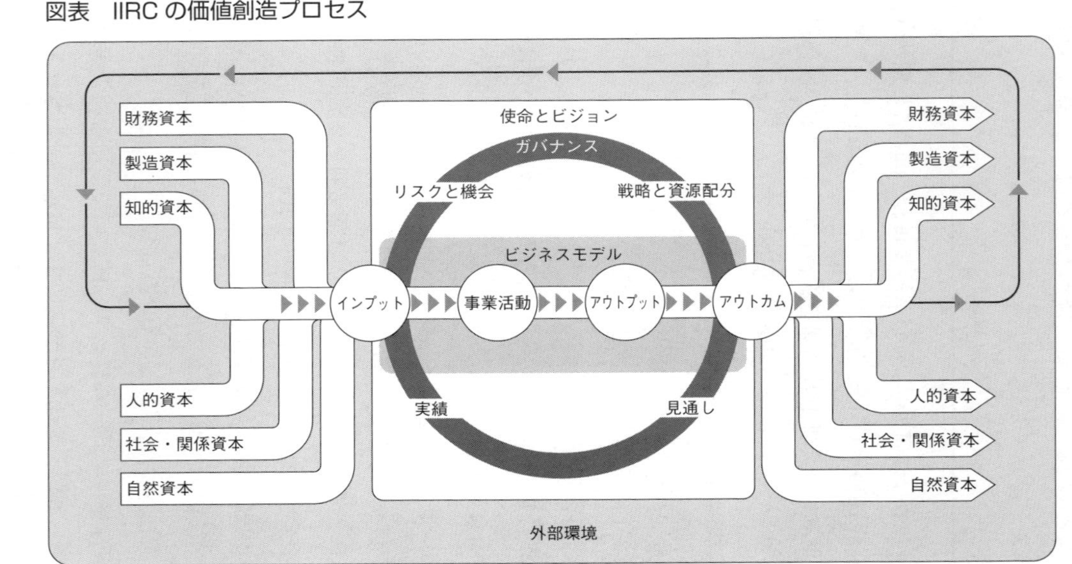

出所：IIRC「国際統合報告フレームワーク日本語版」より野村資本市場研究所作成

ているものとされている（図表参照）。

なお、統合報告フレームワークは現在、2020年末を目指して改訂作業が進められている。

［西山賢吾］

ISO

国際標準化機構（International Organization for Standardization、ISO）は、1947年に発足した国際標準化機関で、(1)国家間の製品やサービスの交換を支援するために標準化活動の発展の促進、(2)知的、科学的、技術的、経済的活動における国家間協力を発展させることを目的として、電気・電子・通信分野を除く[1]全産業分野に関する国際規格の作成を行っている[2]。ISOは、スイスのジュネーブに本部があり、2020年9月末現在、165カ国が加盟している[3]。日本からは、1952年から日本産業標準調査会が加盟している[4]。

ISOは従来、製品の性能や評価方法を対象としていたが、製品そのものではなく、マネジメント分野、サービス分野、社会システム分野へと拡大が進み、2018年12月時点で2万2,467の

1　電気・電子技術分野は、国際電気標準会議（International Electrotechnical Commission、IEC）、通信分野は国際電気通信連合（International Telecommunication Union、ITU）が国際標準化機関としての役割を担っている（経済産業省産業技術環境局基準認証政策課「知的財産と標準化によるビジネス戦略」8頁）。

2　日本工業標準調査会「ISOの概要」、三菱UFJリサーチ＆コンサルティング「「EU、中国、国際標準化機構（ISO）等が進めるグリーンファイナンス・サステナブルファイナンスに係る金融の標準化の取組に関する調査」報告書（金融庁委託調査）」2019年3月、22頁。

3　International Organization for Standardization, *About Us.*（https://www.iso.org/about-us.html、2020年9月30日閲覧）

国際規格を策定してきた。自由に放置すれば多様化・複雑化・無秩序化する事柄を、標準化（規格を策定）することで、少数化、単純化、秩序化し、広く普及させることを目的としている。標準化を通じて、生産・調達コストの低減、市場の拡大、差別化等が可能となるほか、品質・安全性の確保等にもつながるといったメリットがある。

ISOにおいて、規格を検討するのが技術管理評議会（TMB）のもとにある、専門委員会（Technical Committee、TC）である。各TCは、分科委員会（Subcommittee、SC）および作業グループ部会（Working Group、WG）を設置することができる。国際規格の作成・改定作業は、基本的にTC、SCおよびWGで行われる（図表1参照）。サステナブルファイナンス関連の国際規格の策定予定としては2020年現在、グリーンボンド（ISO14030）をはじめとして4つある（図表2参照）。

4　日本産業標準調査会（Japanese Industrial Standards Committee、JISC）は、産業標準化法に基づき、経済産業省に設置されている審議会で、日本産業規格（Japanese Industrial Standards、JIS）の制定 、改正等に関する審議や、産業標準、JISマーク表示制度、試験所登録制度等、産業標準化の促進に関して関係各大臣への建議や諮問に応じて答申を行うなどの機能を担っている。また、国際標準化機構（ISO）および国際電気標準会議（IEC）に対する日本唯一の会員として、国際規格開発に参加している（日本規格協会グループ「日本産業標準調査会とは」）。

図表1　ISOにおける一般的な国際規格の策定基準

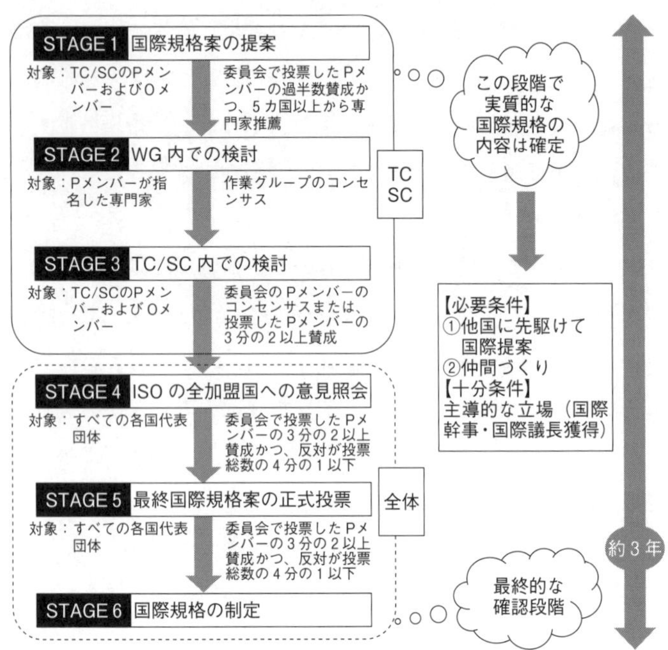

（注）Pメンバーは、積極的参加（Participating）メンバー。Oメンバーは、オブザーバー（Observer）として参加するメンバー。

出所：経済産業省産業技術環境局基準認証政策課「知的財産と標準化によるビジネス戦略」10頁より野村資本市場研究所作成

図表２　ISOにおけるサステナブルファイナンス関連の国際規格策定の動き

規格名称	所管 TC 等	提案国
ISO14097「気候ファイナンス活動の評価と報告のための枠組みと原則」	ISO/TC207/SC 7 温室効果ガス管理関連活動	フランス
ISO14030「環境マネジメント——グリーンボンド」	ISO/TC207/SC 4 環境パフォーマンス評価	米国
ISO14100「グリーンファイナンス——グリーン金融プロジェクトの評価」	ISO/TC207/WG11 グリーンファイナンス	中国
未定	ISO/TC302 サステナブルファイナンス	英国

出所：三菱 UFJ リサーチ＆コンサルティング「「EU、中国、国際標準化機構（ISO）等が進めるグリーンファイナンス・サステナブルファイナンスに係る金融の標準化の取組に関する調査」報告書（金融庁委託調査）」2019年３月、23頁より野村資本市場研究所作成

［江夏あかね］

MSCI

MSCI（モルガン・スタンレー・キャピタル・インターナショナル）は、米国ニューヨークに本拠を置く金融サービス企業である。株価指数の算出や、ポートフォリオ分析など幅広いサービスを提供している。先進国、新興国、フロンティア市場（経済発展の初期段階にある途上国）等をあわせて約70カ国・地域の株式市場をカバーしている。

同社の代表的な指数として、先進国と新興国の大型株、中型株から構成されるMSCI All Country World Index（ACWI）、先進国の大型株と中型株から構成されるMSCI World Index、MSCIワールドインデックスから日本を除いた先進国の銘柄で構成されるMSCIコクサイインデックス（MSCI KOKUSAI INDEX）などが著名であり、多くの機関投資家や投資信託のベンチマークとして採用されている。

ESGに関連した指数としては、MSCIジャパンESGセレクト・リーダーズ指数がある。同指数は、親指数（MSCIジャパンIMIトップ700指数：時価総額上位700銘柄）構成銘柄のなかから、親指数における各GICS[1]業種分類の時価総額50％を目標に、ESG評価に優れた企業を選別して構築される指数である。この選別手法により、ESG評価の高い企業を選ぶことで発生しがちな業種の偏りを抑制している。

［西山賢吾］

1 Global Industry Classification Standardの略称で、1999年にS&P（スタンダード・アンド・プアーズ）とMSCIが共同開発した産業分類のこと。世界の産業を10のセクター、24の産業グループ、67の産業、156の産業サブグループに分類しており、投資信託や企業分析において業種分類を行う際等に用いられている。

OECD 多国籍企業行動指針

OECD 多国籍企業行動指針（行動指針）は、多国籍企業[1]が世界経済の発展に重要な役割を果たすことをふまえ、それらの企業に期待される責任ある行動（Responsible Business Conduct、RBC）を自主的にとることを求める勧告として、経済協力開発機構（OECD）が1976年に策定したガイドラインである。同指針は、企業の社会的責任（CSR）に関する国際的かつ代表的なガイドラインとして広く浸透している。また、世界経済の発展や企業行動の変化等の実情に応じて、複数回にわたって改訂されている。

行動指針には2019年1月現在、OECD 加盟国36カ国と非加盟国12カ国が参加している[2]。参加国政府は、多国籍企業に対して、同指針の普及活動を行っている。そして、同指針の普及、照会処理、問題解決支援のために、各国に連絡窓口（National

1　行動指針では、多国籍企業について、「通常、2以上の国において設立される会社又はその他の構成体から成り、様々な方法で活動を調整できるように結びついている」とし、「行動指針は、多国籍企業内の全ての構成体（親会社及び（又は）現地の構成体）を対象とする」としている。

2　アルゼンチン、ブラジル、コロンビア、コスタリカ、エジプト、ヨルダン、モロッコ、ペルー、ルーマニア、チュニジア、ウクライナ、カザフスタン（外務省経済局経済開発協力機構室「「OECD 多国籍企業行動指針」と「日本 NCP」」2019年1月、2頁）。

Contact Point、NCP）を設置している。なお、同指針には、法的な拘束力はなく、適用実施は各企業に委ねられている。

同指針は、一般方針、情報開示、人権、雇用・労使関係、環境、贈賄・贈賄要求・金品の強要の防止、消費者利益、科学および技術、競争、納税等、幅広い分野における責任ある企業行動に関する原則と基準を定めている（図表参照）。

同指針では、グローバルに展開する企業が直面しうるリスクと、そのグッドプラクティスを取り上げている。同指針において期待される企業の責任としては、⑴企業が経済、環境、社会面での発展に積極的に貢献すること、⑵企業の活動から生じる「悪影響（adverse impact）」[3]を避け、仮に悪影響が生じた場合に対応を実施すること、を位置づけている。

図表　OECD多国籍企業行動指針の概要

項　目	詳　細
序文	「行動指針」の基本的性格や背景の説明
Ⅰ．定義と原則	「行動指針」は多国籍企業に対し、良き慣行の原則・基準を提供。「行動指針」の遵守は任意のものであり、法的に強制しうるものではない。参加国政府は「行動指針」の普及を促進し、「各国連絡窓口（NCP）」を設置

3　悪影響とは、企業の活動から生じる負の影響・結果を意味する。企業は、実際または潜在的な悪影響を特定し、防止し、緩和する一連のプロセス（デュー・ディリジェンス）を実施する必要がある（外務省経済局経済開発協力機構室「「OECD多国籍企業行動指針」と「日本NCP」」2019年1月、5頁）。

Ⅱ．一般方針	持続可能な開発の達成、人権の尊重、能力の開発、人的資本の形成、よいコーポレート・ガバナンスの維持等のため企業は行動すべき。リスクに基づくデュー・ディリジェンスを、サプライチェーンを含む企業活動による悪影響を特定、防止、緩和するための主要ツールとして導入
Ⅲ．情報開示	企業は、活動、組織、財務状況および業績等について、タイムリーかつ定期的に情報開示すべき。企業が情報開示すべき重要情報と、企業による情報開示が奨励される情報を例示
Ⅳ．人権	企業には人権を尊重する責任があり、自企業および取引先の活動等において、適切に人権デュー・ディリジェンスを実施すべき
Ⅴ．雇用・労使関係	企業は、労働者の権利の尊重、必要な情報の提供、労使間の協力促進、途上国で活動を行う際の十分な労働条件の提供、訓練の提供、集団解雇の合理的予告等を行うべき
Ⅵ．環境	企業は、環境、公衆の健康および安全等を保護し、持続可能な開発の達成等に向け十分考慮を払うべき
Ⅶ．贈賄，贈賄要求，金品の強要の防止	企業は、賄賂その他の不当な利益の申し出、約束または要求等を行うべきでない。2011年の改訂により、対象範囲を贈賄要求、金品の強要の防止にも拡大、少額の円滑化のための支払についても言及
Ⅷ．消費者利益	企業は公正な事業、販売および宣伝慣行に従って行動し、提供する物品・サービスの安全性と品質確保等のため合理的な措置を実施すべき。消費者情報を保護し，誤解を招きやすい販売活動を防止し、弱い立場にある消費者やＥコマース等にも適切に対応すべき
Ⅸ．科学・技術	企業は、受入国の技術革新能力の発展、受入国への技術・ノウハウの移転等に貢献すべき

Ⅹ. 競争	企業は、法律・規則の枠内において競争的な方法で活動すべき
Ⅺ. 納税	企業は納税義務を履行することにより、受入国の公共財政に貢献すべき

出所：外務省経済局経済開発協力機構室「「OECD 多国籍企業行動指針」と「日本 NCP」」2019年1月、3～4頁

［江夏あかね］

PRB

責任銀行原則（Principles for Responsible Banking、PRB）は、国連環境計画・金融イニシアティブ（United Nations Environment Programme Finance Initiative、UNEP FI）により2019年9月に発足した原則であり、銀行業界が社会の目標達成に向けて主導的な役割を果たせるよう変革することを目的としている[1]。2006年4月に策定された責任投資原則（PRI）、2012年6月に策定された持続可能な保険原則（PSI）に次ぐものとなる。

PRBは発足時、世界49カ国の132の銀行（総資産額約47兆ドル）の署名を集め、日本からは三菱UFJフィナンシャル・グループ、三井住友フィナンシャルグループ、みずほフィナンシャルグループ、三井住友トラスト・ホールディングスの4金融グループが署名した[2]。PRBには2020年11月17日現在、199の銀行が署名している[3]。

PRBは6つの原則によって構成されている（図表1参照）。PRBの署名機関には、原則を効果的に実施し、銀行が生み出

---

1 UNEP Finance Initiative, *130 Banks Holding USD 47 Trillion Assets Commit to Climate Action and Sustainability*, 22 September 2019；UNEP Finance Initiative, *Principles for Responsible Banking：Shaping Our Future*.

2 UNEP Finance Initiative, *Founding Signatories*.

3 UNEP Financial Initiative, *Signatories to the Principles for Responsible Banking*, 17 November 2020.

図表1　責任銀行原則（PRB）の概要

項　目	内　容
原則1：整合性（アラインメント）	事業戦略を、持続可能な開発目標（SDGs）やパリ協定および各国・地域の枠組みで表明されているような個々人のニーズおよび社会目標と整合させて、貢献できるようにする
原則2：インパクトと目標設定	人々や環境に対して、われわれの事業および提供する商品・サービスがもたらすリスクを管理しネガティブ・インパクト（悪影響）を低減する一方で、継続的にポジティブ・インパクト（好影響）を増加させる。そのために、重大なインパクトを与える可能性のある分野に関して目標を設定してそれを公表する
原則3：顧客（法人・リテール）	顧客と協力して、持続可能な慣行を奨励し、現在と将来の世代に共通の繁栄をもたらす経済活動を可能にする
原則4：ステークホルダー	これらの原則の目的をさらに推進するため、関係するステークホルダーと積極的に協力する
原則5：ガバナンスと企業文化	効果的なガバナンスと責任ある銀行としての企業文化を通じて、これらの原則に対するコミットメントを実行する
原則6：透明性と説明責任	これらの原則の個別および全体的な実施状況を定期的に見直し、ポジティブおよびネガティブ・インパクト、および社会的目標への貢献について、透明性を保ち、説明責任を果たす

出所：UNEP Finance Initiative, *Principles for Responsible Banking: Shaping Our Future*；国連環境計画・金融イニシアティブ「責任銀行原則とポジティブインパクト金融：サステナブルファイナンスを牽引する新たな枠組み」8頁

すインパクトや社会への貢献を継続的に高められることを目指し、3つのステップ（インパクト分析、目標設定と実施、説明責

図表2　3つのステップ

ステップ	詳　細
1．インパクト分析	署名銀行が、社会、環境、経済に重大なポジティブ・インパクト（好影響）とネガティブ・インパクト（悪影響）を及ぼしている状況を分析する。そのうえで、銀行が最大のポジティブ・インパクトをどこで実現し、重大なネガティブ・インパクトをどこで低減することができるかを特定する
2．目標設定と実施	SMARTの目標を設定し、銀行が特定した重大なインパクトに対処し、その達成に向けて努力する。SMARTは、具体的（Specific）、測定可能（Measurable）、達成可能（Achievable）、関連性（Relevance）があり、期限が定められている（Time-bound）ことを指す
3．説明責任	既存の報告書に、責任銀行原則をどのように実施しているかを記載する。原則実施における進捗状況について自己評価を行い、第三者保証を受けてそれらを公表する

出所：国連環境計画・金融イニシアティブ「責任銀行原則とポジティブインパクト金融：サステナブルファイナンスを牽引する新たな枠組み」10頁

任）を通じて、署名から4年以内に原則実施の体制を整備することが求められている（図表2参照）。

銀行業界には従来、大規模融資の際に環境や社会に配慮する赤道原則（エクエーター原則）が存在したほか、融資の際に環境や社会基準を設ける銀行もあったものの、その内容にばらつきがみられていたこともあり、PRBが策定された。PRBの特徴は、従来の銀行のESG考慮においてリスク低減が中心だったのが、リスク低減やリターン獲得に加え、環境・社会・経済にポジティブなインパクトを及ぼすことを重視していることがあげられる[4]。PRBの発足もあり、世界各国の銀行が近年、環境・社会を考慮した投融資目標を設定する動きが続いている[5]。

[江夏あかね]

4 「News―ESG金融―狙いはSDGs達成への資金提供―「責任銀行原則」が発足」『日経ESG』第247号、日経BP、2020年1月、6頁。

5 「脱炭素、マネーが促す　世界20銀行の投融資320兆円」『日本経済新聞』2020年6月26日。

PRI

国際連合の責任投資原則（PRI）は、2006年４月に国際連合のコフィー・アナン事務総長（当時）のリーダーシップのもと、その呼びかけに応じて世界の大手機関投資家グループが策定した投資原則である。投資意思決定プロセスに、フィデューシャリー・デューティー（受託者責任）のもとで、ESGの観点を組み込むべきとした世界共通のガイドラインとしての位置づけを有しており、６つの原則で構成されている（図表１参照）。PRIの署名機関には、アセットオーナー、運用機関、サービス・プロバイダの３つのカテゴリーがあり、６原則の遵守や毎年の報告等の義務が課せられている。

図表１　PRIの６原則

1．投資分析と意思決定プロセスにESG課題を組み込む
2．活動的な所有者となり、株主としての方針と活動にESG問題を組み入れる
3．投資対象の企業に対してESG課題についての適切な開示を求める
4．資産運用業界においてPRIが受け入れられ、実行に移されるよう働きかける
5．PRIを実行する際の効果を高めるために、協働する
6．PRIの実行に関する活動状況や進捗状況に関して報告する

出所：PRI事務局「責任投資原則」2016年、４頁より野村資本市場研究所作成

署名機関数と運用資産額は年々増加傾向にある（図表2参照）。特に、日本においては、世界最大規模の年金積立金を運用する年金積立金管理運用独立行政法人（GPIF）が2015年9月にPRIに署名したことが大きな注目を集めた。署名機関数は2020年11月23日時点で、世界で3,517機関、うち日本は87機関となっている。

PRI事務局は、PRI署名機関が持続可能な金融システムを構築するために、各種情報、トレーニング、他の署名機関や研究者等との協働機会の提供等を行っている。また、署名機関は、署名して1年経過後からレポーティングの義務が発生し、評価を受けるかたちとなっている。

なお、UNEP FIでは、PRI以外で、2012年6月に策定された持続可能な保険原則（PSI）、2019年9月に策定された責任銀行原則（PRB）も提唱している。

図表2　責任投資原則（PRI）の署名機関数と運用資産総額の推移

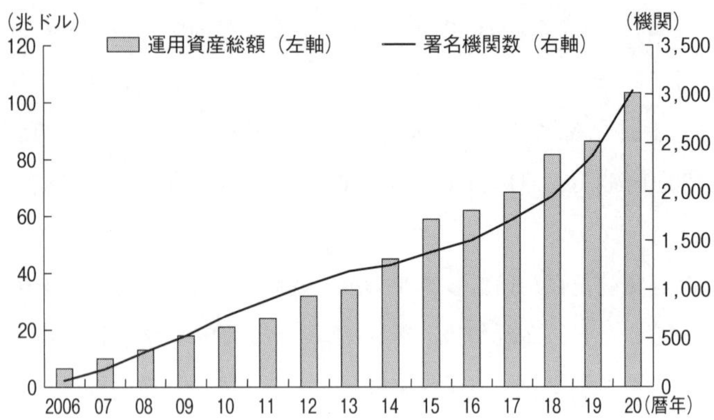

（注1）運用資産総額には、既存の署名者分および3月末までに署名用紙に記入した署名者分を含む。

（注2）2015年以降の運用資産総額には、PRI署名機関が報告を行っている子会社とPRI署名機関が管理している外部資産から生じる二重計上分は含まれない。それ以前の数値には、二重計上分が含まれる。

（注3）アセットオーナーの運用資産総額について、2014〜2020年は報告された情報に基づく（二重計上分が含まれる）。2007〜2013年は、2014年の数値に基づき、経済協力開発機構（OECD）の年金市場フォーカスレポート（2015年版）に掲載された2007〜2013年の成長率および各署名者の署名日に基づき算出した推定値。

（注4）アセットオーナー数と署名機関数は、セールス部隊（サービス・プロバイダを含む）を通じてグローバルネットワーク・アウトリーチ（GNO）が提供。

出所：PRI, *About the PRI* より野村資本市場研究所作成

［江夏あかね］

PSI

持続可能な保険原則（Principles for Sustainable Insurance、PSI）は、国連環境計画・金融イニシアティブ（United Nations Environment Programme Finance Initiative、UNEP FI）が2012年6月に開催された「国連持続可能な開発会議（リオ＋20）」で公表した原則で、保険業界が環境・社会・ガバナンス（ESG）のリスクと機会に取り組むためのグローバルな枠組みである。同原則は、4つの項目から構成されており、リスクの軽減、革新的な解決策の考慮および業績の改善を通じて、環境・社会・経済の持続可能性に貢献することを目的としている[1]（図表参照）。

図表　持続可能な保険原則の概要

1．保険事業に関連する環境・社会・ガバナンス（ESG）問題を意思決定に組み込む
2．顧客やビジネス・パートナーと協働して、ESG問題に対する関心を高め、リスクを管理し、解決策を生み出す
3．政府や規制当局、他の主要なステークホルダーと協働して、ESG問題について社会全体での幅広い行動を促す
4．本原則実施の進捗状況を定期的に一般に開示して、説明責任を果たし透明性を確保していることを示す

出所：国連環境計画・金融イニシアティブ「持続可能な保険原則」2012年6月、4～5頁より野村資本市場研究所作成

同原則には2020年11月23日現在、89の保険会社が署名している[2]。日本からは、MS&ADインシュアランスグループホールディングス、損害保険ジャパン日本興亜、東京海上日動火災保険が署名している。

なお、UNEP FIでは、PSI以外で、2006年4月に策定された責任投資原則（PRI）、2019年9月に策定された責任銀行原則（PRB）も提唱している。

［江夏あかね］

1　国連環境計画・金融イニシアティブ「持続可能な保険原則」2012年6月、3頁。

2　UNEP FI Principles for Sustainable Insurance, *Signatory Companies*.（2020年11月23日閲覧）。

ROE

ROE（Return on Equity：自己資本〔株主資本〕純利益率）は、企業の資本生産性を計測する代表的指標であり、税引後当期純利益を自己資本（株主資本）で除して求める。

ROEは、分母が自己資本（株主資本）、すなわち株主から経営者に託された資本、分子は配当支払後の純利益、すなわち株主に分配が可能な利益である。株主から託された資本を経営者がいかに効率的に利益に結びつけたかを示す指標ということができる。

株主の出資した資本は債権者（銀行などの貸出先や社債への投資者）に比べ利益の分配が劣後しており、また、企業が破綻したときに弁済を受ける順位も債権者より劣後している。このため、株主は債権者よりリスクをとって企業に資金を提供していることになり、株主が期待する収益（リターン）は債権者が期待するものより高くなる。見方を変えれば、株主が企業に期待するリターンは、企業からみれば株主からの資金調達コスト、すなわち資本コストとなる。よって、資本コストを上回るROEの水準にならなければ企業価値は縮小することになる。伊藤レポートでROE８％が最低限達成すべき数字とされたのは、株主資本コストが６％程度であると推定されるためであった。ROEから株主資本コストを差し引いたものを「エクイティスプレッド」といい、企業価値を創造するためにはエクイティスプレッドを正にすることが求められる。

一方、企業からみれば、資本は株主資本だけではなく長期の借入金や社債などの他人資本もある。株主資本コストと他人資本コスト（有利子負債）を企業の資本の構成比で加重平均したものを加重資本コスト（Weighted Averaged Capital Cost、WACC）という。これに対応する利益（率）をROIC（Return On Invested Capital：投下資本利益率）といい、通常（営業利益×（1－実効税率））÷（株主資本＋有利子負債）で表される。もし、企業が自社の資本コストを加重資本コストと考えるのであれば、投下資本利益率が加重資本コストを上回ること、すなわち「ROIC－WACCスプレッド」がプラスになることが求められる。

さらに、資本を企業のもつすべての資産（総資産）と考えるのであれば、それに対応する利益は営業利益である。営業利益を総資産で除したものをROA（Return on Asset：総資産営業利益率）という[1]。

［西山賢吾］

1　分子には経常利益や事業利益（営業利益＋受取利息、配当金）、当期純利益が用いられることもある。

SASB

サステナビリティ会計基準審議会（Sustainability Accounting Standards Board、SASB）は、独立した基準設定機関として2011年に設立された。SASBの使命は、投資家にとって重要な持続可能性に関する要因を世界中の企業が特定、管理し、報告することを支援することである。

SASBは2018年11月、11セクター、77業種の情報開示に関する基準（SASBスタンダード）を公表した。SASBは、同スタンダードの特徴として、財務面の重要問題（financially material issues）に焦点を当てていることをあげている[1]。具体的には、環境・社会・ガバナンス（ESG）やサステナビリティに関する多くの情報が公開されているものの、財務関連の意思決定を行ううえでどの情報が最も有用かを特定し、評価することがむずかしい場合があることをふまえ、財務面の重要課題を特定している。財務面の重要課題は、企業の財務状況や経営パフォーマンスに影響を与える可能性が高く、投資家にとって最も重要な要素と考えられている。

同基準では、企業の持続可能性の分析の視点として、５つの側面およびそれに関連する26の課題カテゴリーを設定している

1　Sustainability Accounting Standards Board, *Why is Financial Materiality Important?*.

（図表参照）。業界ごとにマテリアリティが認められる開示トピックとそれに関連する業界の典型的な企業の指標も示している[2]。加えて、マテリアリティマップでは、各業界において、どの課題カテゴリーが重要かを、⑴セクター内でその課題が重要な産業が５割以上、⑵セクター内でその課題が重要な産業が５割以下、⑶そのセクターにとって重要課題でない、の３段階に分けてわかりやすく示している[3]。

世界にサステナビリティ関連の開示基準等は複数存在するが、これらの基準等とSASBスタンダードを比較した場合、SASBには、⑴想定する開示情報利用者を投資家としていること、⑵細則主義（ルール・ベース）の色彩が強く、ESGの要素ごとに具体的な開示項目・指標が設定されていること、といった特徴が指摘されている[4]。

SASBスタンダードは当初、米国の開示書類であるForm10-Kや20-Fにおける開示を念頭に置いて開発が進められてきた経緯があるため、同スタンダードを活用する企業の中心は米国企業である[5]。しかし、SASBスタンダードはその後、米国企業のための開示基準ではなく、世界の企業のための開示基準へと大きく方向転換している。さらに、近年では、米国大

2　Sustainability Accounting Standards Board, *Standards Overview.*
3　Sustainability Accounting Standards Board, *SASB Materiality Map.*
4　林寿和「多様化するESG情報開示基準等の果たす役割と課題―GRI・IIRC・SASB・TCFDの比較分析を通じて―」『資本市場』第407号、資本市場研究会、2019年７月、26～28頁。
5　ニッセイアセットマネジメント「GPIF委託調査研究　ESGに関する情報開示についての調査研究」2019年３月、16頁。

図表　SASBスタンダードにおける側面および課題

側　面	環　境	社会資本	人的資本	ビジネスモデルとイノベーション	リーダーシップとガバナンス
課題カテゴリー	・温室効果ガス排出 ・大気の質 ・エネルギー管理 ・取水・排水管理 ・廃棄物・有害物質管理 ・生態系への影響	・人権・コミュニティとの関係 ・顧客プライバシー ・データセキュリティ ・アクセス・入手可能な価格 ・品質・製品安全 ・顧客利益 ・販売慣行・表示	・労働慣行 ・労働の安全と衛生 ・従業員エンゲージメント・多様性・包摂	・製品デザイン・ライフサイクル管理 ・ビジネスモデルの強靭性 ・サプライチェーンマネジメント ・原材料調達・効率性 ・気候変動の物理的影響	・ビジネス倫理 ・競争行為 ・法規制環境の管理 ・重大事故のリスク管理 ・システミックリスクの管理

出所：日本取引所グループ・東京証券取引所「ESG情報開示実践ハンドブック」2020年3月31日、36頁より野村資本市場研究所作成

手運用機関ブラックロックのラリー・フィンク最高経営責任者（CEO）による2020年1月の企業のCEO向け書簡で、「業界別のSASBガイドラインに従った情報開示が未完の場合、年内に開示を行うこと、あるいは貴社の事業内容に沿ったかたちでの同様のデータの開示をすること」に言及する等の動きもあり、SASBに対する世界の企業、金融市場参加者からの注目が高まる傾向がみられる[6]。今後も米国のみならず世界各国の企業がSASBスタンダードに沿った開示に積極的に取り組む可

能性がある。

ただし、近年は、サステナビリティ関連の開示枠組み・基準設定団体が協働する動き等がみられている。2014年に国際統合報告評議会（IIRC）による提唱のもと、「企業報告ダイアログ」（Corporate Reporting Dialogue、CRD）というネットワークが設立された。同ネットワークには、５つの主要サステナビリティ関連開示枠組み・基準設定団体（CDP、気候変動開示基準委員会〔CDSB〕、GRI、IIRC、SASB）、国際会計基準（IFRS）を策定する国際会計基準審議会（IASB）、国際標準化機構（ISO）に加え、オブザーバーとして米国財務会計基準審議会（FASB）が参加している。

そして、上述の５つの主要サステナビリティ関連開示基準設定団体は2020年９月、包括的な企業開示システムの構築に向けて協働する旨を発表した[7]。協働の目的として、開示枠組み・基準を補完的かつ追加的に適用する方法に関する共同ガイダンス提供等を目指すとされた。一方、ダボス会議を主催する世界経済フォーラムも同年同月、「ステークホルダー資本主義の測定」と題した報告書を公表した[8]。同報告書では、既存の開示

6　Blackrock, *Larry Fink's Letter to CEOs : Fundamental Reshaping of Finance*, January 2020.

7　CDP, CDSB, GRI, IIRC and SASB, *Statement of Intent to Work Together Towards Comprehensive Corporate Reporting*, September 2020.

8　World Economic Forum, *Measuring Stakeholder Capitalism : Towards Common Metrics and Consistent Reporting of Sustainable Value Creation*, September 2020.

基準やフレームワークを基に、サステナブルな価値創造に関する共通指標を検討し、最終的に、21のコア指標と34の拡張指標が提案されている。

一方、IASBの設置団体であるIFRS財団も同年同月、サステナビリティ報告に関する協議文書を公表し、2020年末を期限に意見募集を始めている[9]。同協議文書では、IFRS財団の下にサステナビリティ基準審議会（SSB）を設立する案等が示された。

さらに、IIRCとSASBは2020年11月、経営統合し、「バリュー・レポーティング財団」を設立するする意向を表明した[10]。

このように、サステナビリティ関連の開示枠組み・基準をめぐっては、さまざまな動きがみられており、サステナビリティ関連開示の比較可能性や透明性が高まれば、環境・社会・ガバナンス（ESG）投資の活性化につながる可能性がある。

［江夏あかね］

9 IFRS Foundation, *Consultation Paper on Sustainability Reporting*, September 2020.

10 IIRC and SASB, *IIRC and SASB Announce Intent to Merge in Major Step Towards Simplifying the Corporate Reporting System*, 25 November 2020.

SDGs

持続可能な開発目標（SDGs）は、2001年策定のミレニアム開発目標（MDGs）[1]の後継として、2015年９月の国連サミットで採択された「持続可能な開発のための2030アジェンダ」に記載された、2016～2030年までの国際目標である。「だれ一人取り残さない」持続可能で多様性と包摂性のある社会の実現のため、2030年を年限とする17のゴール、169のターゲットで構成されている（図表参照）。

SDGsの特徴としては、(1)普遍性（先進国を含め、すべての国が行動）、(2)包摂性（人間の安全保障の理念を反映し「だれ一人取り残さない」）、(3)参画型（すべてのステークホルダーが役割を担う）、(4)統合性（社会・経済・環境に統合的に取り組む）、(5)透明性（定期的にフォローアップ）、があげられる。ちなみに、国際連合は、SDGsの達成に向けて必要な資金について2016～2030年まで毎年５～７兆ドル、このうち開発途上国は毎年3.3～4.5

1　ミレニアム開発目標（Millenium Development Goals、MDGs）は、2000年９月に採択された「国連ミレニアム宣言」に基づきまとめられた、開発分野における国際社会共通の目標。MDGsは、極度の貧困と飢餓の撲滅等、2015年までに達成すべき８つの目標を掲げ、達成期限となる2015年までに一定の成果をあげた。その内容は、後継となる持続可能な開発のための2030アジェンダに引き継がれている（外務省「ミレニアム開発目標（MDGs）」）。

図表　持続可能な開発目標（SDGs）における17の目標

番号	目　標	
1	貧困をなくそう	あらゆる場所で、あらゆる形態の貧困に終止符を打つ
2	飢餓をゼロに	飢餓に終止符を打ち、食糧の安定確保と栄養状態の改善を達成するとともに、持続可能な農業を推進する
3	すべての人に健康と福祉を	あらゆる年齢のすべての人々の健康的な生活を確保し、福祉を推進する
4	質の高い教育をみんなに	すべての人々に包摂的かつ公平で質の高い教育を提供し、生涯学習の機会を促進する
5	ジェンダー平等を実現しよう	ジェンダーの平等を達成し、すべての女性と女児のエンパワーメントを図る
6	安全な水とトイレを世界中に	すべての人々に水と衛生へのアクセスと持続可能な管理を確保する
7	エネルギーをみんなにそしてクリーンに	すべての人々に手ごろで信頼でき、持続可能かつ近代的なエネルギーへのアクセスを確保する
8	働きがいも経済成長も	すべての人々のための持続的、包摂的かつ持続可能な経済成長、生産的な完全雇用およびディーセント・ワークを推進する
9	産業と技術革新の基盤をつくろう	レジリエントなインフラを整備し、包摂的で持続可能な産業化を推進するとともに、イノベーションの拡大を図る
10	人や国の不平等をなくそう	国内および国家間の不平等を是正する
11	住み続けられるまちづくりを	都市と人間の居住地を包摂的、安全、レジリエントかつ持続可能にする

12	つくる責任 つかう責任	持続可能な消費と生産のパターンを確保する
13	気候変動に具体的な対策を	気候変動とその影響に立ち向かうため、緊急対策をとる
14	海の豊かさを守ろう	海洋と海洋資源を持続可能な開発に向けて保全し、持続可能なかたちで利用する
15	陸の豊かさも守ろう	陸上生態系の保護、回復および持続可能な利用の推進、森林の持続可能な管理、砂漠化への対処、土地劣化の阻止および逆転、ならびに生物多様性損失の阻止を図る
16	平等と公正をすべての人に	持続可能な開発に向けて平和で包摂的な社会を推進し、すべての人々に司法へのアクセスを提供するとともに、あらゆるレベルにおいて効果的で責任ある包摂的な制度を構築する
17	パートナーシップで目標を達成しよう	持続可能な開発に向けて実施手段を強化し、グローバル・パートナーシップを活性化する

出所：グローバル・コンパクト・ネットワーク・ジャパン「持続可能な開発目標（SDGs）」より野村資本市場研究所作成

兆ドルと試算している[2]。

日本関連の動きとしては、政府が2016年５月に「SDGs推進本部」を設置し、同年12月に今後の日本の取組みの指針となる「SDGs実施指針」を策定した。同指針は、2019年12月に改定されたが、⑴あらゆる人々の活躍の推進、⑵健康・長寿の達

2 United Nations Conference on Trade and Development, *Development and Globalization Facts and Figures 2016*, July 2016, p.165.

成、⑶成長市場の創出、地域活性化、科学技術イノベーション、⑷持続可能で強靭な国土と質の高いインフラの整備、⑸省・再生可能エネルギー、防災・気候変動対策、循環型社会、⑹生物多様性、森林、海洋等の環境の保全、⑺平和と安全・安心社会の実現、⑻SDGs実施推進の体制と手段、といった8つの優先課題があげられている。また、SDGsの達成に向けた企業・団体等の取組みを促し、オールジャパンの取組みを推進するために「ジャパンSDGsアワード」が2017年6月に創設された。

一方、地方公共団体関連のSDGsに関する施策としては、⑴地方公共団体によるSDGsの達成に向けた取組みを公募し、優れた取組みを提案する都市を「SDGs未来都市」として選定し、自治体SDGs推進関係省庁タスクフォースにより強力に支援、⑵そのなかで先導的取組みを行う都市を「自治体SDGsモデル事業」に選定し、資金的に支援することを通じて、成功事例の普及展開等を行い、地方創生の深化につなげることが目指されている[3]。

そのほか、経済界の動きとしては、日本経済団体連合会（経団連）が2017年11月に改定した企業行動憲章で、Society5.0の実現を通じたSDGsの達成を柱としたこと等を契機に、企業や投資家にSDGsの概念が浸透する傾向がみられている。

なお、金融市場では近年、グリーンボンド、ソーシャルボン

3　外務省国際協力局地球規模課題総括課「持続可能な開発目標（SDGs）達成に向けて日本が果たす役割」2020年6月、5頁。

ド、サステナビリティボンド等のSDGs債の発行が注目を集めている。

[江夏あかね]

SRI

SRI（Social Responsible Investment：社会的責任投資）は社会問題や環境問題の解決と投資収益の獲得を同時に達成しようとする投資手法であり、財務情報だけではなく、社会、環境、倫理などの面も投資評価基準に入れるものである。

SRIの起源は1920年代までさかのぼる。当時米国キリスト教教会などが宗教上の理由から、タバコ、アルコール、ギャンブル等産業への投資を除外（ネガティブ・スクリーニング）した。このような倫理観に基づく投資は欧米を中心として広まった。

1960年代になり、米国において社会運動や反戦運動が広がるなかで、企業に対し、社会目的に沿った投資、株主提案が行われるようになった。また、英国でも宗教に関連した投資が反アパルトヘイトなどの社会運動と関連するようになり、これらが社会的責任投資の始まりとなった。

1990年代にはSRIの考え方が環境問題や社会的課題の解決、社会の持続可能性（サステナビリティ）の確保にも広がり、これらを考慮した投資が関心を集めだした。そして、1997年、英国で「トリプル・ボトムライン」が提唱された。そこでは、企業の活動について、経済（収益）だけではなく、環境、社会もあわせてバランスをとることが求められ、企業評価、投資評価においてもトリプル・ボトムラインに配慮した企業への投資という観点からSRIが広がりをみせた。

しかし、SRIの「S」は社会運動、あるいは特定の倫理観に基づく投資というイメージが強く「特殊なもの」ととらえられるおそれがあるため、最近は「S」をSustainability（持続性）と解することもある。また、「S」をとった「RI（Responsible Investment：責任投資）」という考え方も広がってきた。

ESGとSRI（あるいはCSR）との違いは、前者が社会的課題の解決や持続的成長という面に重きを置くのに対し、後者は投資の観点から、社会的課題の解決、持続的成長は長期的な運用収益の向上にもつながるという面を重視している点にある。しかし、両者が厳密に区別されているわけではない。

［西山賢吾］

SROI

SROI（Social Return on Investment：社会的投資利益率）は、事業の投資価値を金銭価値だけで把握するのではなく、より広い価値の概念に基づき、事業の評価や検証を行うための指標である。社会・環境・経済面の費用と便益を考慮に入れて、さまざまな活動の社会的インパクトを評価することで、社会の格差や環境破壊等の課題を解決する一助とし、生活の質を改善することを目指すものである。

SROIはアウトカム（結果、効果、便益）の貨幣価値換算額の合計をインプット（費用）の貨幣価値換算額の合計で除したものである。社会的インパクトの定量評価手法の研究を行うソーシャルバリュージャパン[1]によれば、「アウトカムの貨幣価値換算額」の例として、当該事業によって就労を実現した対象者が獲得した賃金、対象者の健康状態の改善による社会保障費や医療費の削減、税収の増加などが、そして「インプットの貨幣価値換算額の合計」の例としては人件費等の事業経費、ボランティアの労働時間を貨幣価値に換算した額などが該当する。SROIの分析手順は図表に示した。

社会的なビジネスプログラムを評価する際には、経済的な価

1　ホームページは http://socialvaluejp.org/。

図表　SROIの分析手順

1．分析のスコープと、キーとなるステークホルダーの特定 分析対象となる活動のなかで、どこからどこまでをSROI分析の対象とするのか、そのプロセスにはどのようなステークホルダーがかかわっているのかを明確にしておく必要がある
2．活動の効果（アウトカム）のマッピング ステークホルダーと協議しながら、組織活動による変化の方程式（セオリー・オブ・チェンジ）を表す「インパクト・マップ」を作成し、活動のための投入リソース（インプット）と活動結果（アウトプット）、それによる活動の効果（アウトカム）を確認する
3．活動の効果（アウトカム）の実証とその価値評価 活動の効果を確認するためのデータを収集し、その価値を評価する
4．活動によるインパクトの確認 活動の効果の裏づけとなるデータを集めて金額換算し、外部要因による変化や組織活動に起因するものではない変化をそこから除外する
5．SROIの算出 すべての効益を合計し、マイナス要素を差し引いて投資と対比することで、その効果を検証する。ここでは、その結果に対する感度分析も実施する
6．SROI分析の報告ならびに組織への定着 忘れられがちだが、ステークホルダーと分析の結果を共有し、有効な活動内容を組織に取り入れるとともに検証結果を検証するという最後のプロセスは、きわめて重要である

出所：SROI入門（The SROI Network）より野村資本市場研究所作成

値だけではなく社会的な便益（インパクト）も加えて評価しないと、プロジェクトが真に成果をあげたかどうかを判断することができない。たとえば、失業者に対する職業訓練・自立支援プロジェクトを考えると、当該プロジェクトにかかったコストに対し、失業者が実際に就業して得た賃金といった経済的価値だけを考えて費用便益分析をすると、当該プロジェクトが成果を出したといえない、という評価になるかもしれない。しかし、経済的価値だけではなく、職業訓練の修了者・就職者の割合、訓練時の満足度などを貨幣価値換算したものを加えて成果を考えることにより、当該プロジェクトにより社会的な成果が生み出されたかどうかを評価するほうがより適切であるという考え方である。

SROIを使った分析例として日本マイクロソフトの「ITを活用した東北就労支援プロジェクト」がある[2]。これによると、このプロジェクトの一般受講者が1年間に生み出したアウトカムの貨幣価値換算額（便益）は、インプットの貨幣価値換算額（費用）の4.84倍に達したということである。ここではアウトカムとして、「ITスキル向上の結果、仕事の分担による生産性の向上」や「受講生のキャリアアップに関する自信の高まり」などの貨幣価値換算額が含まれている。

［西山賢吾］

2　詳細はhttp://www.biz-design.co.jp/blog/2013/08を参照。

SSE

持続可能な証券取引所（Sustainable Stock Exchanges、SSE）イニシアティブとは、2009年に創設された国際連合（国連）のパートナーシップ・プログラムである。同イニシアティブは、国連貿易開発会議（UNCTAD）[1]、国連グローバル・コンパクト（UNGC）、国連環境計画・金融イニシアティブ（UNEP FI）および責任投資原則（PRI）が運営を行っている。

SSEの使命は、投資家、企業（発行体）、規制当局、政策立案者、関連国際機関と協力しつつ、証券取引所がいかに環境・社会・ガバナンス（ESG）に関するパフォーマンスを強化し、国連の持続可能な開発目標（SDGs）を含めたサステナブル投資を促進することができるかを模索するためのプラットフォームを提供することとされている[2]。SSEイニシアティブの活動の柱は、調査研究、合意形成、技術的支援とされており、

1 国連貿易開発会議（United Nations Conference on Trade and Development、UNCTAD）は、1964年に常設の政府間機関として、また総会の補助機関として設置された。貿易と開発、それに金融、投資、技術、持続可能な開発の関連問題に総合的に対応する国連の中心的な機関である。その主な目標は、開発途上国や経済移行国が開発、貧困削減、世界経済への統合のための原動力として貿易と投資を利用できるようにすることとされている（国際連合広報センター「国連貿易開発会議」）。

2 Sustainable Stock Exchanges Initiative, *About the SSE Initiative.*

SDGsの6つの目標[3]に整合性のあるトピックに焦点を当てた活動を行っている。

SSEイニシアティブには、設立国が国連加盟国である証券取引所が参加可能となっており、2019年時点で90超の証券取引

図表　SSEイニシアティブに加盟する証券取引所数の推移

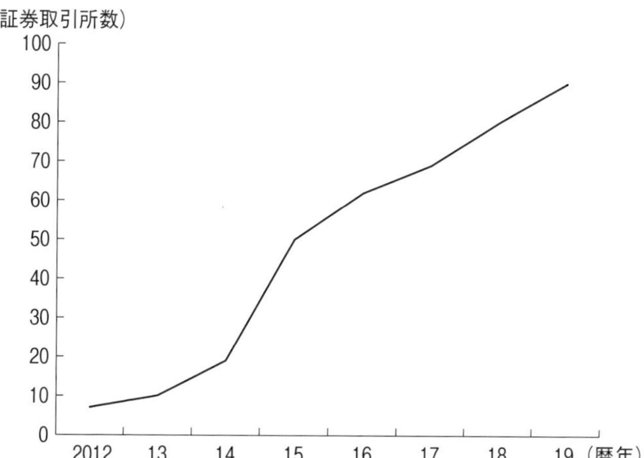

出所：Sustainable Stock Exchange Initiative, *10 Years of Impact and Progress: Sustainable Stock Exchanges 2009-2019*, 2019, p.3より野村資本市場研究所作成

3　SSEイニシアティブでは、SDGsの目標5（ジェンダーの平等を達成し、すべての女性と女児のエンパワーメントを図る）、目標8（すべての人々のための持続的、包摂的かつ持続可能な経済成長、生産的な完全雇用およびディーセント・ワークを推進する）、目標10（国内および国家間の不平等を是正する）、目標12（持続可能な消費と生産のパターンを確保する）、目標13（気候変動とその影響に立ち向かうため、緊急対策をとる）、目標17（持続可能な開発に向けて実施手段を強化し、グローバル・パートナーシップを活性化する）を掲げている（Sustainable Stock Exchanges Initiative, *How We Work*）。

所が加盟している[4]（図表参照）。これらの証券取引所には約5万の企業が上場し、株式時価総額は86兆ドルにのぼっている。SSEイニシアティブに加盟した証券取引所は、上場企業によるESG関連の取り組みを促進すべく、ESG関連開示の義務づけ、ESG関連の指数の算出、サステナビリティボンドの上場カテゴリーの設定等を実施している。日本からは、日本取引所グループが2017年12月にSSEイニシアティブに加盟している[5]。

［江夏あかね］

4　Sustainable Stock Exchanges Initiative, *Frequently Asked Questions*；Sustainable Stock Exchanges Initiative, *10 Years of Impact and Progress：Sustainable Stock Exchanges 2009–2019*, 2019, p.ix.

5　日本取引所グループ「Sustainable Stock Exchanges Initiativeへの参加について」2017年12月6日。

UNEP FI

国連環境計画・金融イニシアティブ（United Nations Environment Programme Finance Initiative、UNEP FI）は、国連環境計画（UNEP）[1]が1992年に設立したものであり、UNEPと世界各国200以上の金融機関[2]とのパートナーシップである。同イニシアティブは、(1)金融ビジネスモデルに、収益性に富むサステナビリティ・メカニズムを組み込むこと、(2)サステナビリティ産業やテクノロジー産業に対する民間セクターからの投資を促進すること、(3)金融業界とサステナビリティ専門家の間で建設的な議論を創出すること、を目標として掲げ、金融機関、政策者、規制当局と協調し、経済的発展と環境・社会・ガバナンス（ESG）への配慮を統合した金融システムへの転換を推進している[3]。具体的には、専門家研修プログラムの運営、環境

1　国連環境計画（United Nations Environment Programme、UNEP）は、1972年ストックホルム国連人間環境会議で採択された「人間環境宣言」および「環境国際行動計画」の実行機関として同年の国連総会決議に基づき設立された国際連合の補助機関。

2　UNEP FIには2019年6月末現在、世界60カ国から、39の運用機関、149の銀行、66の保険会社が署名しており、これらの金融機関の総資産額は約60兆ドルにのぼる。日本については2020年6月末現在、14の金融機関が署名している（UNEP Finance Initiative, *UNEP FI Annual Overview 07/2018-06/2019*, p.1；UNEP Finance Initiative「国連環境計画・金融イニシアティブについて」〔2020年6月30日閲覧〕）。

3　UNEP Finance Initiative「国連環境計画・金融イニシアティブについて」、UNEP Finance Initiative「UNEP FI Q&A集」。

配慮行動を指向するためのレポート発表、世界中の専門家を一堂に集めた国際会議の開催等の活動が行われている。その一環として、UNEP FIでは、責任投資原則（PRI)、持続可能な保険原則（PSI）および責任銀行原則（PRB）を提唱している。

UNEP FIの参加対象者は、金融セクターにかかわるあらゆる機関・団体[4]とされているが、参加を希望する場合、ステートメント（「環境と持続可能な発展に関する金融機関声明」もしくは「保険業界による環境に関するコミットメントのステートメント」）に署名する必要がある。署名機関は、⑴企業活動の規模に応じた協賛金の支払、⑵少なくとも２年に１回の総会への参加、が義務づけられている。その他、UNEP FIの活動への参加、CSRレポートや環境報告書の提出とステートメントの実行に関する追跡アンケート調査への回答等は任意とされている。署名機関には、業務に直結する専門的な調査、環境に配慮したビジネスモデルの提案、情報交換の機会等が提供される。

［江夏あかね］

4　署名機関には、銀行、保険会社、再保険会社、ベンチャーキャピタル、ファンドマネージャー、規制機関、年金ファンド、株価指数、金融コンサルタント等がある（UNEP Finance Initiative「UNEP FI Q&A集」）。

環　境

温室効果ガス

温室効果ガス（Greenhouse Gas、GHG）とは、太陽からの熱を地球に封じ込め、地表を暖める働き（いわゆる温室効果）のあるガスを指す。温室効果ガスのうち、人為的に排出されている成分は一般的に大気中での寿命が10年以上と長く、長寿命温室効果ガスと呼ばれている。1997年に京都で開催された第３回国際連合気候変動枠組条約締約国会議（COP3）で採択された、気候変動への国際的な取組みを定めた条約である京都議定書では、人為的に排出されている長寿命温室効果ガスである、二酸化炭素（CO_2）、メタン（CH_4）、一酸化二窒素（N_2O）、ハイドロフルオロカーボン（HFC）、パーフルオロカーボン（PFC）、六フッ化硫黄（SF_6）の６種類が削減対象の温室効果ガスと定められた[1]（図表１参照）。

温室効果ガスのうち、地球温暖化に及ぼす影響が最も大きいのが二酸化炭素とされている[2]（図表２上参照）。石炭や石油の消費、セメント生産等により大量の二酸化炭素が排出される一方、大気中の二酸化炭素の吸収源である森林が減少しており、大気中の二酸化炭素が年々増加している。二酸化炭素に次いで

1　2013年からの第２約束期間では、三フッ化窒素（NF_3）が削減対象に追加された。

2　気象庁「温室効果ガスの種類」。

図表１　温室効果ガスの種類と特徴

温室効果ガス	地球温暖化係数	性　質	用途、排出源
二酸化炭素（CO_2）	1	代表的な温室効果ガス	化石燃料の燃焼など
メタン（CH_4）	25	天然ガスの主成分で、常温で気体。よく燃える	稲作、家畜の腸内発酵、廃棄物の埋立てなど
一酸化二窒素（N_2O）	198	数ある窒素酸化物のなかで最も安定した物質。他の窒素酸化物（例えば二酸化窒素）などのような害はない	燃料の燃焼、工業プロセスなど
HFCs（ハイドロフルオロカーボン類）	1,430など	塩素がなく、オゾン層を破壊しないフロン。強力な温室効果ガス	スプレー、エアコンや冷蔵庫などの冷媒、化学物質の製造プロセスなど
PFCs（パーフルオロカーボン類）	7,390など	炭素とフッ素だけからなるフロン。強力な温室効果ガス	半導体の製造プロセスなど
SF_6（六フッ化硫黄）	22,800	硫黄の六フッ化物。強力な温室効果ガス	電気の絶縁体など
NF_3（三フッ化窒素）	17,200	窒素とフッ素からなる無機化合物。強力な温室効果ガス	半導体の製造プロセスなど

（注）地球温暖化係数とは、温室効果ガスそれぞれの温室効果の程度を示す値。
出所：全国地球温暖化防止活動推進センター 温室効果ガスインベントリオフィス「温室効果ガスの特徴」（http://www.jccca/org/、2020年10月31日閲覧）

地球温暖化への影響が大きいのがメタンである。メタンは、湿地や池、水田で枯れた植物が分解する際や天然ガスの採掘時に発生するほか、家畜のげっぷにも含まれている。

温室効果ガス排出量は、18世紀の産業革命以降、増加が続いており、このままの経済活動を続けた場合、地球温暖化が進み、海面上昇、洪水や干ばつ等の異常気象の頻発、ハリケーン・台風の強大化、感染症地域の拡大、熱中症による死亡者の増加、生態系の破壊等により、人類の生存可能性が危ぶまれる事態になることが想定される。このような背景のもと、2015年に開催された国際連合気候変動枠組条約締約国会議（COP）にて、すべての参加国に温室効果ガスの排出削減の努力を求める枠組みであるパリ協定が合意に至った（図表2下参照）。

図表2　温室効果ガスの種類別および各国別割合

人為起源の温室効果ガスの総排出量に占めるガスの種類別割合

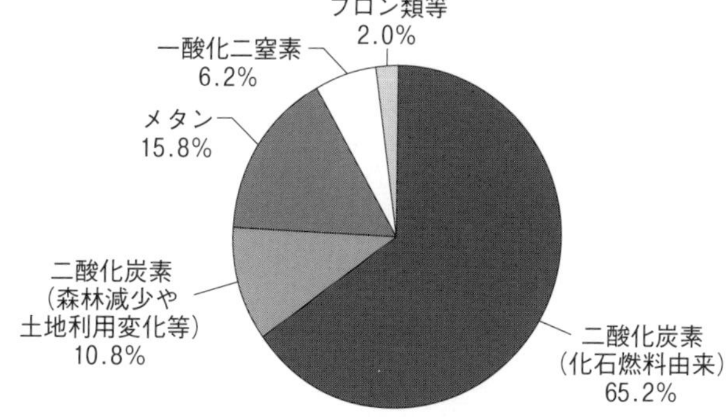

温室効果ガス排出量の各国別割合

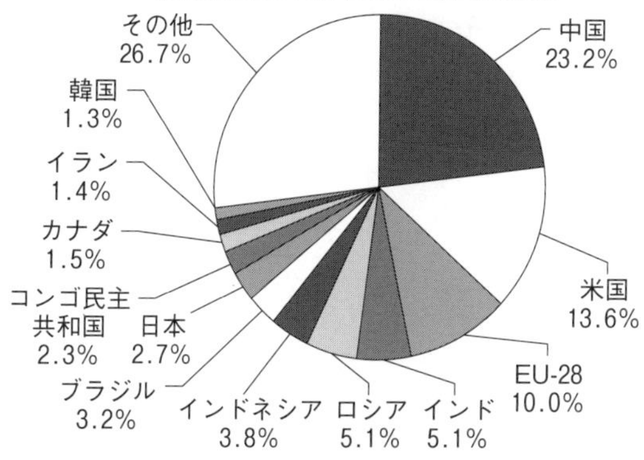

（注1）　人為起源の温室効果ガスの総排出量に占めるガスの種類別割合は、2010年の二酸化炭素換算量での数値。

（注2）　温室効果ガス排出量の各国別割合は、条約によって、排出削減を義務づけられている国のリストに基づく国際エネルギー機関（IEA）の2016年のデータ。

出所：気象庁「温室効果ガスの種類」、資源エネルギー庁「今さら聞けない「パリ協定」—何が決まったのか？　私たちは何をすべきか？—」2017年8月17日より野村資本市場研究所作成

［江夏あかね］

環

境

カーボン・オフセット

カーボン・オフセットとは、日常生活や経済活動において避けることができない二酸化炭素等の温室効果ガスの排出について、まずできるだけ排出量が減るよう削減努力を行い、どうしても排出される温室効果ガスについて、排出量に見合った温室効果ガスの削減活動に投資すること等により、排出される温室効果ガスを埋め合わせるという考え方である[1]（図表1参照）。

環境省が2008年2月に取りまとめた「我が国におけるカーボン・オフセットのあり方について（指針）」では、カーボン・オフセットの基本要素として、

図表1　カーボン・オフセットのイメージ

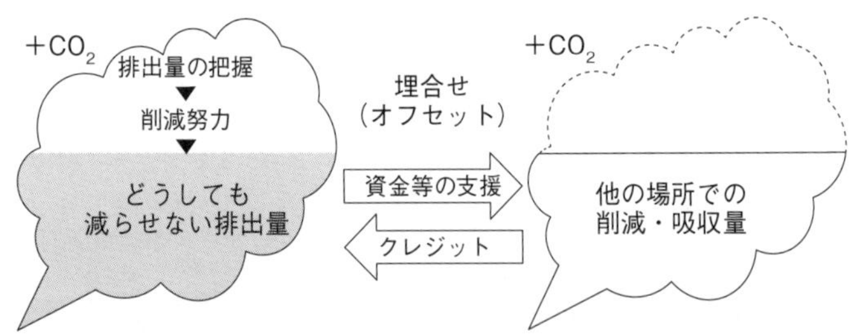

出所：環境省カーボン・ニュートラル等によるオフセット活性化検討会「我が国におけるカーボン・オフセットの取組活性化について（中間とりまとめ）」2011年9月、7頁より野村資本市場研究所作成

1　環境省「カーボン・オフセット」。

⑴　自らの行動に伴う温室効果ガスの排出量を認識
⑵　市民、企業、NPO/NGO、地方公共団体、政府等が、自ら排出削減努力の実施
⑶　⑴および⑵で避けられない排出量を把握
⑷　⑶の排出量の全部または一部に相当する量を、他の場所における排出削減量・吸収量（クレジット）を無効化することによって、埋合せ（オフセット）

をあげている。ここでいうクレジットとは、再生可能エネルギーの導入、エネルギー効率のよい機器の導入、植林や間伐等の森林管理により実現できた温室効果ガス削減・吸収量を、決められた方法に従って定量化（数値化）し、取引可能な形態にしたものである。クレジットは、電子システム上の口座で、1t-CO_2を１単位として管理され、市場で取引可能である。一方、無効化とは、一度カーボン・オフセットに使われたクレジットが再び使用されないようにする手続を指す。

カーボン・オフセットをめぐっては、商品やイベント等さまざまな活動において取組みが進められており、使用するクレジットの品質および対象の観点から、市場流通型と特定者間完結型に大別されている（図表２参照）。

世界で最初にカーボン・オフセットの仕組みを考えたのは、英国の植林NGOであったフューチャーフォレスト（現・カーボン・ニュートラル社）といわれている。その後、欧米を中心にカーボン・オフセットの考え方が世界的に広まった。

日本でも、環境省が上述の指針に基づき、適切かつ透明性の

図表２　カーボン・オフセットの取組みの類型

種　類	詳　細
【市場流通型】市場を通じて第三者に流通するクレジットを活用	
商品使用・サービス利用オフセット	商品を製造・使用・廃棄したり、サービスを利用したりする際に排出される温室効果ガス排出量をオフセットするもの
会議・イベント開催オフセット	国際会議やコンサート、スポーツ大会等の開催に伴って排出される温室効果ガス排出量をオフセットするもの
自己活動オフセット	自らの活動に伴って排出される温室効果ガス排出量をオフセットするもの
自己活動オフセット支援	商品・サービス（クレジットが付されているもの）を介し、当該商品サービスを購入・利用する消費者の日常生活などに伴う排出量のオフセットを支援するもの
【特定者間完結型】市場を通さずに特定者間のみで実施されるカーボン・オフセット。オフセットの対象となる活動から生じる排出量を、市場を通してクレジットを購入することではなく、別途に特定の者との共同等により排出削減・吸収活動を行ったり、植林や間伐を行ったりすることで、温室効果ガス排出の埋合せを行うもの	

出所：環境省カーボン・ニュートラル等によるオフセット活性化検討会「我が国におけるカーボン・オフセットの取組活性化について（中間とりまとめ）」2011年９月、７～８頁より野村資本市場研究所作成

高いカーボン・オフセットの普及を目的として、2008年にカーボン・オフセットフォーラム（J-COF）を設立した。その後、海外で排出量の全量をオフセットする「カーボン・ニュートラル」が注目されていること等を背景に、日本において2011年９

月に「カーボン・ニュートラル認証制度」が創設された。同制度は、別の体制で実施されていた「カーボン・オフセット認証制度」と統合され、2012年5月から「カーボン・オフセット制度」として運営が行われている[2]。

一方、カーボン・オフセットに用いる温室効果ガスの排出削減・吸収量を、信頼性のあるものとするため、国内の排出削減活動や森林整備によって生じた排出削減・吸収量を認証する「オフセット・クレジット（J-VER）制度」が2008年11月に創設され、2013年度からは、J-VER制度および国内クレジット制度を統合したJ-クレジット制度が始まっている。

カーボン・オフセットは、クレジットを活用することでだれでも実施できる仕組みであり、自らの削減以上にさらなる温室効果ガス削減を進められるといった意義がある[3]。加えて、クレジットの購入を通じて、森づくりや再生可能エネルギーの利活用、高効率省エネ機器の導入等の活動により多くの資金が循環することになり、さらなる温暖化対策が実現できるようになるという利点もある。

[江夏あかね]

2　カーボン・オフセット制度は、カーボン・オフセット第三者認証プログラム（カーボン・オフセットの取組みが「カーボン・オフセット第三者認証基準」に適合しているかどうか、第三者が認証してラベルを付与）とオフセット・プロバイダープログラム（オフセット・プロバイダー基準に適合しているオフセット・プロバイダーの情報を公開）で構成されている。

3　カーボン・オフセットフォーラム「カーボン・オフセット／カーボン・ニュートラルとは？」。

カーボンフットプリント

カーボンフットプリントとは、Carbon Footprint of Products（CFP）の略称で、商品やサービスの原材料調達から廃棄・リサイクルに至るまでのライフサイクル全体を通して排出される温室効果ガスの排出量を二酸化炭素（CO_2）に換算して、商品やサービスにわかりやすく表示する仕組みである[1]（図表参照）。カーボンフットプリントは、直訳すると「炭素の足跡」となり、(1)事業者と消費者の間でCO_2排出量削減行動に関する「気づき」を共有し、「見える化」された情報を用いて、事業者がサプライチェーンを構成する企業間で協力してさらなる二酸化炭素排出量削減を推進、(2)「見える化」された情報を用いて、消費者がより低炭素な消費生活へ自ら変革、することを目指す仕組みである。

カーボンフットプリントの考え方は、2000年代半ば頃から世界で浸透していった。2007年に英国、2008年にフランスで試行が始まり、日本でも2008年7月にカーボンフットプリントの推進が閣議決定され、各種取組みが進められている[2]。一方、カーボンフットプリントの規格として、英国政府が2008年に

1　CFPプログラム「CFPについて」。
2　稲葉敦「カーボンフットプリントの現状と展望」『日本LCA学会誌』第5巻第2号、日本LCA学会、2009年、220頁。

図表　製品のライフサイクルとカーボンフットプリント（缶飲料の例）

プロセス	詳　細	二酸化炭素排出量（g）
原材料の調達	・アルミ缶製造 ・原材料の製造	18.5
生産	・ジュース製造 ・パッケージング	30.8
流通・販売	・輸配送 ・冷蔵輸送 ・販売	43.1
使用・維持管理	・冷蔵	18.5
廃棄・リサイクル	・地元の産品を買う（地産地消によって地域活性化や輸送エネルギーを削減）	12.1
カーボンフットプリント＝製品の二酸化炭素排出量		123

出所：環境省「世界の主要なラベル」より野村資本市場研究所作成

「PAS2050」、国際標準化機構（ISO）が2013年に「ISO/TS14067」を発行している。

日本では、2009～2011年に経済産業省をはじめとした4省庁により「カーボンフットプリント制度試行事業」が行われ、基本的なルールの整備と実証実験が行われた。同事業は、2012年より産業環境管理協会による「CFPプログラム」となった[3]。同プログラムで用いられる「CFPプログラム参加マーク」

3　経済産業省「カーボンフットプリント制度の概要について（詳細版）」経済産業省、2012年8月。

（CFPマーク）には、数値の表示を通じて二酸化炭素排出量を明らかにし、これをカーボンフットプリントの認知度向上のためのシンボルおよび二酸化炭素排出量削減に積極的に取り組む事業者の証として使用することが想定されている。同マークの付与にあたっては、まず事業者が製品（商品・サービス）ごとのカーボンフットプリントの算定・宣言に関するルールとなる「カーボンフットプリント製品種別基準」（CFP-PCR）を策定し、CFP-PCRの認定を受ける。そして、CFP-PCRに基づいてCFPを算定し、算定結果の検証を受けて、登録・公開手続およびCFPマーク使用許諾契約を締結することで、CFPマークが付与され、製品に表示・活用が可能となる。

事業者がCFPを導入するメリットには、(1)算定ルール（PCR）に基づき、第三者に検証されたライフサイクル全体での二酸化炭素排出量を算定した結果により、ビジネスの潜在的なリスクやチャンスを把握することが可能になる、(2)ライフサイクルにおける無駄を可視化し、コスト削減の動機づけになる、(3)本業での温暖化対策の取組みをステークホルダーに伝えられる、(4)マークのない他の商品と差別化できる、等があげられる[4]。ちなみに、CFP対象製品数は、食品や生活用品を中心に全部で128となっている[5]。

一方、CFPプログラムの課題としては、(1)排出量の見える化ラベル（情報）をみて、消費者が積極的にエコな製品を選ん

4　TCO2「カーボンフットプリント入門」。
5　CFPプログラム「CFP対象製品」（2020年10月31日閲覧）。

で購入するかどうか、把握しにくい面がある、⑵排出量の見える化ラベルを、行政側が温室効果ガス排出削減の取組みとしてどう発展させていくのか、といった点があげられる[6]。

[江夏あかね]

6　松本真由美「「カーボンフットプリント制度」と「エコリーフ制度」」『各国の政策』、国際環境経済研究所、2016年９月13日。

海洋プラスチック

近年、地球環境問題のなかで、地球温暖化とともに注目を集めているのが、海洋プラスチックによる汚染である。世界の海洋プラスチックごみは、すでに世界の海に存在しているものが合計で約1.5億トンあり、それに加えて少なくとも年間800万トン（重さにしてジャンボジェット機５万機相当）が新たに流入していると推計されている[1]。

プラスチックには、軽量で耐久性があり、さまざまな製品に加工しやすく、安価に生産できるといったメリットがあり、レジ袋、ペットボトル、車、建築資材等あらゆるものに利用されている。しかし、そのなかには使い捨てにされるものも多く、それらのプラスチックごみが海に捨てられたり、屋外に放置されたプラスチックごみが散乱し、雨や風によって、川に入り、その後海に流れ出てしまったりすることが多い。海に流れ出たプラスチックごみは、⑴水面や水中に浮遊する（漂流ごみ）、⑵海底に沈む（海底ごみ）、⑶海岸に打ち上げられる（漂着ごみ）、といったかたちで、さまざまな問題を引き起こしている。たとえば、生態系を含めた海洋環境への影響、船舶航行への障害、観光・漁業への影響、沿岸域居住環境への影響等、多様な

1　WWF ジャパン「海洋プラスチック問題について」2018年10月26日。

問題があげられる。特に、近年は、海洋中のマイクロプラスチック（サイズが5ミリメートル以下の微細なプラスチックごみ）が生態系に及ぼす影響が懸念されている。

一方、海洋プラスチックごみは、海洋ごみの発生過程が多種多様なうえに、被害が発生地から離れて発生するため、早期回収や未然の発生防止がむずかしいという特徴がある。さらに、これらのごみの処理には多額のコストや人的負担を要するが、多くの場合、排出者が不明であるため、処理に伴う負担をだれが行うかが論点となっている。

このような背景をふまえて、国内外で海洋プラスチック問題の解決に向けた動きが出ている。国際連合（国連）で2015年9月に採択された「持続可能な開発目標」（SDGs）の14番「海の豊かさを守ろう」では、「海洋と海洋資源を持続可能な開発に向けて保全し、持続可能なかたちで利用する」を目指しており、ターゲット14.1には「2025年までに、海洋ごみや富栄養化を含む、特に陸上活動による汚染など、あらゆる種類の海洋汚染を防止し、大幅に削減する」と示されている。また、国連環境総会（UNEA3）では2017年12月、海洋プラスチックごみおよびマイクロプラスチックに関する決議が採択された。また、G7やG20サミット等でも海洋プラスチック憲章の提示や海洋ごみに対するG20行動計画の立上げの合意等の動きがみられる。

日本においては、海岸漂着物処理推進法の改正（2018年6月15日成立）、第4次循環型社会形成推進基本計画の策定（2018年6月19日閣議決定）等が行われた。さらに、2019年5月には、

「プラスチック資源循環戦略」や「海洋プラスチックごみ対策アクションプラン」が策定され、2020年7月からレジ袋が有料化された。加えて、都道府県や市町村等が実施する海洋ごみに関する地域計画の策定、海洋ごみの回収、処理、発生抑制対策に関する事業に対して、国が補助金を通じた支援を行っている。

一方、環境省は、ポイ捨て撲滅を徹底したうえで、不必要なワンウェイのプラスチックの排出抑制や分別回収の徹底など、プラスチックとの賢い付き合い方を全国的に推進するとともに、日本の取組みを国内外に発信すべく、「プラスチック・スマート—for Sustainable Ocean—」と題したキャンペーンを実施している[2]。同キャンペーンでは、海洋プラスチック問題の解決に向けて、消費者をはじめ、地方公共団体、非政府組織(NGO)、企業等の幅広い主体が連携協働して取組みを進めることが期待されている。

[江夏あかね]

2　環境省「海洋プラスチックごみ問題について」2019年2月、7頁。

環境会計

企業等が環境問題への対応を経営の重要な要素としてとらえ、環境に配慮した事業活動を展開するケースが増えている。環境に配慮した事業活動の一環として、そして環境保全に関する費用対効果等の情報に基づく経営管理の一環として、環境会計が大切な役割を果たしている。

環境会計は、環境省が2005年２月に策定した「環境会計ガイドライン2005年版」に基づくと、「企業等が、持続可能な発展を目指して、社会との良好な関係を保ちつつ、環境保全への取組みを効率的かつ効果的に推進していくことを目的として、事業活動における環境保全のためのコストとその活動により得られた効果を認識し、可能な限り定量的（貨幣単位または物量単位）に測定し伝達する仕組み」[1]と定義される。

環境会計の構成要素には、⑴環境保全コスト（企業等が環境保全対策を実施するにあたって投入するモノ〔財・サービス〕やヒト〔労力〕の対価）の投入、⑵環境保全効果（環境保全対策を進めることによって得られる、環境パフォーマンス指標の改善）の発現、⑶環境保全対策に伴う経済効果の発現、がある[2]。

1　環境省「環境会計ガイドライン2005年版」2005年２月、２頁。
2　環境省「環境会計ガイドライン2005年版参考資料集」2005年２月、２頁。

環境会計の機能は2つある。内部機能は、企業等の環境情報システムの一環として、環境保全コストの管理や、環境保全対策の費用対効果の分析を可能とし、適切な経営判断を通じて効率的かつ効果的な環境保全の取組みを促す機能である（図表参照）。外部機能は、企業等の環境保全の取組みを定量的に測定した結果を開示することを通じて、消費者や取引先、投資家、地域住民、行政等の外部利害関係者の意思決定に影響を与える機能である。

図表　環境会計の機能

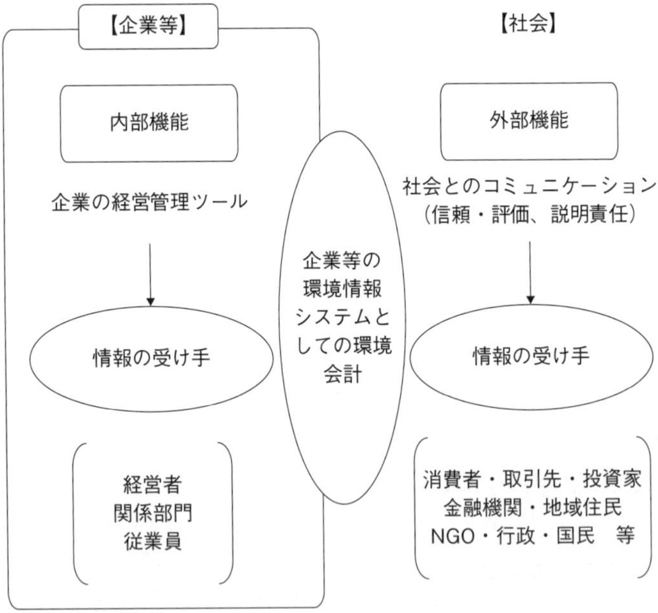

出所：環境省「環境会計ガイドライン2005年版」2005年2月、3頁

日本においては長らく、環境省による「環境会計ガイドライン2005年版」および「環境報告ガイドライン（2012年版）」が企業等による環境情報の開示スキームとして活用されてきた。しかし、持続可能な開発目標（SDGs）やパリ協定といった持続可能な社会への移行を促進する国際的枠組みの確立等を背景に、世界的に環境報告、非財務情報の報告の考え方が整理されつつあるため、国際的な規制・実務動向と整合的な環境報告の枠組みとして、「環境報告ガイドライン2018年版」が2018年6月に公表された。

［江夏あかね］

クライメートアクション100＋

クライメートアクション100＋（Climate Action 100＋）とは、大量の温室効果ガス（GHG）を排出している世界中の企業を対象に、パリ協定の目標に沿った重要な対策をとるよう促す5カ年のイニシアティブとして、2017年12月に投資家および投資家ネットワークにより設立された。2019年9月時点で、370以上の投資家（運用資産総額35兆ドル以上）が参加している。

同イニシアティブにおいては、低炭素社会への移行の鍵となる企業、すなわち、世界への影響が大きいと考えられるGHGを排出する企業を対象として、⑴気候変動のリスクおよび機会に対する取締役会の説明責任と監督責任を明確にする強固なガバナンス体制の導入、⑵パリ協定の目標と整合的な、バリューチェーン全体にわたるGHG排出量削減対策の実施、⑶気候関連財務情報開示タスクフォース（TCFD）の最終報告書等に沿った情報開示の強化、へのコミットメントを求めるエンゲージメントを行っている。

クライメートアクション100＋が2019年10月に発表した進捗レポートでは、システム的に重要でGHG排出量の多い企業として対象となっている161社のうち、複数の企業で気候関連対策等の大幅な進展がみられたものの、全体的にはさらなる取組みが必要と指摘している[1]。日本については、9つの投資家が同イニシアティブに参加している。また、日本では10社が対象企業となっているが、サイエンス・ベースド・ターゲッツ(SBT)の承認取得済企業が５社、TCFD に賛同している企業が８社にのぼっており、対応状況は世界的にみて高水準と指摘されている。

なお、同様のイニシアティブとしては、ネット・ゼロ・アセット・オーナー・アライアンス等が知られている。同アライアンスは、2050年までに温室効果ガスの排出を実質ゼロにするという目標に基づいて投資の移行を行い、気温上昇を1.5℃以下に抑えるためのシナリオに沿ったポートフォリオを実現することにコミットした機関投資家の集まりであり、2019年９月に複数の投資家が加盟するかたちで発足した。同アライアンスには2020年10月末時点で、33の機関投資家（運用資産総額約5.1兆ドル）が加盟している[2]。

［江夏あかね］

1　Climate Action 100+, *2019 Progress Report*, September 2019.

2　UNEP Finance Initiative, *United Nations-Convened Net-Zero Asset Owner Alliance*.（2020年11月27日閲覧）

グリーンウォッシュ

グリーンウォッシュとは、消費者等への訴求効果をねらい、企業やその商品・サービスなどがあたかも環境に配慮しているかのように見せかけることを指す。「ごまかし、粉飾」を意味する英語「whitewash」と、「環境に配慮した」という意味の英語「green」をあわせた造語である。

欧米では1960年代半ば頃から環境運動をきっかけにして人々の環境問題への意識が高まり、1970年代頃から企業が実際以上に環境問題への対応を行っている旨をアピールする事例が散見されるようになった。そして、1980年代から欧米の環境活動家がそのような企業の行為を揶揄すべく、「グリーンウォッシング」という言葉を使い始め、1992年には国際的な環境保護団体であるグリーンピースが「グリーンウォッシュ」と題した著書を発刊し、世界にその言葉が浸透していった。

グリーンウォッシュの問題点としては、環境に配慮した広告に対する消費者の信頼が失われるのみならず、環境に配慮した経営を実践している企業の主張も薄れる可能性があることがあげられる。さらに、混乱した消費者が環境に配慮した製品を選択しなくなり、長期的には環境に悪影響を及ぼしかねないとも考えられる。

たとえば、米国の大手認証機関のULによると、グリーンウォッシュのパターンとしては、(1)意図的な情報提示（他の重要な環境問題を考慮せず、狭い属性に基づいて製品がグリーンであることを示唆する主張）、(2)証拠に基づかない主張（容易にアクセス可能な補足情報または信頼できる第三者認証によって立証されていない環境主張）、(3)あいまいな表現（明確に定義されず、消費者に誤解される可能性の高い表現）、(4)虚偽表示（第三者保証が付与されていないが、あたかも付与されたかのような印象を言葉や画像で与える）、(5)役に立たない環境主張（環境に配慮した製品を求める消費者にとって、真実ではあるが重要でない、または役に立たない環境主張）、(6)より環境面で劣るものと比較（製品カテゴリー内では正しいかもしれないが、カテゴリー全体のより大きな環境影響から消費者の注意をそらすリスクがある主張）、(7)偽った表示（認証・登録を受けていないのに受けたと主張）、等があげられる[1]。

グリーンウォッシュの事例としては、たとえば英国の大手石油会社のBPのケースが知られている。同社は、1999年に太陽光発電会社のソラレックスを4,500万ドルで買収し、新たなアイデンティティを示すべく「石油を越えて（Beyond Petroleum）」とのスローガンを掲げた。しかし、BPは当時、米国のアラスカだけでも５年間にわたって50億ドルを石油探査に費やす計画を有しており、グリーンウォッシングとして指摘された[2]。近年の事例としては、2019年６月にノルウェー消費者庁に指摘を

1　Underwriters Laboratories, *Sins of Greenwashing*.
2　CorpWatch, *Greenwash Fact Sheet*, 22 March 2001.

受けた北欧ファッション大手のH&Mがあげられる。同社が「サステナブルなファッション」として謳う「Consious」シリーズが、真にサステナブルで環境に優しいのか疑わしいとして、同社の広告を違法行為と指摘した[3]。

企業がグリーンウォッシュを回避するために重要なこととしては、日本の大手広告会社の電通が2009年に実施した「環境コミュニケーションに関する生活者意識調査」の結果が参考になるかもしれない（図表参照）。同調査の母集団等は非公表とみ

図表　生活者が共感できる環境コミュニケーション（複数回答可）

項　目	全回答に占める割合（%）
環境配慮に関する事実を数字データで示す	44.3
誇張やあいまいな表現を避け、誤解を招くような表現をしない	40.7
生活者にとっての経済的メリットを示す	40.7
生活者と一緒に取り組めることを提案する	37.8
環境活動目標を具体的な数字で掲げる	37.5
環境への取組みの理念や考え方を示す	32.8
環境政策の一貫性・継続性を示す	32.5
信頼のおける第三者機関の認証があることを示す	30.5

出所：電通「環境コミュニケーションに関する生活者意識調査」2009年、「「グリーンウオッシュ」(日経エコロジー谷口徹也編集長の環境マーケティング)」『日経MJ（流通新聞)』2013年2月18日

3　"Forbrukertilsynet：—H&M Driver Ulovlig Miljømarkedsføring", *Norsk Rikskringkasting.*

られるが、環境配慮に関する事実を数字データで提示、誤解を招くような表現をしない等が重要であることが示唆されている。

なお、近年は、グリーンウォッシュに類似した概念として、「SDGsウォッシュ」（持続可能な開発目標〔SDGs〕に取り組んでいるようにみえて、実態が伴っていないビジネスのことを揶揄する言葉）も浸透しつつある。

[江夏あかね]

グリーンプレミアム

グリーンボンドの資金使途は、環境改善効果をもたらすことを目的としたプロジェクト（グリーンプロジェクト）である。しかし、証券化商品等を除き、標準的な債券の償還原資は同プロジェクトから創出されるキャッシュフローに限られず、その発行体の全信用力が償還の実質的な担保になる。すなわち、グリーンボンドの場合、同じ発行体の他の債券と信用力や優先劣後関係が同一であるため、同程度の条件（残存年限、表面利率、発行残高等）であれば、理論的には債券価格も同水準になるが、同じ発行体の他の債券に比して、グリーンボンドの価格水準が高い（金利が低い）ケースがある。同じ発行体のグリーンボンドと他の債券の利回りの差は、一般的にグリーンプレミアム（Green Premium、グリーニウム〔Greenium〕）と呼ばれている。

グリーンプレミアムの存在については、グリーンボンドに対する世界的な投資需要の高まり等を背景に、2010年代後半頃から欧米を中心に論文が発表されている。たとえば、グリーンボンドの発行条件に関して、英国の非営利団体である気候債券イニシアティブ（CBI）によるドル建ておよびユーロ建て債に関する統計（2020年１～６月）に基づくと、近年のグリーンボンドへの投資需要の高まりを受けて、マーケティング開始時の当初想定よりもタイトな（低い）金利水準での発行条件決定や超過需要等の傾向が散見される状況となっている[1]。そして、統計対象のうち、約半分強の銘柄でその発行体の非グリーンボンドの利回り曲線に比して、発行時利回りが低水準な状態、すなわち、「グリーンプレミアム」が発生したケースがあったとされている。

一方、グリーンボンドの流通市場でのプライシングについて、上記のCBIによる統計に基づくと、ドル建て、ユーロ建てともに統計対象のうち約6割の銘柄で、条件決定日から28日後の流通市場の気配値が同じ発行体の非グリーンボンドに比してタイト化した。

CBIによる統計以外にも、流通市場において、一部の銘柄で非グリーンボンドに比してグリーンボンドのパフォーマンスが優位になるケースが観察されたことが、海外において報告されている。たとえば、ナットウェスト・マーケッツは、グリーンボンドについて、グリーンボンドの発行体と同業種で同程度の信用力および償還年限の非グリーンボンドに比して、平均で5bp程度タイトな水準で取引されていると指摘している[2]。ブルームバーグは、ユーロ建てグリーンボンドは同じ発行体の非

1　統計の対象となったグリーンボンドは、2020年1～6月に発行が公表された、ドル建てもしくはユーロ建ての債券で、発行額5億ドル相当以上、投資適格級の格付を取得、年限は3年以上といった要件を満たした銘柄。41の発行体による46の銘柄が含まれている（Climate Bonds Initiative, *Green Bond Pricing in the Primary Market: January-June 2020*, September 2020）。

2　"Study Confirm Pricing Benefits to Green Bond Issuers," *Environmental Finance*, 5 February 2018.

グリーンボンドに比してタイトなスプレッドとなっており、年限が長いほどその差は大きくなっていると指摘している[3]。

このように諸外国では近年、グリーンボンドのプライシングの優位性、すなわちグリーンプレミアムの発生が観察されている。その要因は複数存在すると考えられ、現時点では解明されていない。ただ、たとえば、グリーンボンドの投資需要が高まるなかで、需給要因で発行・流通市場におけるグリーンボンドのプライシングがタイト化したとも考えられる。とはいえ、分析の対象銘柄や対象期間に偶然グリーンプレミアムが発生した可能性もある。加えて、グリーンボンドの場合は満期保有目的で投資する投資家も多く、流動性が必ずしも高くないため、流通市場でのプライシングを論じる場合、気配値がどの程度実勢を表しているかといった論点もあろう。なお、日本の場合、ベースとなる国債金利の低さやクレジット・スプレッドの縮小余地が乏しいことに鑑みると、ドル建てやユーロ建てのようなスプレッドのタイト化はほとんど期待できない可能性があると考えられる[4]。

［江夏あかね］

---

3 “Green Bonds Update,” *Bloomberg Intelligence*, 24 January 2018.

4 江夏あかね「ESG債市場の概況と今後の課題」『野村資本市場クォータリー』第21巻第4号（2018年春号）、野村資本市場研究所、197頁。

グリーンボンド

グリーンボンドとは、環境改善効果をもたらすことを目的としたプロジェクト（グリーンプロジェクト）に要する資金を調達するために発行される債券であり、2014年1月のグリーンボンド原則（GBP）の公表を機にその定義が確立した。GBPによると、グリーンボンドは、調達資金のすべてが、新規または既存の適格なグリーンプロジェクトの一部または全部の初期投資またはリファイナンスのみに充当され、かつ、GBPの4つの核となる要素（調達資金の使途、プロジェクトの評価と選定のプロセス、調達資金の管理、レポーティング）に適合しているさまざまな種類の債券と定義づけられている。

グリーンボンドの発行は、欧州投資銀行（EIB）が2007年6月に発行した気候変動対策債[1]が始まりとされている[2]。また、世界銀行は2008年、世界で初めてグリーンボンドとの名称で債券を発行している[3]。日本の発行体では、日本政策投資銀行（DBJ）が2014年10月に初のグリーンボンドを起債している。

グリーンボンドの発行は当初、世界銀行や国際金融公社

1　同債券の正式名称は、気候変動への認知度を高めるための債券（Climate Awareness Bonds、CAB）。

2　環境省環境格付融資に関する課題等検討会「環境格付融資の課題に対する提言（最終報告）」2015年3月、15頁。

3　世界銀行「グリーンボンドとは？」2015年、24頁。

(IFC)、アフリカ開発銀行（AfDB）等の国際機関が発行体の中心であったが、2012年から、地方公共団体、事業会社、金融機関、国（ソブリン）等の発行も相次ぐようになり、発行体セクターの多様化が進んでいる。そして、持続可能な開発目標（SDGs）やパリ協定といった国際的合意があった2015年頃から、発行額の増加傾向がみられる。全体的な傾向として、⑴発行体セクターは、金融機関、公益、政府系機関等が中心、⑵充当事業は、エネルギー、建物、輸送が中心、⑶国別では、米国、中国、フランス等が中心、⑷通貨別では、ユーロ、米ドル、人民元が中心、といったことを指摘できる（図表参照）。

図表　グリーンボンドの発行状況

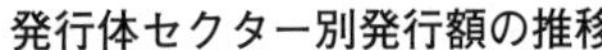

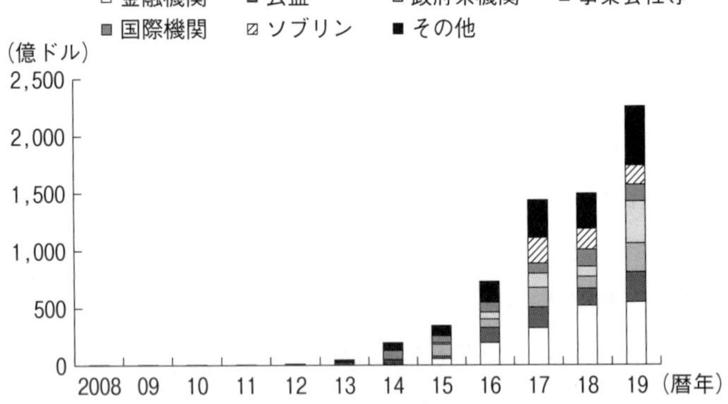

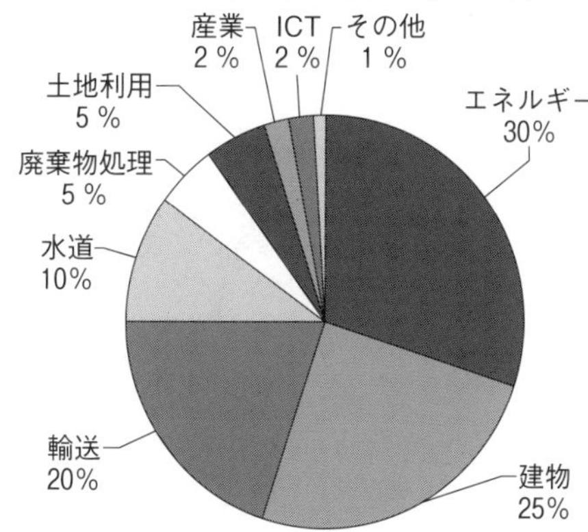
充当事業別発行額の内訳（2019年）
産業
2％
ICT
2％
その他
1％
土地利用
5％
エネルギー
30％
廃棄物処理
5％
水道
10％
輸送
20％
建物
25％

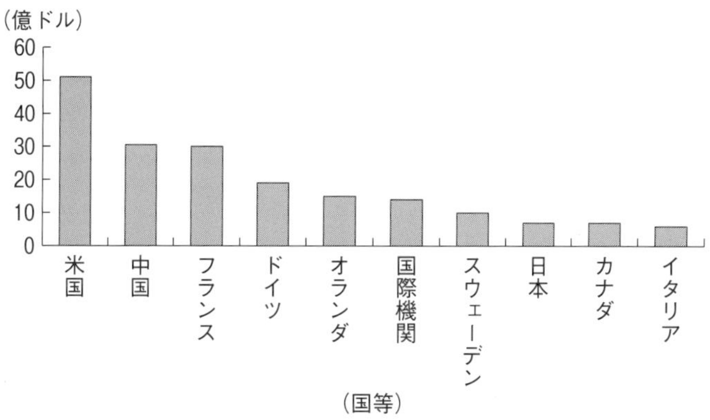
国別発行額（2019年、上位10カ国等）
（億ドル）
60
50
40
30
20
10
0
米国
中国
フランス
ドイツ
オランダ
国際機関
スウェーデン
日本
カナダ
イタリア
（国等）

環

境

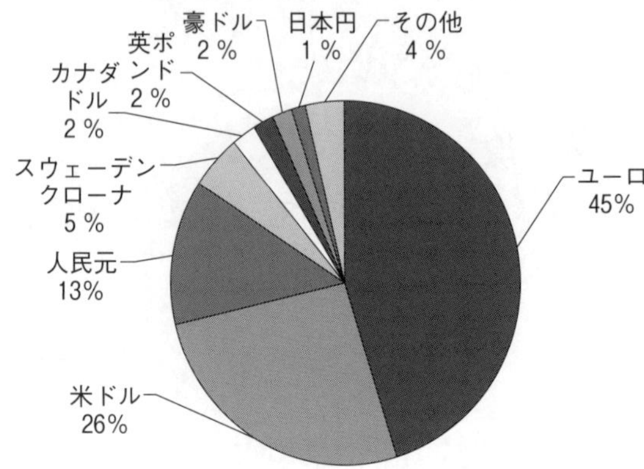

（注） 発行体セクター別発行額、通貨別発行残高の内訳（2019年12月末時点）は、ブルームバーグのデータに基づく。充当事業別および国別発行額内訳は、気候債券イニシアティブ（CBI）のデータに基づく。米ドル換算ベース。

出所：ブルームバーグのデータ、Climate Bonds Initiative, *2019 Green Bond Market Summary*, February 2020をもとに野村資本市場研究所作成

［江夏あかね］

グリーンボンド原則

グリーンボンド原則（GBP）とは、グリーンボンド発行に関する自主的ガイドラインである。同原則は当初、欧米の４銀行が2014年１月に共同で策定し、その後、国際資本市場協会（ICMA）が事務局を担っている[1]。GBPは、透明性、情報開示および報告を奨励し、グリーンボンド市場の誠実性を促進させることを目的としており、国際的基準として一般的に認識され、多くのグリーンボンドが同原則に適合するかたちで発行されている。

GBPには、４つの核となる要素（調達資金の使途、プロジェクトの評価と選定のプロセス、調達資金の管理、レポーティング）および外部評価の項目があるほか、グリーンプロジェクトの事業区分の例も示されている。４つの要素では、グリーンボンドと称する債券が備えることを期待される基本的な事項が「べき」という表現で記されている。一方、外部評価については、取得するべきとはされていないものの、外部評価機関を任命することが奨励されている。とはいえ、グリーンボンドの発行体

1　当初策定した４銀行とは、バンク・オブ・アメリカ・メリルリンチ、シティバンク、クレディ・アグリコール、JPモルガン・チェースの４行である。また、ICMAはその後、複数回にわたってGBPを改訂している。

図表　グリーンボンド原則の概要

グリーンボンド原則が定める4要素および外部評価	
調達資金の使途	調達資金の使途は、明確な環境的ベネフィットをもたらすグリーンプロジェクトでなければならず、証券に係る法的書類に適切に記載されるべき
プロジェクトの評価と選定のプロセス	発行体は、 ・環境面での持続可能性に係る目的 ・発行体が、対象となるプロジェクトが適格なグリーンプロジェクトの事業区分に含まれると判断するプロセス ・関連する適格性についてのクライテリア を投資家に明確に伝えるべき
調達資金の管理	グリーンボンドによって調達される資金に係る手取金の全部、あるいは手取金と同等の金額は、サブアカウントで管理されるか、サブポートフォリオに組み入れられるか、またはその他の適切な方法のいずれかにより追跡されるべき。また、手取金の全部は、グリーンプロジェクトに係る発行体の投融資業務に関連する正式内部プロセスのなかで、発行体によって証明されるべき
レポーティング	発行体は、資金使途に関する最新の情報を容易に入手可能なかたちで開示し、それを続けるべきであり、また、その情報はすべての調達資金が充当されるまで年に1度は更新し、かつ重要な事象が生じた場合は随時開示し続けるべき
外部評価	発行体は、グリーンボンドの発行またはグリーンボンド発行プログラムに関連して、発行する債券または発行プログラムが4つの核となる要素に適合していることを確認するために、外部

	評価を付与する機関を任命することを奨励 外部評価の類型：セカンド・パーティ・オピニオン、検証、認証、グリーンボンドスコアリング／格付
グリーンボンド原則が示す対象事業	
・再生可能エネルギー ・エネルギー効率 ・汚染防止および抑制 ・生物資源および土地利用に係る環境的に持続可能な管理 ・陸上および水生生物の多様性の保全 ・クリーン輸送 ・持続可能な水資源および廃水管理 ・気候変動への適応 ・環境効率の高い、またはサーキュラーエコノミーに適合する製品、生産技術およびプロセス ・地域、国または国際的に認められた標準や認証に合致したグリーンビルディング	

出所：International Capital Market Association, *Green Bond Principles*, June 2018より野村資本市場研究所作成

は、グリーンボンドを発行する際、該当債券のGBP等の原則への適合性について、外部評価機関より評価を受けることが多い。

ちなみに、GBP以外にも、いくつかの主体が基準やガイドラインを公表している。まず、GBPに先立つ2010年12月に、英国の非政府組織（NGO）である気候債券イニシアティブ（CBI）が気候ボンド基準（CBS）を公表した。中国では中国人民銀行が2015年に、国家発展改革委員会が2016年に、それぞれグリーンボンドガイドラインを策定している。2017年には、日

本の環境省が「グリーンボンドガイドライン2017年版」を、ASEAN 資本市場フォーラム（ACMF）がグリーンボンド基準（GBS）を公表している[2]。

さらに、国際標準化機構（ISO）が2017年７月、環境マネジメントを担当する専門委員会である TC207において、グリーンボンドに関する国際規格（ISO14030）の制定作業を開始した。同規格は、約３年をかけて審議が進められる予定となっている。一方、欧州連合（EU）では、欧州委員会が2018年３月に採択したサステナブルファイナンスに関するアクションプランに基づき、EU レベルのグリーンボンド基準（EU GBS）の制定を進めている。

［江夏あかね］

2　環境省は2020年３月に「グリーンボンドガイドライン2020年版」を、ACMF は2018年10月にグリーンボンド基準改訂版を公表している。

グリーンリカバリー

グリーンリカバリーは、2020年に起きた新型コロナウイルス感染症の世界的大流行（パンデミック）によって打撃を受けた経済を、環境に配慮し、低炭素・脱炭素経済社会への移行（トランジション）もふまえながら復興する手立てとして注目を集めているものである。国際通貨基金（IMF）のクリスタリナ・ゲオルギエバ専務理事が、2020年４月に開催された世界経済フォーラムで、「この復興が持続的なものとなり、世界がさらにレジリエントになるためには、我々はあらゆる手段を講じて、「グリーンリカバリー」を推進しなければならない[1]」と発言したこともあり、2020年春頃から世界的にグリーンリカバリーが注目されるようになった。

グリーンリカバリーが重要視される背景となる推計等を紹介する。IMFは2020年10月、世界経済の2020年の成長率を－4.4％とする予想を公表した[2]。これは、リーマンショック後の2009年（－0.1％）に比して厳しい水準であり、回復に時間を要することもあり、経済損失が2025年までに合計28兆ドルに

1 International Monetary Fund, *Managing Director's Opening Remarks at the Petersberg Climate Dialogue XI: Opening Remarks by Kristalina Georgieva*, 29 April 2020.

2 International Monetary Fund, *World Economic Outlook: A Long and Difficult Ascent*, October 2020.

ふくらむとの見通しが示された。一方、国際エネルギー機関（IEA）は2020年４月、新型コロナウイルス感染症問題に伴い、2020年の世界の二酸化炭素（CO_2）排出量が前年比８％減になるとの予測を示した[3]。国際連合開発計画（UNDP）は2019年11月、1.5℃目標[4]を実現するためには、2020～2030年の間に毎年7.6％のCO_2排出量の削減が必要との分析を公表しており、毎年の必要削減量は前述したIEAの2020年の排出量減少予測とほぼ同水準となっている[5]。ここから経済成長を犠牲にせずともCO_2排出量を削減できる経済社会へのトランジションに向けて、世界が引き続き取り組む必要があることがわかる。

IEAは2020年６月、低炭素電力の促進等を通じて世界全体で2021～2023年に毎年追加的に１兆ドルの官民投資が必要だが、その投資は世界の経済成長を年間1.1％ポイント上昇させ、その後の世界経済に長期的な便益をもたらすとの見通しを公表している[6]。そして、英国の独立調査機関であるVivid Economicsによると、G20諸国の新型コロナウイルス感染症対応のための景気刺激策（約12.7兆ドル）のうち、約３割に当た

3　International Energy Agency, *Global Energy Review 2020: The Impact of the Covid-19 Crisis on Global Energy Demand and* CO_2 *Emissions*, April 2020.

4　パリ協定では、「世界の平均気温上昇を産業革命以前に比べて２℃より十分低く保ち、1.5℃に抑える努力をする」とされている。

5　United Nations Environment Programme, *Emissions Gap Report 2019*, November 2019.

6　International Energy Agency, *Sustainable Recovery: World Energy Outlook Special Report*, June 2020.

る約3.7兆ドルが環境関連とされている[7]。

グリーンリカバリー関連では、欧州連合（EU）による積極的な取組みが際立っている。欧州委員会は2019年12月、脱炭素と経済成長の両立を図ることを目的とした工程表である「欧州グリーンディール」を打ち出し、2020年３月には域内の温室効果ガスの排出量を2050年までに実質ゼロとする目標を法制化する気候法案を公表している。その後、特別欧州理事会（EU首脳会議）では2020年７月、新型コロナウイルス感染症問題からの復興計画を盛り込んだ総額１兆8,243億ユーロの次期EU７カ年予算（多年度財政枠組み、MFF、１兆743億ユーロ）および「次世代EU」と題した復興基金（7,500億ユーロ）の案が合意に至り、経済復興にあわせて、デジタルや気候変動対策の促進、レジリエンスの向上が強調された[8]。グリーンリカバリー政策関連では、再生可能エネルギーの普及のみならず、飛行機、船舶、トラック等で化石燃料の代替として注目される水素技術の実用化や普及に向けて2020年７月に戦略を公表した[9]。水素のみならず、電気自動車（EV）用電池の生産拠点の増強等にも取り組んでいる。

7　Vivid Economics, *Green Stimulus Index.*（https://www.vivideconomics.com/casestudy/greenness-for-stimulus-index/、2020年11月16日閲覧）

8　European Council, *Special Meeting of the European Council*（*17, 18, 19, 20 and 21 July 2020*）*– Conclusions*, 21 July 2020.

9　European Council, *Communication from the Commission to the European Parliament, the Council, the European Economic and Social Committee and the Committee of the Regions: A Hydrogen Strategy for a Climate-neutral Europe*, 8 July 2020.

EU域内の国別の動きもみると、フランスは、新型コロナウイルス感染拡大で影響を受けた航空会社の救済にあたり、世界で最もクリーンな航空会社になることを求め、陸路の鉄道と競合する複数の国内航空便の廃止、省エネルギー型航空機の導入、再生可能ジェット燃料の導入等の条件を付した。ドイツは、2020年6月に発表した経済刺激策で、電気自動車に対する補助金の引上げ、公共交通機関ネットワークや水素インフラ等への支援を掲げた。

一方、カナダでは2020年5月に公表した経済対策のなかで、雇用を維持するための大企業への公的支援の要件として、気候関連財務情報開示タスクフォース（TCFD）の提言に沿った年次気候関連情報開示を義務づけることをあげた[10]。

米国では、330社以上の企業の最高経営責任者（CEO）等が2020年5月、連邦議会の超党派グループに対して、経済復興計画にレジリエントで長期的な気候変動対応策を取り入れることを要求する等の動きがあった[11]。そして、2021年1月に大統領に就任見込みの民主党のジョー・バイデン氏は、大統領に就任すれば気候変動対応関連政策に4年間で2兆ドルを投資し、経済再生につなげる旨を明らかにしている。

このように、世界各国がグリーンリカバリー関連政策を展開

10　Justin Trudeau, Prime Minister of Canada, *Prime Minister Announces Additional Support for Businesses to Help Save Canadian Jobs*, 11 May 2020.

11　Ceres, *More Than 330 Major Businesses Call on U.S...*, 12 May 2020.

しているが、企業がレジリエントかつ持続可能な経営基盤を維持・強化するためには、政府が財政支援のみならず、ノウハウ・情報の提供や技術支援も含めた包括的かつ実効性のある政策を講じられるか否かが重要になると想定される。

[江夏あかね]

サーキュラーエコノミー

サーキュラーエコノミーは、旧来の大量生産・大量消費・大量廃棄といった直線型経済（リニアエコノミー）にかわり、リサイクル、再利用、再生産、省資源の製品開発、シェアリング等を通じて資源をできるだけ循環させていく（サーキュラー）経済モデルである[1]（図表1参照）。

2000年代に入った頃から、リニアエコノミーが持続不可能との認識が世界的に広まり、3R（リユース、リデュース、リサイク

図表1　サーキュラーエコノミーのイメージ

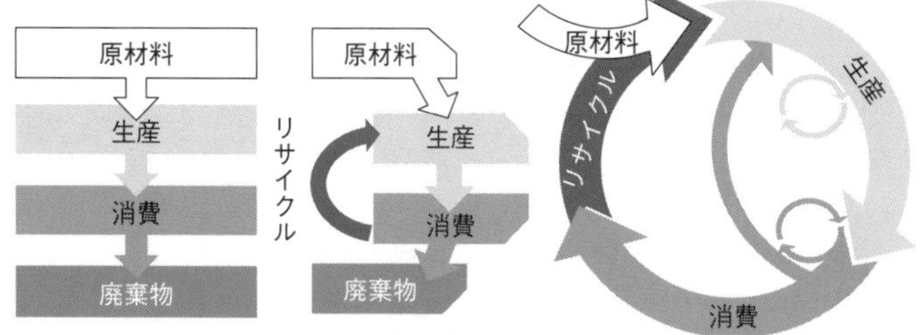

出所：Government of the Netherlands, *From a Linear to a Circular Economy* より野村資本市場研究所訳

1　本用語については、江夏あかね、片寄直紀「サーキュラーエコノミーへの移行と金融資本市場」『野村サステナビリティクォータリー』第1巻第1号（2020年春号）、野村資本市場研究所、65〜82頁を参考に記している。

ル）を軸とした施策が各国で講じられてきた。その後、⑴パリ協定を通じた環境問題への意識の高まり、⑵国際連合の持続可能な開発目標（SDGs）の達成に向けて、サーキュラーエコノミーへの移行が重要との認識の浸透、⑶欧州連合（EU）が2015年12月に採択した「サーキュラーエコノミー・パッケージ」のように、より幅広い概念でサーキュラーエコノミーをとらえ、域内経済の成長もふまえた政策が各国で展開されていること、等をふまえて、2010年代半ば頃からサーキュラーエコノミーがキーワードとして世界に浸透し始めた。

日本では、2000年に制定された「循環型社会形成推進基本法」をはじめとして、早くから環境分野における政策として、循環型社会を形成することが目指されてきた。これは、「大量生産・大量消費・大量廃棄」型の経済社会から、資源の効率的な利用やリサイクルを進めることによって資源の循環と消費抑制・環境への負荷低減を図る循環型社会へ移行することを目的とするものであった。2018年６月に閣議決定された「第４次循環型社会形成推進基本計画」では、環境・経済・社会的な側面を統合して循環型社会の形成に取り組むことが掲げられた。環境面にとどまらず、高齢化社会や地域活性化という観点も含む、持続可能な社会づくりが目指されている。

近年、サーキュラーエコノミーが注目されている背景として、世界人口の増加に伴い資源・エネルギーや食糧を取り巻く状況が変化するなか、大量生産・大量消費・大量廃棄のリニアエコノミーのもとでは、世界の環境・経済・社会の持続可能性を脅かしかねない状況となっていることがあげられる。開発途上国を中心とした人口増加や経済発展等による資源・エネルギー・原材料の利用増加およびそれに伴う資源・エネルギー・原材料等の不足・枯渇の可能性、地政学リスクの高まり、地球温暖化等の問題が、サーキュラーエコノミーへの移行が世界における主要テーマとなっている背景にあると考えられる。

世界各国の企業においては近年、政府等による取組みも後押しとなり、サーキュラー型サプライチェーンや、回収とリサイクルを意識したシステムの構築など、サーキュラーエコノミーへの移行を意識した経営に取り組むケースも散見される（図表2参照）。リニアエコノミーからサーキュラーエコノミーに移行することは、企業にとって、移行に伴うコスト発生は否めな

図表2　サーキュラーエコノミーのビジネスモデル

時　期	概　要	例
サーキュラー型サプライチェーン	繰り返し再生し続ける100％再生／リサイクルが可能な、あるいは生物分解が可能な原材料を使用	亜麻や麻の茎等の端材を使って、コットン並みの品質をもった繊維を環境に影響を与えず生産（CRAiLAR Technologies Inc.）
回収とリサイクル	これまで廃棄物とみなされてきたあらゆるものを、他の用途に活用することを前提とした生産・消費システムを構築	複数の生産施設でごみの排出量をゼロとしたオペレーションを実施（P&G）

製品寿命の延長	製品を回収し、保守・改良することで寿命を延長し、新たな価値を創出	使用ずみの製品を消費者から買い取り、消費者のニーズにかなうものは再販売（Dell）
シェアリング・プラットフォーム	使用していない製品の貸し借り、共有、交換によって、より効率的な製品・サービスの利用を可能に	Uber、Airbnb、Lyft
サービスとしての製品	製品・サービスを利用した分だけ支払うモデル／どれだけの量を販売するかよりも、顧客への製品・サービスの提供がもたらす成果を重視	「サービスとしての照明」とのビジネスモデルを導入し、電球を販売するのではなく、明るさを基準に課金するPay-per-lux（Philips）というサービスを提供

出所：ピーター・レイシー他『新装版　サーキュラー・エコノミー―デジタル時代の成長戦略―』日本経済新聞出版社、2019年、28～33頁より野村資本市場研究所作成

いものの、あらゆる資産・資源の有効活用、資産保有コストの削減、新たな収益機会の創出、製品販売以降もメンテナンス等で消費者にかかわることを通じた消費者とのつながり強化、等のポジティブな面も期待される。このような潜在的メリットも背景に、製造業を中心に、非製造業も含む幅広い業種で積極的な取組みが行われている。

サーキュラーエコノミー関連で世界的に知られているイニシ

アティブとしては、英国のエレン・マッカーサー財団が運営する「CE（Circular Economy）100」があげられる。CE100は、サーキュラーエコノミー分野における企業間や業界間の連携を目指すイニシアティブとして2013年に設立され、企業のみならず、政府や地方公共団体、学術機関等が共同して、サーキュラーエコノミーに関する知識の共有やアイデアの実践に向けた活動を実施している。米IT大手のグーグルや米資産運用大手ブラックロック、イタリアの大手金融機関であるインテーザ・サンパオロ等の大企業がグローバルパートナーとして参加しているほか、2018年4月には日本企業で初めてブリヂストンが、2019年3月には日本初の化学企業として三菱ケミカルホールディングスが参加する等、日本企業も参画している。

一方、サーキュラーエコノミーへの移行に際しては、多額の財源を要することが見込まれることもあり、金融市場も重要な役割を果たすことが期待されている。近年においては、一部の金融機関が対応策に着手しており、「サーキュラーエコノミー・ファイナンス・ガイドライン」の策定や、サーキュラーエコノミー・ボンドの起債等が行われている。

［江夏あかね］

座礁資産

座礁資産（Stranded Assets）とは、市場環境や社会環境が激変することにより、価値が大きく毀損する資産のことを指す。たとえば、石炭、石油、天然ガスといった化石燃料は重要なエネルギー源であるが、気候変動対応により二酸化炭素排出量を削減することが求められており、化石燃料の価値が大きく下がる可能性がある。このほかにも、武器産業分野や農業分野でも座礁資産化する資産があることが指摘されている。

座礁資産の考え方は、英国の非政府組織（NGO）のカーボントラッカー・イニシアティブ（カーボントラッカー）が2011年に公表した報告書「Unburnable Carbon」[1]により知られるようになった概念である。同報告書では、地球の年間平均気温の上昇を抑制するためには、排出できる二酸化炭素の量に限りがあるとしたうえで、地中に埋蔵したまま使用できない化石燃料の価値を試算した。カーボントラッカーでは、座礁資産をもたらす環境変化として、(1)経済的な影響（相対コストや市場価格の変化等）、(2)物理的な影響（物理的な距離による制約、洪水、干ばつの発生等）、(3)法規制の影響、をあげている[2]。

1　Carbon Tracker Initiative, *Unburnable Carbon—Are the World's Financial Markets Carrying a Carbon Bubble?*, 2011.

2　Carbon Tracker Initiative, *Stranded Assets*, 23 August 2017.

たとえば、国際エネルギー機関（IEA）は、パリ協定の２℃目標の達成を前提とした場合、二酸化炭素の回収・貯蔵技術（CCS）が普及しなければ、今後世界に存在する化石燃料の３分の１しか使用できず、残りは座礁資産になると指摘しているほか、欧州の独立系金融サービスのケプラー・シュブリューは、世界の座礁資産が約28兆ドルにものぼるとの試算を公表している[3]。なお、カーボントラッカー、東京大学およびCDP（旧・カーボン・ディスクロージャー・プロジェクト）は2019年10月、日本において、再生可能エネルギーのコスト低下によって、石炭火力発電関連施設には最大710億ドル相当の座礁資産化リスクがあると指摘した調査報告書を発表した[4]。

座礁資産は価値が大きく毀損することを通じて、経済社会に大きな影響を及ぼすことが懸念される。そのため、金融業界でも注目を集めており、2010年代半ば頃から、年金基金・財団等の投資家が座礁資産化するリスクを抱える企業への投資を引きあげる動き（ダイベストメント）が観察されている。

［江夏あかね］

3　Cary Krosinsky and Sophie Purdom, *Sustainable Investing : Revolutions in Theory and Practice*, Routledge, United Kingdom, 2016, p.210.

4　カーボントラッカー・イニシアティブ・東京大学未来ビジョン研究センター・CDP「日本における石炭火力発電の座礁資産リスク」2019年10月。

シェアリングエコノミー

シェアリングエコノミーとは、個人等が保有する活用可能な資産等（スキルや時間等の無形のものも含む）を、インターネット上のマッチングプラットフォームを介して他の個人等も利用可能とする経済活性化活動である[1]。サーキュラーエコノミーのビジネスモデルの一つともとらえられている[2]。シェアリングエコノミーは、貸主は遊休資産の活用による収入を得ることができ、借主は所有することなく資産等を利用可能になるというメリットがあることを背景に、米国のシリコンバレーを起点に世界的に発展してきた[3]（図表１参照）。

シェアリングエコノミーの一般的なサービス構造は、⑴プラットフォーマー（シェア事業者）が、利用者（ゲスト）と提供者（ホスト）のマッチング機能、レビューシステムや決済機能等を提供、⑵提供者が利用者に対してサービスを提供、⑶利用者がその対価を提供者に支払う、という流れとなっている（図表２参照）。利用者が支払う対価の一部が手数料としてプラッ

1　シェアリングエコノミー検討会議・内閣官房情報通信技術（IT）総合戦略室「シェアリングエコノミー検討会議中間報告書―シェアリングエコノミー推進プログラム―」2016年11月、１頁。

2　ピーター・レイシー他『新装版　サーキュラー・エコノミー―デジタル時代の成長戦略―』日本経済新聞出版社、2019年、31～32頁。

3　総務省「平成27年版情報通信白書」2015年７月、200頁。

図表1　米国におけるシェアリングエコノミー型サービス

事業名称	サービス・販売開始時期	概　要
Airbnb	2008年8月	保有する住宅や物件を宿泊施設として登録、貸出できるプラットフォームを提供するウェブサービス。190カ国超の3万4,000超の都市で100万超の宿が登録されている
Uber	2010年6月	スマートフォンやGPSなどのICT技術を活用し、移動ニーズのある利用者とドライバーをマッチングさせるサービス。高級ハイヤーを配車するUber、低価格タクシーを配車するuberX、既存のタクシーを配車するUber TAXIなどのサービスを提供
Lyft	2012年8月	スマートフォンアプリによって移動希望者とドライバーをマッチングするサービス。Facebookのアカウントか電話番号でログインして利用する。移動希望者とドライバーがお互いに評価を確認してから、乗車が成立する
DogVacay	2012年	ペットホテルの代替となるペットシッターの登録・利用が可能なプラットフォームを提供するウェブサービス
RelayRides	2012年	使用されていない車を、オーナーからスマートフォンアプリを通じて借りることができるサービス。

		米国内の2,100以上の都市および300以上の空港で利用できる
TaskRabbit	2011年7月	家事や日曜大工等の作業をアウトソーシングするためのウェブサービス
Prove Trust	2014年	シェアリングエコノミーにおける貸主と借主の信頼関係を一括で管理できるウェブサービス

出所：総務省情報通信国際戦略局情報通信政策課情報通信経済室・みずほ情報総研「社会課題解決のための新たなICTサービス・技術への人々の意識に関する調査研究―報告書―」2015年3月、117頁より野村資本市場研究所作成

図表2　シェアリングエコノミーの構造

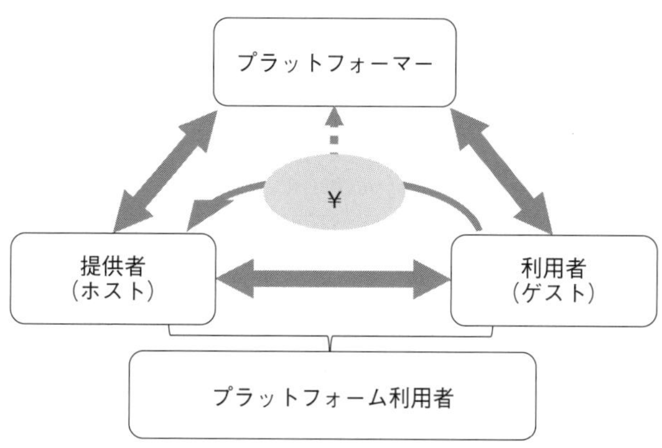

出所：シェアリングエコノミー検討会議・内閣官房情報通信技術（IT）総合戦略室「シェアリングエコノミー検討会議第2次報告書―共助と共創を基調としたイノベーションサイクルの構築に向けて―」2019年5月、2頁

トフォーマーが徴収する例が多い。一方、シェアリングエコノミーは、主に5つのサービスに分類されている（図表3参照）。

図表3　シェアリングエコノミーの分類

種　類	説　明	例
空間のシェア	空いた場所、物件は宝の山であり、地域課題の解決にもつながりうる	ホームシェア、民泊、駐車場、会議室
モノのシェア	普段使わないモノ、単発でしか使わないモノなどを最大限に有効活用	フリーマーケット、レンタルサービス
スキルのシェア	個人の得意なことが仕事になりうる。相手とのかかわりも大切な財産となる	家事代行、育児、知識、料理、介護、教育、観光
移動のシェア	同じ目的地に向かう人と一緒に同じ車に乗ることを通じて、社会をスマートにする	ライドシェア（相乗り）、シェアサイクル、カーシェア
お金のシェア	複数の人々で資金を出し合って、個人等のやりたいことを実現	クラウドファンディング

出所：消費者庁「共創社会の歩き方2019〜20　シェアリングエコノミー」2019年11月、2頁より野村資本市場研究所作成

大手会計事務所のプライスウォーターハウスクーパース（PwC）は、世界のシェアリングエコノミー関連主要業種の市場規模は、2013年の約150億ドルから2025年には約3,350億ドルに拡大すると試算している[4]。また、矢野経済研究所は、日本国内のシェアリングエコノミーサービス市場規模（事業者売上

高ベース）について、2017年度の約766億円から2023年度には約1,691億円に達すると予測している[5]。

日本では、内閣官房情報通信技術（IT）総合戦略室が2016年11月に公表したシェアリングエコノミー検討会議中間報告書で、シェアリングエコノミーの安全性および信頼性を評価するためのモデルガイドラインが発表され、これに基づき、2017年6月からシェアリングエコノミー認証制度の運用が始まった。同制度では、モデルガイドラインに基づき策定された自主規制（共同規制）に従い、シェアリングエコノミー協会が第三者としてシェア事業者の認証を行っている。

［江夏あかね］

4　PwC「シェアリングエコノミー　コンシューマーインテリジェンス」2016年2月、16頁。

5　矢野経済研究所「シェアリングエコノミー（共有経済）サービス市場に関する調査（2019年）」2020年3月26日。

自然資本

自然資本とは、人々に一連の便益をもたらす再生可能または非再生可能な天然資源（植物、動物、空気、水、土、鉱物）のストックのことである[1]。自然資本は、人々の生活や企業活動に必要なあらゆる生態系サービス[2]（フロー）を生み出している。

自然資源は再生可能なものもあるが、有限であるため、ストック（自然資本）である生態系が生み出す以上のフローを利用すれば、ストックが減少する[3]。そして、過度な灌漑による水不足、乱獲による生物種の絶滅、森林破壊、自然が吸収できる以上の二酸化炭素を排出することによる気候変動等の問題を引き起こす可能性がある。そのような観点から、企業にとって、事業がどの程度の自然資本を利用し、影響を与えているかを把握するとともに、自然資本への影響が赤字にならないように、持続可能な資源利用に取り組むことが、経営の持続可能性

1　自然資本コアリション「自然資本プロトコル」2016年、2頁。

2　生態系サービスは、人類が生態系から得ている便益を指す。淡水・食料・燃料などの供給サービス、気候・大気成分・生物数などの調整サービス、精神的充足やレクリエーション機会の提供等の文化的サービス、酸素の生成・土壌形成・栄養や水の循環などの基盤サービスがある。生態系サービスは、生物多様性によって支えられている（小学館「デジタル大辞泉」）。

3　「【インタビュー】レスポンスアビリティ足立氏「自然資本会計の最前線～World Forum on Natural Capital 2015～」『Sustainable Japan』2016年1月5日。

の維持においても重要な論点となっている。

自然資本という用語は、1973年に英国のエコノミストのE.F. シューマッハー氏が著書『Small is Beautiful』のなかで使用したのが初めてといわれている[4]。1980年代から1990年代にかけて主に環境経済学の分野において盛んに議論が行われた。また、米国で1999年に発刊された著書『Natural Capitalism』では、4つの資本（人的資本、金融資本、製造資本、自然資本）の1つとして、自然資本が定義された[5]。

自然資本は、21世紀に入った頃から国際経済社会でも注目を集めるようになる。ストックとしての自然資本とフローとしての生態系サービスの価値を経済的に評価し、経済システムにおいて可視化することを目的としてまとめられた「生態系と生物多様性の経済学（TEEB）」報告書が2010年10月に名古屋で開催された生物多様性条約第10回締約国会議（COP10）で発表された。2012年2月に開催された国際連合の持続可能な開発会議「リオ＋20」では、複数の金融機関がTEEBに基づき、金融商品や金融サービスに自然資本の考え方を組み込む「自然資本宣言」を行った。

一方、企業開示の国際的な発展を目指す国際統合報告評議会（IIRC）が2013年12月に発表した「国際統合報告フレームワー

4 Ernst Friedrich Schmacher, *Small is Beautiful*, Blond & Briggs, United Kindgom, 1973 ; Mark Everard, *Ecosystem Services : Key Issues*, Routledge, United Kingdom, 2017, p.31.

5 Paul Hawken et al., *Natural Capitalism: Creating the Next Industrial Revolution*, Little, Brown & Company, United States, 1999.

図表　自然資本プロトコルの枠組み

ステージ	ステップ	考える質問
フレーム（なぜ？）	はじめに	なぜ自然資本の評価を行うべきなのか
スコープ（何を？）	目的を定義する	評価の目的は何か
	評価の範囲を決める	目的を達成するために適切なスコープは
	影響や依存度を検討する	どの影響や依存度がマテリアルか
計測と価値評価（どうやって？）	影響要因や依存度を計測する	影響要因や依存度をどう計測するか
	自然資本の状態の変化を計測する	ビジネスの影響や依存度に関連して自然資本の状態の変化とトレンドは
	影響や依存度を価値評価する	自然資本への影響や依存度の価値は
適用（次は何？）	結果を解釈しテストする	評価のプロセスと結果をどう解釈し、確認、検証するか
	アクションを起こす	結果をどう適用して自然資本を既存のプロセスに統合するか

出所：自然資本コアリション「自然資本プロトコル」2016年、4～5頁より野村資本市場研究所作成

ク」では、財務資本、製造資本、知的資本、人的資本、社会関係資本、自然資本といった6種類の資本がビジネスの前後でど

のように変化したかを示す仕組みが提示された。さらに、2016年7月には自然資本分野の国際基準策定を行う自然資本連合（NCC）が「自然資本プロトコル（NCP）」初版を公表した。NCPは、企業が自然資本への直接的・間接的な影響や依存度を特定、計測、価値評価するための標準化された枠組みであり、それまでのさまざまな自然資本評価手法を整理するかたちでまとめられている。自然資本評価にかかわってきた国際機関、企業、GRI（Global Reporting Initiative）やIIRCとの協力のもと、策定され、気候関連財務情報開示タスクフォース（TCFD）との連携も進められている。

NCPでは、自然資本の評価の実施にあたっての原則として、「関連性、厳格性、再現可能性、整合性」の4つを提示している。そして、企業が自然資本の評価・管理を行う流れとして、フレーム、スコープ、計測と価値評価、適用の4つのステージを示し、さらに4つのステージは9つのステップに細分化している（図表参照）。ちなみに、NCPを補完する文書として業界ごとの手引書となるセクターガイドも発行されており、国内外の企業が自然資本会計や企業の環境活動の見直し・向上のための重要なツールとして活用する事例が増えている。

なお、近年においては、海洋プラスチックや新型コロナウイルス感染症等の問題により、自然資本の重要な構成要素である生物多様性等のリスクが顕在化している。そして、世界経済フォーラムが2020年1月、世界の総GDPのうち、約44兆ドルが自然に依存していると指摘したこともあり、自然資本への注目が高まる傾向がみられる[6]。このような状況下、国際連合開発計画（UNDP）、国際連合環境計画金融イニシアティブ（UNEP FI）、世界自然保護基金（WWF）および英国の非政府組織（NGO）のグローバルキャノピーが主導し、2020年９月に開催された国際連合総会のイベントで「自然関連財務情報開示タスクフォース（Task Force on Nature-related Financial Disclosures、TNFD）」の非公式作業部会が発足した。TNFDは、2021年５月に開催される生物多様性条約第15回締約国会議（COP15）で正式に発足し、約２年をかけて報告内容やデータに関するフレームワークを策定する予定となっている。

[江夏あかね]

6 World Economic Forum, *Nature Risk Rising: Why the Crisis Engulfing Nature Matters for Business and the Economy,* January 2020.

生物多様性

「生物多様性（Biological Diversity）」とは、地球上に多様な生物が存在していること、すなわち、複雑で多様な生態系そのものを指す。

地球上の多様な生物種が個体、種、生態系の各レベルにおいて、または動物、植物、微生物といったさまざまな階層において、互いに影響を与え合いながら生命活動を維持している。1993年は生物多様性維持のために生物多様性条約（CBD）が結ばれた。生物多様性条約では、「遺伝子の多様性」「種の多様性」「生態系の多様性」という異なる階層にそれぞれ多様性があるとされている。

地球の誕生以来、非常に長い期間をかけてつくられた生態系の多様性、すなわち生物多様性により、人間は多くの恩恵を受けている。この恩恵を「生態系サービス」というが、これは以下の４つに分けられる。

⑴　供給サービス：農作物や水といった、生態系が生産するもの。

⑵　調整サービス：気候や水などの調節といった、生態系プロセスの制御により得られる利益。

⑶　文化的サービス：精神的・文化的利益といった、生態系から得られる非物質的利益。

⑷　基盤サービス：栄養循環、土壌形成など他の生態系サービスを支えるサービス。

しかし、自然環境の悪化に伴い種の絶滅速度がここ数百年で約1,000倍に加速したり、この25年間で世界の森林面積のうち日本の国土面積の3倍強に相当するぶんが減少したりするなど、生物多様性がこれまでにない早さで失われており、温暖化と並ぶ深刻な地球環境問題となっている。

日本は2008年には生物多様性基本法を制定、2010年には生物多様性条約第10回締約国会議（COP10）が名古屋で開催され、新しい戦略計画である「愛知目標」が採択された。さらに、2015年9月のSDGsの採択により、持続可能な社会構築に向け、社会・経済の基盤となる自然資本の保全が世界共通の目標となっている。

日本で生物多様性への関心はまだ高いとはいえないが、生物多様性への対応が遅れると、⑴生物資源の調達コストの増大、調達不安定化、⑵企業イメージ悪化による顧客離れ、⑶融資条件厳格化により融資が受けられなくなる、あるいは融資を引きあげられる可能性などのリスクが考えられる。一方、この問題に積極的に取り組むことにより、⑴生物資源の中期的な確保と調達の安定化、⑵商品のブランド価値向上による新たな顧客の開拓、⑶ESG投資の呼込みによる新たな事業展開、といったメリットが期待される。生物多様性維持に向けた各社の積極的な取組みが期待される。

［西山賢吾］

赤道原則

赤道原則（エクエーター原則）とは、プロジェクトファイナンスにおいて、開発等に伴う環境負荷を回避・軽減するために、環境社会影響のリスクを評価・管理することを定めた行動原則であり、2003年６月に初めて採択された。同原則は、３回改訂された結果、2020年10月31日現在、第４次改訂版が最新となっている。

エクエーター原則は、10の原則で構成されている（図表１参照）。エクエーター原則を採択している金融機関（EPFI）は、プロジェクトファイナンス案件において、世界銀行グループの国際金融公社（IFC）が制定する環境社会配慮に関する基準・ガイドラインに基づいて開発等を行うように、プロジェクト関係者と協議し、融資にあたって、環境社会影響のリスク水準を評価することが求められる。EPFIは、融資を打診された場合、そのプロジェクトに対して、潜在的な環境社会に対するリスクと影響の大きさに応じて、３段階（A、B、C）のカテゴリーを付与し、カテゴリーに応じた対応を行う。

エクエーター原則が制定された背景には、石油・ガス開発、鉱山開発、発電所建設、ダム建設、工場建設等の大規模開発や建設プロジェクトが、計画内容や実施方法によって、自然環境や地域社会に大きな影響を及ぼすケースが散見されたことがあ

図表1 「エクエーター原則」(赤道原則)の概要

<table>
<tr><th>項　目</th><th colspan="2">概　要</th></tr>
<tr><td rowspan="5">新規プロジェクトの適用範囲</td><td colspan="2">エクエーター原則／赤道原則（EP）は、すべての国・地域、かつすべての産業セクターが適用対象。EPは遡及適用を意図していないものの、既存プロジェクトの拡張・改修向け融資の際には、EPを採択している金融機関（EPFI）はこれをEPの適用対象とする</td></tr>
<tr><td>種　類</td><td>詳　細</td></tr>
<tr><td>プロジェクトファイナンス
アドバイザリーサービス
(FA業務)</td><td>プロジェクト総額が1,000万米ドル以上のすべての案件</td></tr>
<tr><td>プロジェクトファイナンス</td><td>プロジェクト総額が1,000万米ドル以上の案件</td></tr>
<tr><td>プロジェクト紐付きコーポレートローン（PRCL）</td><td>以下3つの条件をすべて満たす場合
ⅰ．総借入額の過半が特定のプロジェクトに向かい、かつ、当該プロジェクトの実質的な支配権を顧客が（直接的または間接的に）有する
ⅱ．総借入額とそのEPFIのコミット額（シンジケーション組成もしくはセルダウン前）がそれぞれ5,000万米ドル以上
ⅲ．貸付期間が2年以上</td></tr>
</table>

	ブリッジローン	貸出期間2年未満で、上述条件iiを満たすプロジェクトファイナンス、もしくはiiiを満たすPRCLによってリファイナンスされることを意図したもの
	プロジェクト紐付きリファイナンスおよびプロジェクト紐付き買収ファイナンス	以下3つの条件をすべて満たす場合 i．当該プロジェクトが過去にEPフレームワークに基づいて融資されている ii．プロジェクトの規模あるいは目的の重大な変更がない iii．融資契約書の調印時点でプロジェクトが完工していない
10の原則	1．レビューおよびカテゴリー付与 2．環境・社会アセスメント 3．適用される環境・社会基準 4．環境・社会マネジメントシステムとエクエーター原則／赤道原則アクション 5．ステークホルダー・エンゲージメント 6．苦情処理メカニズム 7．独立した環境・社会コンサルタントによるレビュー 8．誓約条項（コベナンツ） 9．独立した環境・社会コンサルタントによるモニタリングと報告の検証 10．情報開示と透明性	
カテゴリー	種　類	詳　細
	A	環境・社会に対して重大な負の潜在的リスク、または、影響を及ぼす可能性があり、そのリスクと影響が多様、回復不能、または前例がないプロジェクト

	B	環境・社会に対して限定的な潜在的リスク、または、影響を及ぼす可能性があり、そのリスクと影響の発生件数が少なく、概してその立地に限定され、多くの場合は回復可能であり、かつ、緩和策によって容易に対処可能なプロジェクト
	C	環境・社会に対して負のリスク、または、影響が最小限、またはまったくないプロジェクト

出所：Equator Principles, *The Equator Principles*, July 2020より野村資本市場研究所作成

る。多国間開発金融機関等は1990年代後半までに独自の環境・社会ガイドラインを制定し、リスク管理を行っていたが、民間金融機関の対応は十分でなかった。そのため、オランダのABN アムロ銀行とIFC が海外プロジェクトファイナンス業務を展開する主要金融機関に呼びかけ、複数の民間金融機関がIFC と連携してエクエーター原則を策定した。EPFI は2020年9月末現在、37カ国112の金融機関で構成されている（図表2参照）。

なお、エクエーター原則と同様のものとして、ローン・マーケット・アソシエーション（LMA）、アジア・パシフィック・ローン・マーケット・アソシエーション（APLMA）およびローン・シンジケーション＆トレーディング・アソシエーション（LSTA）によるグリーンローン原則（GLP）がある。

図表２　「エクエーター原則」（赤道原則）の採択金融機関（EPFI）の国別内訳

本社所在地	金融機関数
日本、オランダ	8
カナダ、スペイン、台湾、英国	7
ブラジル、フランス	6
オーストラリア、中国、スウェーデン、米国	5
ドイツ、南アフリカ	4
イタリア、メキシコ、ナイジェリア、ノルウェー、韓国	2
アルゼンチン、ベルギー、コロンビア、デンマーク、エジプト、フィンランド、インド、バーレーン、モーリシャス、モロッコ、パナマ、ペルー、シンガポール、オマーン、スイス、トーゴ、アラブ首長国連邦、ウルグアイ	1

（注）2020年９月末現在。
出所：Equator Principles, *EP Association Members & Reporting* より野村資本市場研究所作成

［江夏あかね］

脱炭素化

脱炭素化とは、地球温暖化の原因となる二酸化炭素等の温室効果ガスの排出を防ぐために、石油や石炭等の化石燃料から脱却することである。脱炭素化の動きが加速するきっかけとなったのは、2015年12月に採択されたパリ協定である。パリ協定は、産業革命前からの平均気温の上昇を1.5～2℃未満に抑制することを目的としており、その目標の達成のために今世紀後半には世界の温室効果ガスの排出量を実質ゼロにすることが謳われている。かつては、温室効果ガスの排出量を低い水準に抑える低炭素化が主流だったが、パリ協定の存在もあり、脱炭素化が世界の潮流になっている。たとえば、欧州連合（EU）の場合、欧州委員会が2019年12月、脱炭素と経済成長の両立を図ることを目的とした工程表である「欧州グリーンディール」を打ち出し、2020年３月には域内の温室効果ガスの排出量を2050年までに実質ゼロとする目標を法制化する気候法案を公表している。

日本の場合、2019年６月11日に閣議決定された「パリ協定に基づく成長戦略としての長期戦略」では、ビジネス主導で非連続なイノベーションを通じて環境と成長の好循環を実現し、世界において環境政策のパラダイム転換を起こし、国内外の取組みを進めていき、野心的に今世紀後半のできるだけ早期に脱炭

図表　脱炭素型社会の実現に向けた今後の取組み

項　目	詳　細
1．イノベーションの推進	
革新的環境イノベーション戦略の策定	水素製造コストの大幅低減や二酸化炭素回収・利用・貯留技術（CCUS）等の革新技術の商用化に係るロードマップ策定
カーボンリサイクルの開発	二酸化炭素（CO_2）を資源ととらえ、燃料や原料として活用する研究開発や国際連携を推進
2．グリーンファイナンスの推進	
持続可能な開発目標（SDGs）経営の推進	SDGs 経営ガイドを国内外に向けて発信・周知
ESG金融の普及拡大	地域金融機関によるESGを考慮した融資等の支援
	ESG 金融専門家の育成
情報開示や金融機関との対話促進	金融機関向けグリーン投資ガイダンス策定
	環境情報開示基盤の整備
	気候関連財務情報開示タスクフォース（TCFD）シナリオ分析支援およびガイド策定
	TCFD サミットの開催
企業行動や事業のシフト	グリーンボンドの発行促進
	グリーンファイナンスポータルサイトの開設
3．ビジネス主導の国際展開、国際協力	
ビジネス環境整備と市場創出	イノベーションの成果を世界に普及させるため、東南アジア諸国連合（ASEAN）において各国が官民で協働していく枠組みの立上げを日本が主導
国際ルールづくりの主導	パリ協定のもと、市場メカニズムを活用する適切な枠組みづくりを主導

4．エネルギー分野での取組み	
再生可能エネルギーの主力電源化	コスト競争力・産業競争力の強化と固定価格買取制度（FIT）抜本見直しに向けた検討、事業環境整備等
	電力ネットワークの強靭化や供給力・整備力の整備を含む電力投資確保の仕組み構築
脱炭素化の実現	蓄エネ技術の高性能化・低コスト化、次世代調整力の活用、地域と共生するかたちでの再エネの地産地消の推進等
5．産業分野での取組み	
ゼロカーボン・スチールの実現	ゼロカーボン・スチールの実現に挑戦するため、COURSE50プロジェクト等の研究開発を実施
6．地域・くらし分野・その他環境保全での取組み	
地域循環共生圏の創造	地域資源を持続可能なかたちで活用し自立・分散型の社会を形成
BI-Techによる行動変容	ナッジ等の行動インサイトと、IoT・AIの融合（BI-Tech）により、環境配慮製品・サービス、ライフスタイルのマーケット拡大を図る
海洋プラスチック対策	回収・適正処理の徹底、3R（リデュース〔Reduce〕、リユース〔Reuse〕、リサイクル〔Recycle〕）、代替素材のイノベーション、途上国の能力強化、実態把握・科学的知見の集積等

（注）　ナッジは、行動科学の知見（行動インサイト）の活用により、人々が自分自身にとってよりよい選択を自発的にとれるように手助けする政策手法。BI-Techは、行動インサイトと技術の融合により、IoTでビッグデータを収集し、AIで解析してパーソナライズしたフィードバックを実現するもの。

出所：首相官邸成長戦略ポータルサイト「脱炭素社会の実現を目指して」より野村資本市場研究所作成

素社会を実現することが目指された。具体的な取組みには、グリーンファイナンスの推進も掲げられており、ESG金融やグリーンボンドも重要な役割を担うことが想定された（図表参照）。その後、菅義偉内閣総理大臣は2020年10月、2050年までに温室効果ガスの排出量を実質ゼロにする目標を表明した。

前述のEUや日本のみならず、中国でも習近平国家主席が2020年9月、2060年までに二酸化炭素（CO_2）排出量を実質ゼロにする目標を掲げ、韓国でも同年10月ムン・ジェイン（文在寅）大統領が2050年までに温室効果ガスの排出量を実質ゼロにする目標を表明している。一方、米国でも、2021年1月に次期大統領に就任見込みの民主党のジョー・バイデン氏が2050年までに温室効果ガス排出量を実質ゼロにする目標を掲げている。

脱炭素化には、政府のみならず、企業も重要な役割を果たすことが期待されている。たとえば、企業の脱炭素化を促す動きとしては、企業が自らの事業の使用電力を100％再生可能エネルギーでまかなうことを目指す国際的なイニシアティブであり、2014年に結成された「RE100」が知られている。RE100に取り組むメリットとしては、⑴化石燃料によるリスクを回避し、気候変動を防ぐことにつながる、⑵企業が再生可能エネルギー調達の必要性を発信することで、再生可能エネルギーの市場規模の拡大につながり、安価で安定した再生可能エネルギー供給を受けられることにつながる、⑶投資家からのESG投資

1　環境省・みずほ情報総研「RE100について」。

の呼込みに役立つ、等があげられる[1]。RE100には2020年11月9日現在、世界で264企業（うち日本から41企業）が参加している[2]。

そして、日本関連の動きとして、日本経済団体連合会（経団連）が2020年６月、政府と連携し、脱炭素社会の実現に向け、企業・団体がチャレンジするイノベーションのアクションを、国内外に力強く発信し、後押しするイニシアティブ「チャレンジ・ゼロ」を開始している。

［江夏あかね］

2　環境省「脱炭素経営に向けた取組の広がり」。

トランジション

トランジションとは、低炭素・脱炭素経済社会への移行を指す言葉である。気候変動に関する政府間パネル（IPCC）が2013年に公表した第5次評価報告書では、21世紀末の世界平均気温変化は0.3～4.8℃の範囲、平均海面水位の上昇は0.26～0.82メートルの範囲となる可能性が高いとの予測が示されている[1]。国立環境研究所等が2019年9月に公表した研究結果によると、最も悲観的な将来シナリオのもとで、21世紀末における地球温暖化に伴う被害額は世界全体のGDPの3.9～8.6％に相当すると推計された[2]。地球温暖化が進むことに伴い、海面上昇、洪水や干ばつ等の異常気象の頻発、ハリケーン・台風の甚大化、感染症地域の拡大、熱中症による死亡者の増加、生態系の破壊等の危機が顕在化し、人類の生存可能性にも深刻な影響が及ぶ状況が想定される。

このようななか、第21回国際連合気候変動枠組条約締約国会議（COP21）にて合意されたパリ協定が、気候変動問題に関する国

1　Intergovernmental Panel on Climate Change, *Climate Change 2013: The Physical Science Basis. Contribution of Working Group I to the Fifth Assessment Report of the Intergovernmental Panel on Climate Change*, 2013.

2　国立環境研究所等「複数分野にわたる世界全体での地球温暖化による経済的被害を推計―温室効果ガス排出削減と社会状況の改善は被害軽減に有効―」2019年9月26日。

際的な枠組みとして、2016年11月に発効した。同協定では、「世界の平均気温上昇を産業革命以前に比べて2℃より十分低く保ち、1.5℃に抑える努力をする」という「2℃目標」が打ち出されている。たとえば、上述の国立環境研究所等による研究では、2℃目標を達成しつつ、かつ、地域間の経済的な格差等が改善された場合には、21世紀末における地球温暖化に伴う被害額は世界全体のGDPの0.4〜1.2%に抑えられるとの推計が示されている。

パリ協定の目標達成に向けて、二酸化炭素等温室効果ガスの排出量をできるだけ減らす、トランジションに向けた取組みが世界的に求められている。低炭素経済社会の実現にあたっては、政策、法規制、技術、市場動向等、さまざまな側面に変化がもたらされることが想定されている。移行に伴うリスクと機会を把握し、対応を進めることが、企業、投資家、金融機関等の経営の持続可能性を維持するうえで重要となりつつある。

世界におけるトランジションに対応する主な動きとしては、⑴気候関連財務情報開示、⑵タクソノミー、⑶ベンチマーク、⑷インデックス、⑸トランジションボンド、⑹トランジション・ファイナンス、があげられる。

1点目について、金融安定理事会（FSB）が創設した気候関連財務情報開示タスクフォース（TCFD）が2017年6月に発表した提言では、気候関連リスクと機会が与える財務上の影響を把握・開示することを求めている。気候関連リスクは、低炭素経済への「移行」に関するリスクと、気候変動による「物理的」変化に関するリスクに大別されている。そして、移行リスクの種類として、(1)政策・法規制リスク（温室効果ガス排出に関する規制強化、情報開示義務の拡大等)、(2)技術リスク（既存製品の低炭素技術への入替え、新規技術への投資失敗等)、(3)市場リスク（消費者行動の変化、市場シグナルの不透明化、原材料コストの上昇)、(4)評判リスク（消費者選好の変化、業種への非難、ステークホルダーからの懸念の増加)、があげられている。

2点目について、諸外国では、サステナブルファイナンスを推進する一環として、環境目的に資する経済活動の分類（タクソノミー）を定義する動きがある。欧州連合（EU）において2020年6月に成立し、2020年7月に施行されたEUタクソノミー規則では、6つの環境目的に実質的に貢献する活動のみならず、トランジションを目的とした活動（移行活動）等も環境面でサステナブルな経済活動に含まれた[3]。一方、カナダにおいて、同国政府が設置したサステナブルファイナンスに関する専門家パネルが2019年6月に公表した最終報告書では、カナダのグリーン債券市場を拡大し、トランジション志向のファイナンスのための国際標準を設定するといった提言も含まれている[4]。

3点目について、EUで2019年12月に成立したEUベンチ

---

3 European Union, "Regulation (EU) 2020/852 of the European Parliament and of the Council of 18 June 2020 on the Establishment of a Framework to Facilitate Sustainable Investment, and Amending Regulation (EU) 2019/2088," *Official Journal of the European Union*, 22 June 2020.

4 Government of Canada, *Final Report of the Expert Panel on Sustainable Finance：Mobilizing Finance for Sustainable Growth*, June 2019, p.28.

マーク規則改正法では、金融商品の販売時に利用可能な２種類の金融指標（「EU 気候移行ベンチマーク」〔EU CTB〕、「EU パリ協定適合ベンチマーク」〔EU PAB〕）のラベルが定義されている[5]。

４点目について、気候変動問題への金融市場の取組みを促すイニシアティブである気候変動ファイナンス・リーダーシップ・イニシアティブ（CFLI）が2019年９月に公表した「低炭素未来の資金調達」と題した報告書では、低炭素投資の機会を拡大するための梃子として、トランジション・インデックスの構築に言及している[6]。

５点目について、トランジションボンドは、一般的に、二酸化炭素排出量等の観点からグリーンボンドの発行基準を満たさないものの、低炭素経済社会等に移行（トランジション）するためのプロジェクトを資金使途とする債券である[7]。フランスの大手運用機関アクサ・インベストメント・マネージャーズ（アクサ IM）が2019年６月にトランジションボンドという新たな資産クラスを提唱し、ガイドラインを公表したこともあり、

5　Regulation (EU) 2019/2089 of the European Parliament and the Council of 27 November 2019 Amending Regulation (EU) 2016/1011 as Regards EU Climate Transition Benchmarks, EU Paris-Aligned Benchmarks and Sustainability-Related Disclosures for Benchmarks.

6　Climate Finance Leadership Initiative, *Financing the Low-Carbon Future : A Private-Sector View on Mobilizing Climate Finance*, September 2019, p.83.

7　江夏あかね「トランジションボンドの登場とサステナブルファイナンスの新潮流」『野村資本市場クォータリー』第23巻第３号（2020年冬号）、野村資本市場研究所、178～186頁。

注目が集まっている[8]。同ガイドラインでは、同債券の意義について、温室効果ガス排出量が多い業界（素材、資源採掘、化学、運輸等）の企業や、グリーンボンドを発行するための十分なグリーン資産をもたないものの、温室効果ガス排出量の削減が必要な企業にとって、代替資金調達手段となりうること等があげられた。

トランジションボンドに関するこれまでの発行事例は、電力・ガス会社が中心となっている[9]。たとえば、香港の電力会社キャッスル・ピーク・パワーの子会社であるキャッスル・ピーク・パワー・ファイナンスが2017年７月に起債した「エネルギー・トランジションボンド」は、再生可能エネルギーの開発が困難な場所における、石炭火力発電所からの転換を目的とした天然ガス火力発電所建設が資金使途となっている。加えて、国際機関の欧州復興開発銀行（EBRD）やフランスの大手金融機関クレディ・アグリコルといった金融機関もトランジション関連プロジェクト向け融資に充当すべく、トランジションボンドの発行に取り組んでいる。

8　AXA Investment Managers, *Financing Brown to Green：Guidelines for Transition Bonds*, 10 June 2019；AXA Investment Managers, *AXA Investment Managers Calls for New "Transition Bonds" to Help Companies Go Green*, 11 June 2019；アクサ・インベストメント・マネージャーズ「アクサIMが脱炭素化に取り組む企業を支援する新『トランジションボンド』を提唱」2019年６月12日。

9　江夏あかね「サステナブル金融に新商品 持続可能な社会構築目指す目標達成で金利負担減も」『エコノミスト』第98巻第18号、毎日新聞出版、2020年５月５日、94～96頁。

6点目について、日本の場合、経済産業省がパリ協定の目標の実現に向けた着実な移行に関する基準を策定することで、トランジション・ファイナンス（トランジションボンド、トランジションローン等）の流れを促進することが必要との問題意識のもと、同省が開催している「環境イノベーションに向けたファイナンスのあり方研究会」が2020年3月に「クライメート・トランジション・ファイナンスの考え方」、2020年9月に「クライメート・イノベーション・ファイナンス戦略2020」を取りまとめている。

そのほか、海外関連の動きをめぐって、英国の非政府組織（NGO）の気候債券イニシアティブ（CBI）は2020年9月、スイス金融大手のクレディ・スイスと共同で、パリ協定の目標達成に向けての移行をスムーズに進めるためのトランジション・ファイナンス・フレームワークを公表した[10]。一方、国際資本市場協会（ICMA）は2020年12月、クライメート・トランジション・ファイナンス・ハンドブックを公表した[11]。

［江夏あかね］

10 Climate Bonds Initiative and Credit Suisse, *Financing Credible Transitions: How to Ensure the Transition Label has Impact,* September 2020.

11 International Capital Market Association, *Climate Transition Finance Handbook,* December 2020.

パリ協定

パリ協定は、2020年以降の気候変動問題に関する国際的な枠組みで、2015年12月の第21回国際連合気候変動枠組条約締約国会議（COP21）にて合意され、2016年11月に発効した[1]。パリ協定は、1997年に定められた京都議定書の後継と位置づけられ、世界共通の長期目標として、⑴世界の平均気温上昇を産業革命以前に比べて２℃より十分低く保ち、1.5℃に抑える努力をする（２℃目標）、⑵そのため、できる限り早く世界の温室効果ガス排出量をピークアウトさせ、21世紀後半には、温室効果ガス排出量と（森林などによる）吸収量のバランスをとる、が掲げられている（図表１参照）。パリ協定の主な特徴としては、⑴排出量削減の法的義務が先進国にのみ課せられていた京都議定書とは異なり、途上国を含むすべての主要排出国が対象となっている、⑵先進国にのみトップダウンで定められた排出削減目標が課せられるアプローチを採用していた京都議定書とは異なり、各国に自主的な取組みを促すボトムアップのアプローチが採用されている、があげられる。なお、国際エネルギー機関（IEA）は、パリ協定の目標達成に向けて、2040年までに世界全体で約58兆ドル（公表政策シナリオ）～約71兆ドル

1　発効の条件は、⑴55カ国以上の参加、⑵世界の総排出量のうち55％以上をカバーする国が批准。

図表1　パリ協定の概要

項　目	詳　細
目的	世界共通の長期目標として、産業革命前からの平均気温の上昇を2℃より十分下方に保持、1.5℃に抑える努力を追求
目標	上記の目的を達するため、今世紀後半に温室効果ガスの人為的な排出と吸収のバランスを達成できるよう、排出ピークをできるだけ早期に抑え、最新の科学に従って急激に削減
各国の目標	各国は、貢献（削減目標）を作成・提出・維持する。各国の貢献（削減目標）の目的を達成するための国内対策をとる。各国の貢献（削減目標）は、5年ごとに提出・更新し、従来より前進を示す
長期低排出発展戦略	すべての国が長期の低排出発展戦略を策定・提出するよう努めるべき（COP決定で、2020年までの提出を招請）
グローバル・ストックテイク（世界全体での棚卸ろし）	5年ごとに全体進捗を評価するため、協定の実施状況を定期的に検討する。世界全体としての実施状況の検討結果は、各国が行動および支援を更新する際の情報となる

出所：環境省「平成29年版環境・循環型社会・生物多様性白書」

（持続可能な開発シナリオ）の投資が必要と試算している[2]。

パリ協定には、世界各国の地球温暖化に対する関心の高まりを反映し、主要排出国を含む多くの国が参加しており、2019年

2　International Energy Agency, *World Energy Outlook 2019*, 13 November 2019.

7月時点で、日本を含む197カ国が加盟している。そのうち185カ国が同協定に批准している。日本では、中期目標として、2030年度の温室効果ガスの排出量を2013年度の水準から26%削減することが定められている（図表2参照）。そして、2019年6月に閣議決定された「パリ協定に基づく成長戦略としての長期戦略」では、最終到達点としての「脱炭素社会」を掲げ、それを野心的に今世紀後半のできるだけ早い時期に実現することを目指すとともに、2050年までに80%の温室効果ガスの削減に大胆に取り組む旨が示された。その後、菅義偉内閣総理大臣は2020年10月、2050年までに温室効果ガスの排出量を実質ゼロに

図表2　主要国・地域の温室効果ガスの排出削減目標の比較

国名	1990年比	2005年比	2013年比
日本	－18.0%	－25.4%	削減目標 －26.0%（2030年までに）
米国	－14～－16%	削減目標 －26～－28%（2025年までに）	－18～－21%
EU	削減目標 －40%（2030年までに）	－35%	－24%
中国	・2030年までに2005年比でGDP当りの二酸化炭素排出量を60～65%削減 ・2030年頃に二酸化炭素排出のピーク達成		
韓国	・2030年までに、対策を講じなかった場合の2030年比で37%削減		

出所：経済産業省「主要国の約束草案（温室効果ガスの排出削減目標）の比較」

する目標を表明した。

一方、気候変動に関する政府間パネル（IPCC）が2018年10月に発表した「1.5℃特別報告書」では、各国が提出している2030年までの削減目標を足しあわせても、2100年までに気温が約３℃上昇するとの予測が示された。同予測を通じて、パリ協定の目標達成に必要な排出削減量と各国の削減目標には、大きなギャップがあることが明らかになった。パリ協定では、各国の目標が５年ごとに見直される仕組みになっており、2020年は各国が目標を見直す初めての機会となっている。このようなタイミングもふまえ、多くの国等が、気温上昇を２℃未満から1.5℃に抑える方向に切り替えることを検討している。たとえば、欧州連合（EU）は2019年12月、「欧州グリーンディール」という政策パッケージを発表し、そこに2030年の削減目標を50～55％以上に強化するという提案を盛り込んでいる[3]。

［江夏あかね］

3　欧州グリーンディールは、脱炭素と経済成長の両立を図ることを目的とした工程表である。同工程表には、クリーンで循環型の経済への移行を通じた資源の効率的な利用の促進、気候変動の阻止、生物多様性の喪失の流れの逆転、汚染を減少させるための取組み等が包括的に盛り込まれている。同時に、必要な投資額や資金調達手段、どのように公正、包括的かつ確実に低炭素経済社会に移行していくか、等の項目が示されている。EUでは従来、2030年の域内の温室効果ガス排出量の目標を1990年比40％減としていたが、欧州グリーンディールでは、50～55％減を目指すべく、2020年夏にインパクト評価計画、2021年６月までに気候関連の政策ツールの見直しおよび必要に応じて修正の提案を公表するとした。なお、2050年までに温室効果ガス排出量を実質ゼロとする目標については、2020年３月に欧州気候法案が公表されている。

プラネタリー・バウンダリー

プラネタリー・バウンダリーとは、地球の環境容量を科学的に表示したものであり、人類が生存できる範囲の限界を示している。2009年にストックホルム・レジリエンス・センターのヨハン・ロックストローム氏らが開発し、持続可能な開発目標（SDGs）の概念にも大きな影響を与えたことで、世界的に知られるようになった[1]。プラネタリー・バウンダリーは、スイス政府が同概念を活用した政策マネジメントを導入しているほか、欧州連合（EU）でも2015年から長期政策目標検討の一環として部局横断の調査のレポートを策定している[2]。

プラネタリー・バウンダリーは、具体的に、地球の環境容量として９つのプラネタリーシステム（生物圏の一体化〔生態系と生物多様性の破壊〕、気候変動、海洋酸性化、土地利用変化、持続可能でない淡水利用、生物地球化学的循環の妨げ〔窒素とリンの生物圏への流入〕、大気エアロゾルの変化、新規化学物質による汚染、成層圏でのオゾンの破壊）を取り上げ、そのバウンダリー（限

1　Rockström, J. et al., "Planetary Boundaries: Exploring the Safe Operating Space for Humanity", *Ecology and Society*, Vol.14, No.2, Resilience Alliance, 2009, pp.1～33.

2　「【EU】欧州環境庁、プラネタリー・バウンダリーを用いたEU影響分析実施。窒素、リン、土地利用変化急務」『Sustainable Japan』2020年５月７日。

界、臨界点、ティッピング・ポイント[3]）の具体的な評価を行っている。同研究では、⑴人類が地球システムに与えている圧力はすでに飽和状態に達し、気候、水環境、生態系などが本来有するレジリエンス（回復力）の限界を超えると、不可逆的変化が起こりうること、⑵人類が生存できる限界（プラネタリー・バウンダリー）を把握することを通じ、壊滅的変化を回避できる可能性があるため、限界（臨界点）がどこにあるかを知ることが重要、という考えが示されている。

2015年に公表された同研究の第２版では、生物地球化学的循環、生物圏の一体性、土地利用、気候変動については、人間が地球に与えている影響とそれに伴うリスクがすでに顕在化しており、人間が安全に活動できる範囲を超えるレベルに達していると分析されている[4]（図表参照）。

3　ティッピング・ポイントとは、それまで小さく変化していたある物事が、突然急激に変化する時点。

4　Steffan W. et al., "Planetary Boundaries: Guiding Human Development on a Changing Planet", *Science*, Vol.347 No.6223, American Association for the Advancement of Science, 2015, pp.736〜746.

図表　プラネタリー・バウンダリーの考え方で示された現在の地球の状況

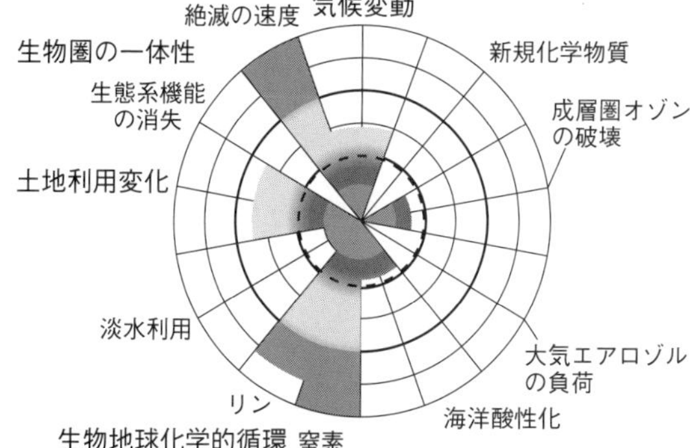

■ 不安定な領域を超えてしまっている（高リスク）

■ 不安定な領域（リスク増大）

■ 地球の限界の領域内（安全）

出所：環境省「平成29年版 環境・循環型社会・生物多様性白書」2017年６月６日、５頁

[江夏あかね]

モーダルシフト

モーダルシフトとは、トラック等の自動車で行われている貨物輸送を環境負荷の小さい鉄道や船舶の利用へと転換することを指す（図表1参照）。旅客の輸送手段の転換を指す場合もある。モーダルシフトは、1997年に締結された京都議定書で設定された温室効果ガスの削減目標達成に向けた手段の一つとして注目を集めるようになった。たとえば、日本では国土交通省がモーダルシフト推進のための支援策を講じているほか、近年においては、多くの企業が環境負荷低減の一環として、モーダルシフトに取り組んでいる。

一方、金融関連では、たとえば、政府系機関である鉄道建設・運輸施設整備支援機構が、鉄道建設および船舶共有建造業

図表1　モーダルシフトのイメージ

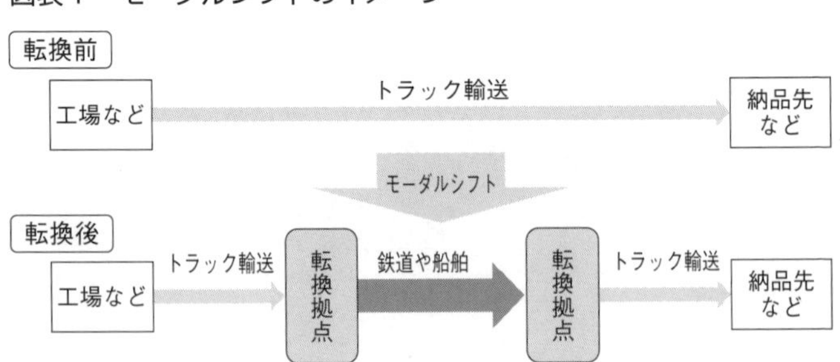

出所：国土交通省「モーダルシフトとは」より野村資本市場研究所作成

務を通じて、モーダルシフトに伴う環境改善効果や、国内旅客船利用による地域活性化といった社会効果をもたらすことができるとして、2019年からサステナビリティボンドやサステナビリティローンによる資金調達を行っている。

他方、スウェーデンの環境活動家であるグレタ・トゥンベリ氏が2019年に欧州から米国に渡る際に、温室効果ガスの排出量を抑えるために飛行機ではなくヨットを使用したことが大きく報じられたこともあり、個人にもモーダルシフトの概念が徐々に浸透しつつある。

日本においては、二酸化炭素排出量のうち、運輸部門からの排出量が2割程度となっており、運輸部門のうち自動車・トラックが占める割合が8割以上となっている（図表2参照）。また、輸送量当りの二酸化炭素排出量についても自動車が最も多く、そのため、自動車・トラックから比較的二酸化炭素排出量の少ない鉄道や船舶へと輸送方法を転換することで、二酸化炭素排出量の軽減を実現するという意味で、モーダルシフトが進められている。そして、モーダルシフトは、環境負荷軽減以外にも、エネルギー効率改善、交通渋滞の緩和、物流における労働力不足の解消や運賃抑制の観点からも注目を集めている。

図表2　日本の各部門における二酸化炭素排出量および輸送量当りの二酸化炭素排出量

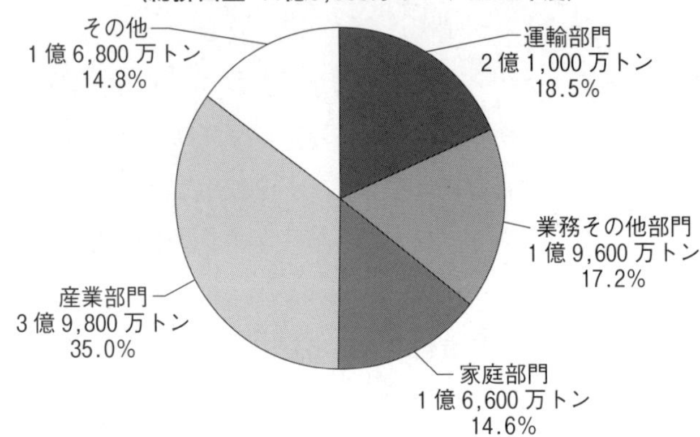

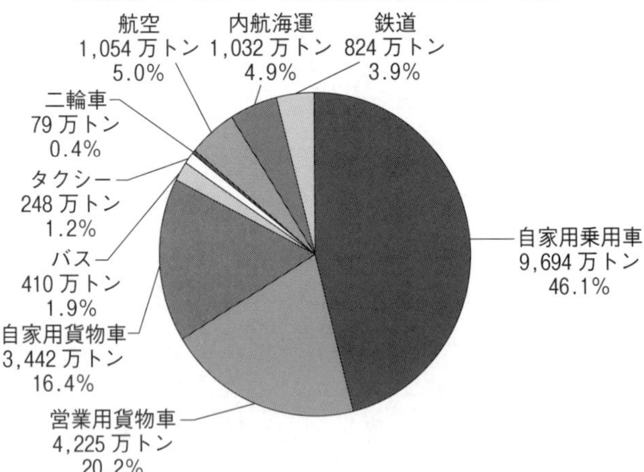

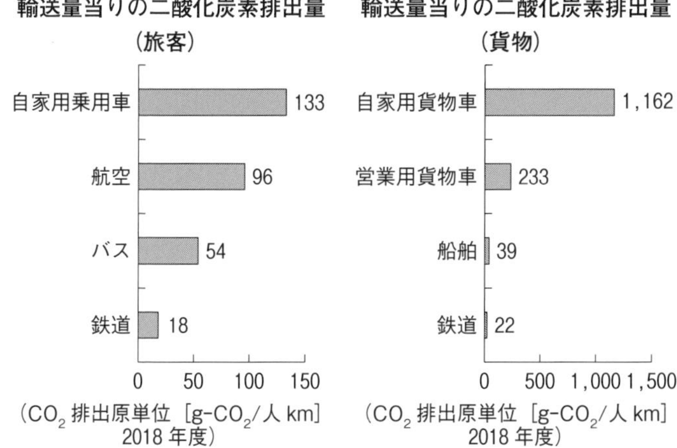

出所：国土交通省「運輸部門における二酸化炭素排出量」2020年４月22日より野村資本市場研究所作成

［江夏あかね］

レジリエンス

レジリエンス（resilience）とは、もともと、物質の弾力性、すなわち、外からの衝撃・力を吸収して変化した後、元に戻ろうとする性質を意味する物理学の言葉であるが、変化に対処する能力という意味で、多分野で用いられている用語である。強靭性、回復力、復元力などと訳されることもある。サステナブルファイナンス関連では、気候変動、防災、環境等の分野で比較的使われる傾向にある。

気候変動の観点からは、持続可能な開発目標（SDGs）の目標13「気候変動に具体的な対策を」で「気候変動とその影響に立ち向かうため、緊急対策をとる」ことが目指され、ターゲット13.1では、「すべての国々において、気候変動に起因する危険や自然災害に対するレジリエンスおよび適応力を強化する」と掲げられている。目標13および各ターゲットは、気候変動による災害や生活への影響を防止するという観点に加え、発生した災害や生活への影響を最小限に抑えるという2つの観点から記されている。後者の観点がレジリエンスにつながっており、気候変動関連も含めた自然災害が起きた場合に被害を最小限に抑え、災害前の生活や経済活動の水準に復旧するよう、災害に耐えうる国をつくるということが求められている。

近年は国レベルのみならず、都市レベルでもレジリエントな地域づくりが進められており、たとえばロックフェラー財団が2013～2019年に実施していた「100 Resilient City（100RC）プログラム」は、世界から100の都市を選定し、レジリエント戦略の策定支援を行うものである。同プログラムでは、資金面の支援のほか、最高レジリエンス責任者（Chief Resilience Officer、CRO）の配置を進めることなどを通じて、自然災害や人為的な衝撃、ストレスに対応できる都市づくりが後押しされていた。日本では、京都市と富山市がレジリエンス都市に選出された。

一方、企業開示の観点からは、気候関連財務情報開示タスクフォース（TCFD）の最終報告書（提言）で、気候関連のリスク、2℃目標等の気候シナリオを用いて、自社の気候関連リスク・機会を評価し、経営戦略・リスクへの反映、その財務上の影響を把握、開示することが推奨されるなか、組織戦略のレジリエンスが開示項目としてあげられた。このような背景のもと、レジリエンスが企業経営や開示におけるキーワードの一つとされることもある。TCFDの提言におけるレジリエンスは、シナリオ分析によって示唆された複数の未来に対して、自社が存続可能であることを示すものとされている[1]（図表参照）。

他方、環境面では、生態学の分野でもレジリエンスという言葉が使われる。生態系は気候変動、自然災害、人間による伐採や汚染等による環境変化の影響にさらされている。そのような

1　経済産業省「気候関連財務情報開示に関するガイダンス（TCFDガイダンス）」2018年12月、43頁。

図表　気候関連財務情報開示タスクフォースの提言（抜粋）

推奨される開示内容 c) 2℃以下シナリオを含む、さまざまな気候関連シナリオに基づく検討を踏まえて、組織戦略のレジリエンスについて説明する	全てのセクターに対するガイダンス 組織は、2℃以下シナリオに沿った低炭素経済への移行シナリオと、また当該組織にとって関連性がある場合は、物理的気候関連リスクの高まるシナリオを考慮し、その戦略が気候関連リスク及び機会に対してどれだけレジリエンスを有しているかについて記載すべきである。 組織はまた、以下について論じることを検討すべきである。 ・気候関連のリスク及び機会によって組織の戦略が影響を受けると思うのはどこであるか ・そのような潜在的なリスク及び機会に対処するために、その組織の戦略がどのように変化しうるか ・検討される気候関連シナリオとその対象期間

（注）　グリーン・パシフィック訳「最終報告書　気候関連財務情報開示タスクフォースによる提言」2017年6月、17頁より抜粋。
出所：経済産業省「気候関連財務情報開示に関するガイダンス（TCFDガイダンス）」2018年12月、21頁

攪乱に耐え、機能特性を失わずに回復する生態系の能力をレジリエンスと表現する。生態系に備わるレジリエンスを低下させる可能性のある人間の活動に伴う生息地の分断化、縮小化等の観点から、レジリエンスが取り上げられることがある。なお、なんらかの理由で生態系の回復力が損なわれた場合、衰退ループに入るが、まったく異なる生態系に変わってしまうことをレジーム・シフトと呼ぶ。

［江夏あかね］

CASBEE

建築物総合環境評価システム（Comprehensive Assessment System for Building Environmental Efficiency、CASBEE〔キャスビー〕）は、住宅・建築物・まちづくりの環境品質・性能の向上（室内環境、景観への配慮等）と地球環境への負荷の低減等を、総合的な環境性能として一体的に評価し、評価結果をわかりやすい指標として示す仕組みである（図表1参照）。CASBEEは、2001年4月に国土交通省住宅局の支援のもと、産官学共同プロジェクトとして、一般財団法人建築環境・省エネルギー機構（IBEC）内に建築物の総合的環境評価研究委員会が設立され、以降継続的に開発とメンテナンスが行われている。

CASBEEでは、(1)建築物のライフサイクルを勘案、(2)「建築物の環境品質（Quality、Q）」と「建築物の環境負荷（Load、L）」の両側面に着目、(3)「環境効率」の考え方を用いて新たに開発された評価指標「建築物の環境性能効率（Built Environment Efficiency、BEE）」により見極め、といった方針を通じて、建築物が環境にもたらす影響のさまざまな側面を評価している[1]。そして、評価結果は、「Sランク（素晴らしい）」「Aラ

1　建築環境・省エネルギー機構「CASBEEの概要」。

図表1　CASBEEのイメージ

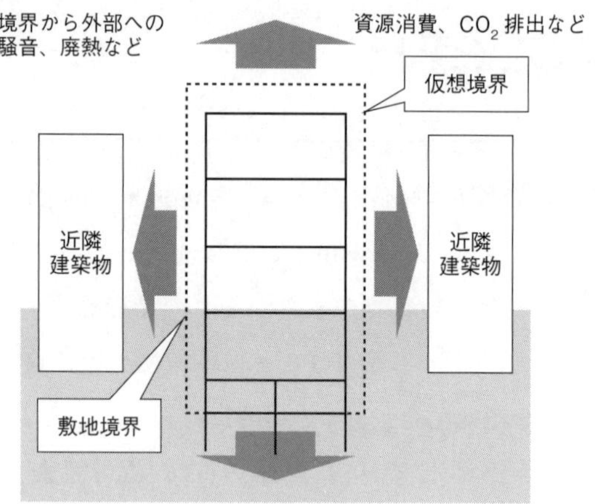

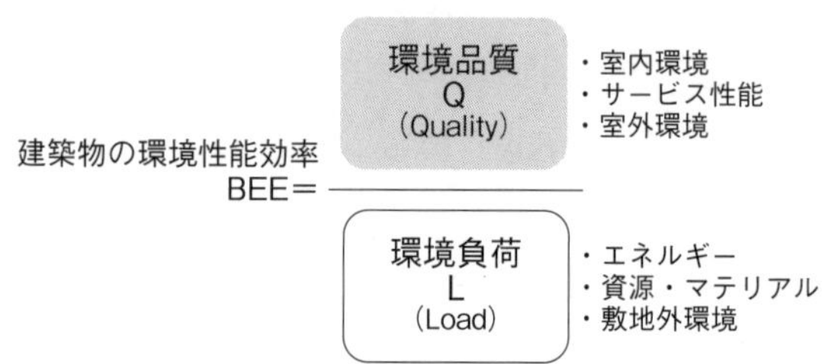

出所：国土交通省住宅局住宅生産課「住宅・建築物における省エネルギー対策」2011年5月、11頁より野村資本市場研究所作成

ンク（大変よい）」「B+ランク（よい）」「B−ランク（やや劣る）」「Cランク（劣る）」の5段階で示される。

CASBEEには、評価対象のスケールに応じて、建築系（住宅建築、一般建築）、都市・まちづくり系（まちづくり、都市）

図表2　CASBEEファミリー

出所：建築環境・省エネルギー機構「CASBEEの概要」

環　境

の評価ツールがあり、これらは「CASBEEファミリー」と呼ばれている（図表2参照）。加えて、CASBEEの建築系は、建物のライフサイクルに対応して、企画、新築、既存、改修の4つの評価ツールで構成され、デザインプロセスにおける各段階で活用される。

CASBEEは、国や地方公共団体により、環境性能の高い優れた建築物の普及促進等の観点から、各種施策のために活用されている（図表3参照）。地方公共団体によっては、届出制度としての活用が進んでいるほか、金融面での支援として、金融機関と地方公共団体が連携して、CASBEEのランクの高い住宅を購入する者に住宅ローンの金利優遇を提供するといったものもある。

一方、CASBEEは、国内の建設事業者や設計事務所、建物所有者、不動産投資機関等で広く活用されている。建築環境・省エネルギー機構によると、⑴認証取得物件数は2020年4月1日時点で984件、⑵地方公共団体への届出物件数は2019年3月31日時点で2万6,107件、となっている。これらの企業等は、CASBEEの評価結果の自主的な公表を通じたPRや物件のプロポーサル要件とする等の取組みを行っている。なお、CASBEEの認証取得もしくは地方公共団体への届出を行った物件は、そうではない物件よりも平均賃料の水準が高い傾向にあることや、CASBEEのランクが高い物件ほど賃料水準が高くなる傾向にあること等を指摘した論文もある[2]。

ちなみに、CASBEEのような建築物の評価・認証・表示を

図表3　国や地方公共団体におけるCASBEEを活用した規制・誘導方策事例

カテゴリー	方策例	CASBEEの活用概要
届出制度	新築・増改築時にCASBEEの評価結果を届出、結果を公表する制度	一定規模以上（多くの地方公共団体では延床面積2,000平方メートル以上）の建築物を新築・増改築する際に建築主が届出するとともに、評価結果は自治体がインターネットで公表
表示制度	広告等を行う際に、評価結果の表示を義務づける制度（大阪市、横浜市、京都市、大阪府、神戸市、川崎市、福岡市、札幌市、埼玉県、神奈川県、熊本県、柏市、堺市で実施）	賃貸や分譲を行う際に、CASBEEの届出結果の表示を義務化
補助制度	サステナブル建築物等先導事業（省CO_2先導型）（国土交通省住宅局）	CASBEEの評価結果を事業の要件（B+ランク以上）や採択条件（Sランク）として活用
	地域型住宅グリーン化事業（優良建築物）（国土交通省住宅局）	低炭素認定、BELS、CASBEEのいずれかの認定または評価等を要件とする

2　中山善夫、吉田淳、大西順一郎「これからの不動産市場における環境マネジメントの重要性―環境認証の経済性分析を通じて―」『ARES不動産証券化ジャーナル』第25号、不動産証券化協会（ARES）、2015年5～6月、58～63頁、伊藤雅人「不動産のサステナビリティ向上とその付加価値について」『ARES不動産証券化ジャーナル』第25号、不動産証券化協会（ARES）、2015年7～8月、41～47頁。

	住むなら北九州 定住・移住推進事業（定住・移住促進支援メニュー）（北九州市）	新築住宅の要件の一つとして、CASBEEによる評価結果を活用（B+ランク以上）
	信州健康エコ住宅助成金制度（長野県）	選択基準の一つとして、CASBEE－戸建（新築）の評価結果を活用（Sランク）
	住替え促進中古住宅取得補助制度（見附市）	CASBEE－戸建（新築）の各項目で、市の設定するレベルを満たすこと
金融支援・税制優遇	低炭素建築物認定制度（経済産業省・国土交通省・環境省）	認定基準のうち、その他の基準にCASBEEの評価結果を活用（所管行政庁が認める場合）
	民間都市再生事業計画制度（国土交通省都市局）（金融支援については、民間都市開発推進機構を通じて実施）	整備要件の一つとして、CASBEEの評価結果を活用（Aランク以上）
金融支援	耐震・環境不動産形成促進事業（環境不動産普及促進（Re-Seed）機構）	整備要件の一つとして、CASBEEの評価結果を活用（B+ランク以上）
	建築物環境性能表示と連動した住宅ローンの金利優遇制度（横浜市、名古屋市、川崎市、新潟市等で実施）	金融機関と地方公共団体が連携して、CASBEEのランクが高い住宅を購入する者に住宅ローンの金利優遇を提供

出所：建築環境・省エネルギー機構「CASBEE（建築環境総合性能評価システム）活用のおすすめ～自治体の特性に応じた環境施策支援ツールとして」2018年４月、２頁より野村資本市場研究所作成

行う制度は、エネルギー性能に特化して評価を行うものや、エネルギー性能に限らず総合的な環境性能を評価するもの等、世界各国に複数存在する（図表4参照）。

図表4　世界の主な建物の環境認証制度

評価対象			日　本	米　国	英　国	オーストラリア	シンガポール
個別の建築物	エネルギー性能		BELEs eマーク	ENERGY STAR（建築物評価は米国のみ）	EPC（欧州各国でそれぞれ独自に策定）	Green Star	—
	総合的な環境性能		CASBEE DBJ Green Building認証	LEED（全世界で使用可能）	BREEAM（全世界で使用可能）	NABERS	BCA Green Mark
		＋健康・快適性等	CASBEE－ウェルネスオフィス	WELL（全世界で使用可能）	—	—	—
不動産会社・ファンド			GRESB				

出所：環境省「評価・認証・表示制度」

［江夏あかね］

CATボンド

CATボンド（Catastrophe Bond：大災害債券）とは、地震、台風、感染症の大流行（パンデミック）等の自然災害の発生に伴う損失回避を目的に、保険会社等が発行する債券である。保険リスクを証券化する保険リンク証券（ILS）の一種である。

CATボンドは、一般に同程度の信用力の発行体が発行する通常の債券（社債等）に比して高い利率が支払われるかわりに、地震、台風、洪水、パンデミック等の自然災害が発生した場合、投資家の償還原資が減少する仕組みとなっている（図表1参照）。すなわち、発行体は、通常の債券よりも支払金利は高くなるものの、あらかじめ定めた条件に応じた金利を受け取ることができる。保険リスクの移転という意味では、再保険に

図表1　CATボンドの仕組み

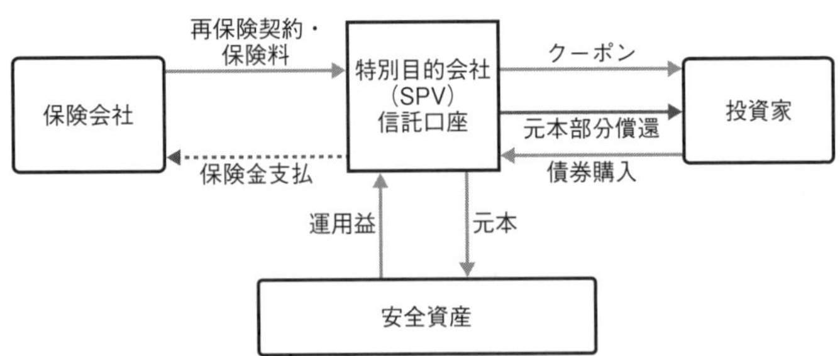

出所：Russell Investments「ニッチな投資商品の発掘」より野村資本市場研究所作成

類似した機能を果たすが、金融市場を介して投資家に広くリスクが移転される点が特徴である。また、保険会社や再保険会社が抱えるリスクが年々増大し、大型ハリケーン等の自然災害の甚大化により再保険料率が高騰するなど、再保険市場で世界の保険リスクを吸収することが困難になりつつあるなか、CATボンドは再保険市場を代替・補完する役割を担っている。

CATボンドは、ドイツのハノーバー再保険会社が世界初の起債を1994年に行って以降、発行額は順調に増加している（図表2参照）。発行体としては、保険会社・再保険会社が中心で、事業会社、政府や国際機関等の公的機関も取り組んでいるが、通常は特別目的ビークル（SPV）を通じて発行される。投資家層としては、保険専門ファンドや機関投資家が中心となってい

図表2　CATボンドおよび保険リンク証券の発行額推移

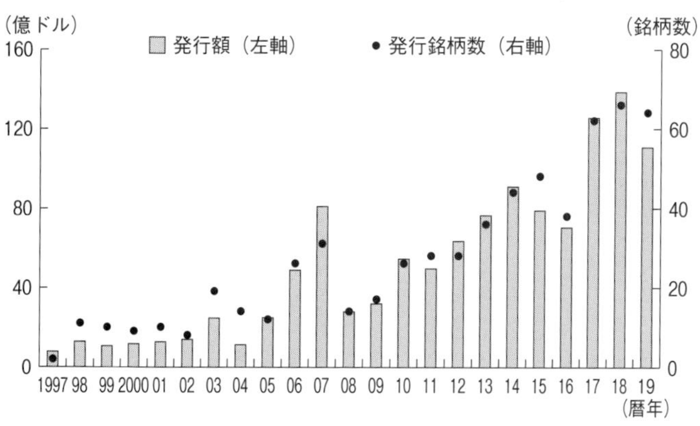

出所：Artemis, *Catastrophe Bonds and ILS Cumulative Issuance by Year* より野村資本市場研究所作成

るが、先進国で低金利化が進むなかで魅力的な金利水準であることや、株式や債券等の伝統的な金融資産の値動きと相関性が高くないといった特徴等を背景に、投資家層が拡大する傾向にある。

CATボンドの事例としては、オリエンタルランドが1999年に首都圏の地震リスクに対応すべく発行したものや、世界銀行（国際復興開発銀行〔IBRD〕）が2017年に感染症のリスクに直面する途上国に資金を即座に提供することを目的として発行した「パンデミック債」等が知られている。ただし、これらの事例では、イベント・トリガーの設定内容によっては、想定外の災害発生により機動的にトリガーが起動せず、発行体に保険効果をもたらさない可能性もあることが示唆されている。また、2019年末頃に流行が始まった新型コロナウイルス感染症は、世界経済社会に甚大な影響を及ぼし、伝統的な金融資産のパフォーマンス悪化とともに、感染症を対象とした世界銀行のCATボンドの価格下落も招き、相関性が高まる状況が観察された。

［江夏あかね］

CBI

気候債券イニシアティブ（Climate Bonds Initiative、CBI）は、英国の非政府組織（NGO）であり、低炭素・気候変動への耐久性のある経済への移行に向けた大規模な投資を促進すべく、2010年に設立された。同イニシアティブは、⑴市場インテリジェンス（グリーンボンド市場の発展に関するレポートの公表等）、⑵信頼できる基準の開発、⑶政策モデルとアドバイスの提供、といった機能を担っている[1]。

このうち、基準に関しては、投資家、政府等が低炭素・気候変動対応経済に真に寄与する分野への投資を優先することを可能とすべく、金融市場のインフラとして認証を実施している[2]。CBIの認証の前提となるのは、気候ボンド基準（Climate Bonds Standard、CBS）であり、認証を取得した債券（認証気候債）として認められるためには、CBSの規定を満たすことが求められる（図表1参照）。

同基準の主な特徴として、5点をあげることができる。1点目は、金融市場で広く浸透している国際資本市場協会（ICMA）

---

1 Climate Bonds Initiative, *About Us.*

2 CBIの認証については、江夏あかね「低炭素交通関連のグリーンボンド等の現状と注目点—気候債券イニシアチブ（CBI）の認証気候債に焦点を当てて—」『野村資本市場クォータリー』2019年春号、野村資本市場研究所、1～14頁を参考に記している。

図表1　気候ボンド基準（CBS）第3版の概要

項　目	概　要	
	項目	詳細
構成	発行前の要件	1．資金使途 2．プロジェクトおよび資産の選定と評価プロセス 3．調達資金の管理 4．発行前のレポーティング
	発行後の要件	5．資金使途 6．プロジェクトおよび資産の選定と評価プロセス 7．調達資金の管理 8．レポーティング
	適格プロジェクトおよび資産	9．気候債券タクソノミー 10. セクターの適格クライテリア
	CBSに基づく認証	11. 認証プロセスの概要 12. 発行前の認証 13. 発行後の認証 14. 認証のメンテナンス
資金使途の分類（気候債券タクソノミーに基づく）	・エネルギー ・運輸 ・水 ・建物	・土地利用および海洋資源 ・産業 ・廃棄物 ・情報通信技術（ICT）
認証対象	・標準債 ・レベニュー債 ・プロジェクト債 ・証券化債 ・転換社債 ・スクーク ・債務証書（Schuldschein）	・ローンファシリティ ➢バイラテラルローン ➢シンジケート／クラブ・ローン ➢リボルビング・クレジット・ファシリティ、エクスポート・クレジット・ファシリティ ・コマーシャルペーパー ・グリーンボンドファンドが発行した債券関連商品 ・カバードボンド（ファンドブリーフ） ・グリーンデポジット

出所：Climate Bonds Initiative, *Climate Bonds Standard Version 3*, December 2019；Climate Bonds Initiative, *Climate Bonds Taxonomy*, January 2020より野村資本市場研究所作成

のグリーンボンド原則（GBP）に完全に適合していることに加えて、細部にわたって規定が示され、全般的により厳格な内容になっていることである[3]。GBPは、４つの核となる要素（調達資金の使途、プロジェクトの評価と選定のプロセス、調達資金の管理、レポーティング）を中心に構成されているが、CBSでは、発行前と発行後の要件に大別し、資金使途、プロジェクトおよび資産の選定と評価プロセス、調達資金の管理、レポーティングに関する必須要件が詳細に明示されている。

加えて、資金使途について、GBPでは、同原則上に10の事業が示されているが、CBSでは、別途気候債券タクソノミー（Climate Bonds Taxonomy）を参照することとされている[4]。タクソノミーは、一般的に分類枠組みなどと訳されるものであるが、気候債券タクソノミーでは、運輸をはじめとした８つの大分類が掲げられたうえで、詳細が示されている。

２点目は、CBIから認証を取得する際に、外部評価が求められることがあげられる。発行体が認証気候債の発行を希望する場合、発行準備の際に、CBIが認定した外部評価（検証）者と検証契約をあらかじめ締結し、外部評価者が当該債券についてCBSに適合していることを検証し、その結果を同イニシアティブに提出することが求められる[5]。CBIでは、気候ボンド基準委員会が提出された情報をもとに認証をするか否かを決定し、

3　Climate Bonds Initiative, *Climate Bonds Standard Version 3*, December 2019, p.3.

4　Climate Bonds Initiative, *Climate Bonds Taxonomy*, January 2020.

発行体に通知する。発行体は、認証を受けた場合、認証気候債のマークを起債の際に使用することが認められるという流れになっている（図表２参照）。

３点目は、CBSにはセクター共通の基準に加え、セクターによっては適格資産等の要件を示した基準が存在することがあげられる。セクターごとの基準としては2020年11月27日現在、農業、保護された農業、バイオエネルギー、建物、林業、地熱エネルギー、土地の保全と復元、低炭素運輸、海洋再生可能エネルギー、太陽エネルギー、船舶、風力エネルギー、廃棄物管理、水インフラが存在する[6]。

４点目は、CBSで認証対象とする負債性資本調達手段として、GBPにも含まれている債券（標準債、レベニュー債、プロジェクト債、証券化債）のみならず、転換社債、ローンファシリティ等も含まれていることがあげられる（図表１参照）。

５点目は、認証の種類として、ベーシック認証とプログラム認証の２つがあることである。ベーシック認証は、基本的には１つの債券銘柄に対して取得するものである。プログラム認証は、発行体が規模の大きな資産プールを対象として複数の認証気候債を発行する際に用いられるもので、資産プールのすべてについて最初の債券を発行する際には通常の認証のプロセスを

5　CBIが認定した外部評価（検証）者は2020年11月27日現在、46社となっている（Climate Bonds Initiative, *Approved Verifiers under the Climate Bonds Standard*）。

6　Climate Bonds Initiative, *Climate Bonds Standard and Certification Scheme*.

図表2　気候ボンド基準（CBS）第3版に基づく認証取得のプロセス

ステップ	項　目	詳　細
1	発行体による起債準備開始	・セクター基準に基づき、対象資産を特定し、補足情報を収集 ・グリーンボンド・フレームワークを策定し、調達資金の使途を提示
2	外部評価者と契約を締結	・気候債券イニシアティブ（CBI）が認定した外部評価（検証）者と発行前後の認証に係る契約を締結 ・外部評価（検証）者に必要な情報を提供 ・外部評価（検証）者から、気候ボンド基準（CBS）の必須要件を満たしている旨を示したレポートを受領
3	認証取得および認証気候債の発行	・外部評価（検証）者のレポートおよび情報フォームをCBIに提出 ・発行前の認証に関する決定を受領 ・（認証された場合）、認証気候債のマークを使用して、債券を発行
4	発行後の認証を確認	・発行から24カ月以内に、外部評価（検証）者に、発行後レポートを提出 ・発行後の認証に関する通知を受領
5	レポートを毎年公表	・債券の償還期日まで、毎年レポートを公表 ・レポートを債券投資家およびCBIに提供 ・更新情報を開示

（注）　ベーシック認証の場合。
出所：Climate Bonds Initiative, *Basic Certification* より野村資本市場研究所訳

経るが、再度当該資産プールを対象とした債券を発行する際には、発行体はCBIに情報を提供するものの、外部評価（検証）

者の検証は発行後のみでよいという内容である。プログラム認証は、認証気候債発行のリピーターとなる発行体向けのもので、2020年10月30日時点で、28の発行体が同認証を取得している[7]。なお、認証コストについて、ベーシック認証、プログラム認証ともに、各認証気候債の元本の0.001％と示されている[8]。

［江夏あかね］

7 Climate Bonds Initiative, *Programmatic Certification.*

8 Climate Bonds Initiative, *Certification FAQs.*

CDP

CDP（旧・カーボン・ディスクロージャー・プロジェクト）は、世界の機関投資家の支持を得て企業の環境情報開示を進める、英国ロンドンに本部を置く国際的な非営利団体である[1]。2003年より、世界の主要企業の温室効果ガス（GHG）の排出量や気候変動への取組みに関する情報を質問書を用いて収集し、公表してきた。

CDPの企業向けの調査領域は2020年現在、「気候変動」「水セキュリティ」「フォレスト（森林）」の3つとなっている。CDPは、現在では各分野の質問書に回答した企業に対して、A（最高位）、A－、B、B－、C、C－、D、D－（最下位）の8段階で評価を行い、結果を公表している。

CDPの評価は、投資家にとって、企業価値を測る重要な指標の一つとなっており、署名機関投資家はアセットオーナーから運用会社まで多岐にわたっている。2019年は、運用資産総額96兆ドルを有する525の機関投資家や、調達費用総額約3.6兆ドルにのぼる125の企業・団体を代表して、調査が行われた[2]。質

1　カーボン・ディスクロージャー・プロジェクトは、活動領域を、当初の気候変動から、水や森林等の分野に拡大していくため、2013年に組織名称をカーボン・ディスクロージャー・プロジェクトの略称であった「CDP」に正式に変更し、現在に至っている。

2　CDP「CDPスコア「回答評価」」（https://www.cdp.net/ja/japan/scores、2020年3月13日閲覧）。

問書の回答企業は、世界的な環境問題への関心の高まりを背景に年々増加しており、2019年時点で世界の時価総額の50％以上を占める8,400社以上の企業がCDPを通じて環境データを開示している。

図表　CDP開示企業数の推移

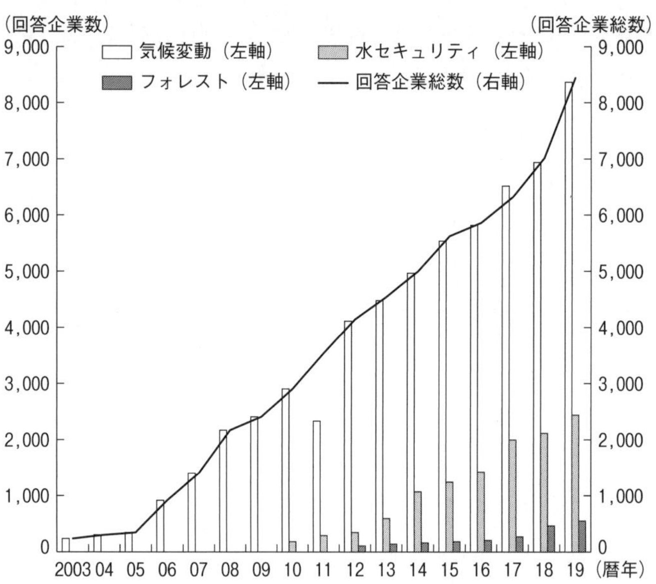

出所：CDP「CDPスコア」（https://www.cdp.net/ja/japan/scores、2020年3月13日閲覧）

［江夏あかね］

COP

COP（コップ）とは、Conference of the Parties（締約国会議）の略である。国際条約の締約国が物事を決定するための最高決定機関のことを指す。環境関連では、国際連合気候変動枠組条約締約国会議を指すことが多い。気候変動枠組条約以外にも、生物多様性に関する条約、ラムサール条約等にも、それぞれ締約国会議がある。

COPの開催頻度は、条約ごとに締約国が決定するほか、協議の場は必要に応じてCOP以外にも開催されるが、最終決定はCOPが行う。また、環境関連の会合には、産業界や環境保護団体、研究所などからのオブザーバー出席が可能となる場合が多い[1]。

気候変動枠組条約は、大気中の温室効果ガスの濃度を気候体系に危害を及ぼさない水準で安定化させることを目的としたもので、1992年5月に作成、1994年3月に発効した。締約国は2020年9月末現在、197カ国および地域的な経済統合のための機関となっている。同条約では、締約国は、⑴附属書Ⅰ国（温室効果ガス削減目標に言及のある国〔先進国および市場経済移行

1　亀山康子「COP（コップ）とは」『国環研ニュース』第21巻第1号、国立環境研究所、2002年。

国〕）、⑵非附属書Ⅰ国（温室効果ガス削減目標に言及のない途上国）、⑶附属書Ⅱ国（非附属書Ⅰ国による条約上の義務履行のため資金協力を行う義務のある国〔先進国〕）、に分別されている。

国際連合気候変動枠組条約締約国会議（COP）は、気候変動枠組条約における最高意思決定機関であり、年1回開催される（図表参照）。すべての条約締約国が参加し、条約の実施に関するレビューや各種決定を行っている。

1997年12月に開催された第3回国際連合気候変動枠組条約締約国会議（COP3）で採択された京都議定書では、2020年までの枠組みとして、枠組条約の附属書Ⅰ国（先進国）に対して、温室効果ガス排出を1990年比で2008年から5年間で一定数値削減する義務が課された一方、非附属書Ⅰ国（途上国）には削減義務は課されていない[2]。2015年12月に開催された第21回国際連合気候変動枠組条約締約国会議（COP21）で採択されたパリ協定には、同会議史上初めてすべての国が参加し、2020年以降の枠組みが2016年11月4日に発効した。

なお、COPは、Coefficient Of Performance（成績係数または動作係数）の略としても用いられる。この場合のCOPは、冷房機器等の消費電力1kW当りの冷却・加熱能力を表した値である。

2　京都議定書は、2005年2月に発効した。締約国は、192カ国および地域的な経済統合のための機関。京都議定書において、第1約束期間（2008～2012年）には、日本にマイナス6％、米国にマイナス7％、欧州連合（EU）にマイナス8％の削減義務が課された。第2約束期間（2013～2020年）には、EUにマイナス20％の削減義務が課されたが、日本は参加していない。

図表　気候変動枠組交渉の主な動き

年	詳　細
1992	気候変動枠組条約（UNFCCC）採択（1994年発効）
1997	京都議定書採択（COP3）（2005年発効、米国は未批准）
2009	「コペンハーゲン合意」（COP15）…先進国・途上国の2020年までの削減目標・行動をリスト化すること等に留意（COPとしての決定には至っていない）
2010	「カンクン合意」（COP16）…各国が提出した削減目標等が国連文書に整理されることになった
2011	「ダーバン合意」（COP17）…すべての国が参加する新たな枠組み構築に向けた作業部会（ADP）が設置された
2012	「ドーハ気候ゲートウェイ」（COP18）…京都議定書第２約束期間が設定された
2013	ワルシャワ決定（COP19）…2020年以降の削減目標（自国が決定する貢献案、International Nationally Determined Contributions）の提出時期等が決定
2014	「気候行動のためのリマ声明（Lima Call for Climate Action）」（COP20）…自国が決定する貢献案を提出する際に示す情報（事前情報）、新たな枠組みの交渉テキストの要素案等が決定
2015	パリ協定（Paris Agreement）採択（COP21）（2016年発効）…2020年以降の枠組みとして、史上初めてすべての国が参加する制度の構築に合意
2018	パリ協定実施指針（Paris Agreement Work Programme）採択（COP24）…2020年以降のパリ協定の本格運用に向けて、パリ協定の実施指針が採択

出所：外務省「気候変動に関する国際枠組」2020年１月29日より野村資本市場研究所作成

［江夏あかね］

GHGプロトコル

GHGプロトコルは、1998年に世界資源研究所（WRI）と持続可能な開発のための世界経済人会議（WBCSD）が設立した団体である。同団体は、国際的に認可された温室効果ガス（Greenhouse Gas、GHG）排出量の算定と報告に関する基準等を策定し、その広範な利用を促進することを通じて、GHG排出量の管理と削減を行うことを目指している。

GHGプロトコルは、企業のGHG排出量の算定範囲を3段階のスコープとして示している。具体的には、⑴スコープ1は、燃料の燃焼、工業プロセス等、事業者自らによるGHGの直接排出、⑵スコープ2は、他者から供給された電気・熱・蒸気の使用に伴う間接排出、⑶スコープ3は、その他の間接排出（バリューチェーン排出、すなわち算定事業者の活動に関する他社の排出）となっている。そして、同団体は、⑴スコープ1、2を対象とした「コーポレート基準」（2001年〔初版〕、2004年〔改訂〕）、⑵スコープ3を対象とした「スコープ3基準」（2011年）、⑶コーポレート基準に関して電気等の調達に係る環境価値主張のルールを上書きする補遺文書と位置づけられる「スコープ2ガイダンス」（2015年）、等を公表している。その他、製品のライフサイクルにおけるGHG排出量を対象とした「製品の算定基準」（2011年）等も公表されている。

世界の産業界・金融市場には近年、企業の気候変動対策に関する情報開示・評価の国際的なイニシアティブ（CDP、RE100、SBT等）が浸透しつつある。これらのイニシアティブは、比較可能性を確保すべく、GHG排出量の算定方法として、GHGプロトコルの各種基準の利用を推奨しており、国際的なデファクトスタンダードになりつつある。

その一方で、日本においてはこれまで、地球温暖化対策の推進に関する法律に基づく温室効果ガス排出量算定・報告・公表制度のもとで、企業は自らのGHG排出量の算定・報告を行ってきた。同制度に基づく報告の内容は、GHGプロトコルの基準と異なり、両者に対応している企業からGHG排出量の算定方法の違いがわかりにくいという意見もあった。このような背景のもと、経済産業省は2019年3月、日本の現行制度のもとで企業がスコープ2ガイダンスにのっとった電気の温室効果ガス排出量を算定する方法に関する解説等を盛り込んだ「国際的な気候変動イニシアティブへの対応に関するガイダンス」を公表している。

GHGプロトコルの基準等に基づくGHG排出量の算定は、企業にとって、投資家等への情報開示、企業の環境関連の経営指標の策定の一助になる。また、製品の製造や販売、それを支える開発や労務管理等、すべての活動を価値の連鎖としてとらえるバリューチェーン・マネジメントが重要視されるなか、バリューチェーン上の活動に伴う排出量の算定を通じて、企業にとって経営管理上の課題を明確化しやすくなるといった点も期待される。

［江夏あかね］

GRESB

GRESB（グレスビー、グレスブ）は、不動産会社・ファンドの環境・社会・ガバナンス（ESG）配慮を測定し、ベンチマーク評価等を実施する組織として、欧州の主要年金基金を中心に2009年に創設された組織である[1]。GRESBは約4.5兆ドルにのぼる不動産およびインフラのESGデータを有しており、投資先の選定や投資先との対話に同データを活用する投資家は100機関以上（運用資産額は22兆ドル以上）にのぼっている。日本からも、日本政策投資銀行等が参加している[2]。

GRESBの評価は、主として不動産の運用におけるESG組込み度合いを測る「GRESBリアルエステイト」から始まった（図表参照）。「GRESBリアルエステイト」は、日本のCASBEE、米国のLEED、英国のBREEAM等の個々のグリーンビルディングの認証制度と異なり、不動産会社・ファンド単位のベンチマークと位置づけられる。同評価には、⑴賃貸用不

1　創設当初は、GRESBは、グローバル不動産サステナビリティ・ベンチマーク（Global Real Estate Sustainability Benchmark）の略だったが、近年は評価対象の拡大をふまえて、GRESBと略語で総称されるようになった（グリーンビルディングジャパン「GRESBとは」）。

2　GRESB, *GRESB is the ESG Benchmark for Real Assets*；CSRデザイン環境投資顧問「GRESB 2019年評価結果―日本からの参加状況―」2019年9月10日。

動産の運用を焦点とした「リアルエステイト評価」、(2)新規開発・大規模改修を主業とした参加者を対象とした「ディベロッパー評価」、がある。「GRESB リアルエステイト」の評価においては、総合スコアのグローバル順位によって5段階の格付（GRESB Rating）が与えられ、上位20％が「5スター」、次の20％が「4スター」等と呼ばれる[3]。そして、「実行と計測」と「マネジメントと方針」の2軸のスコアによってプロットされ、その両軸とも50％以上の好評価となった参加者には「グリーンスター」の称号が付与される。

図表　GRESB 評価の枠組み

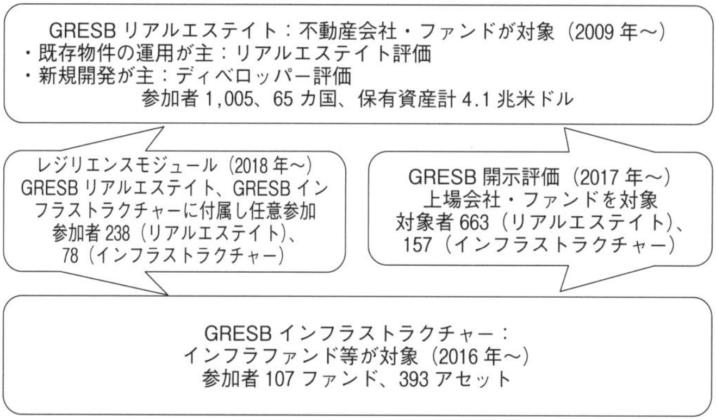

GRESB リアルエステイト：不動産会社・ファンドが対象（2009 年〜）
・既存物件の運用が主：リアルエステイト評価
・新規開発が主：ディベロッパー評価
参加者 1,005、65 カ国、保有資産計 4.1 兆米ドル

レジリエンスモジュール（2018 年〜）
GRESB リアルエステイト、GRESB インフラストラクチャーに付属し任意参加
参加者 238（リアルエステイト）、78（インフラストラクチャー）

GRESB 開示評価（2017 年〜）
上場会社・ファンドを対象
対象者 663（リアルエステイト）、157（インフラストラクチャー）

GRESB インフラストラクチャー：
インフラファンド等が対象（2016 年〜）
参加者 107 ファンド、393 アセット

（注）　参加者数はすべてグローバルの2019年の数値。
出所：CSR デザイン環境投資顧問「GRESB とは」より野村資本市場研究所作成

3　グリーンビルディングジャパン「GRESB とは」。

GRESBは2016年に「GRESBインフラストラクチャー」を創設した。同評価は、(1)インフラファンドを対象とした「ファンド評価」、(2)ファンドの投資先となるインフラ企業を対象とする「アセット評価」、の2種類から構成されている。さらに、GRESBは、ESGに関する開示情報を評価する「GRESB開示評価」を2017年から開始しており、「GRESBリアルエステイト」および「GRESBインフラストラクチャー」を対象としている。また、2018年からは付属評価として、「レジリエンスモジュール」も始まっている。

これらのGRESBの評価は、投資家メンバー向けに毎年9月に結果が開示され、レポーティングやESGパフォーマンスのモニタリングツールとして活用されている。不動産投資信託(REIT) 等の投資家の間でも評価基準としてESGを重視する傾向が高まっていることもあり、GRESBの評価にも近年、注目が集まっている。

[江夏あかね]

IPCC

気候変動に関する政府間パネル（Intergovernmental Panel on Climate Change、IPCC）は、人為起源による気候変化、影響、適応および緩和方策に関し、科学的、技術的、社会経済的な見地から包括的な評価を行うことを目的として、1988年に世界気象機関（WMO）[1]と国連環境計画（UNEP）により設立された組織である。IPCCには2020年9月末現在195カ国・地域が参加しており、参加国等のコンセンサスに基づき意思決定を行う政府間組織と位置づけられている。事務局は、スイスのジュネーブにある。

IPCCは、最高決議機関である総会、3つの「作業部会（WG）」および「インベントリー・タスクフォース」（TFI）から構成されている（図表1参照）。各活動は、世界の第一線の科学者の協力を得て進められるほか、各WGおよびTFIのそれぞれに活動を支援する「技術支援ユニット」（TSU）が設置されている。

1　世界気象機関（World Meteorological Organization、WMO）は、1951年に国連の専門機関となり、世界の気象業務の調和と統一のとれた推進に必要な企画・調整活動にあたっている。同機関には2020年3月現在、187カ国・6領域が加盟している。日本は1953年に加盟している（気象庁「世界気象機関について」）。

図表1　IPCCの組織

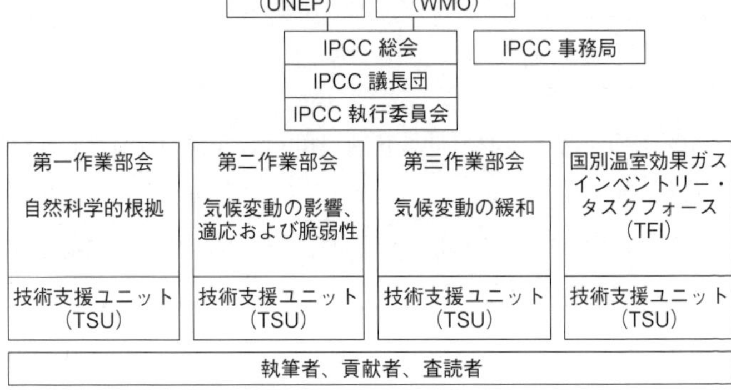

出所：Intergovernmental Panel on Climate Change, *Structure of the IPCC* より野村資本市場研究所作成

IPCCは設立以来、5～7年ごとに評価報告書および不定期に特別報告書、技術報告書、方法論報告書を作成・公表してきた。報告書は、数千人の研究者が参加し、作成される。評価報告書は2020年6月現在、合計5回公表された。第6次評価報告書は2021～2022年に公表される予定となっている[2]（図表2参照）。一方、特別報告書としては、2018年10月に公表された「1.5℃特別報告書」等が知られている[3]。

2　環境省「IPCC「1.5℃特別報告書」の概要」2019年7月、6頁。

3　「1.5℃特別報告書」では、地球温暖化を2℃、またはそれ以上ではなく1.5℃に抑制することには、明らかな便益があるほか、持続可能な開発の達成や貧困の撲滅等、気候変動以外の世界的な目標とともに達成しうること等が記された（環境省「IPCC「1.5℃特別報告書」の概要」2019年7月、4頁）。

IPCCの報告書は、参加国等のコンセンサスを得て承認・採択されるため、各国等が承認・採択した最新の知見として、国際連合気候変動枠組条約（UNFCCC）等の国際交渉や国内政策のための基礎情報として世界の政策決定者によって引用されている[4]。

図表2　これまでのIPCC評価報告書

報告書	公表年	人間活動が及ぼす温暖化への影響についての評価
第1次報告書 First Assessment Report 1990(FAR)	1990	「気温上昇を生じさせるだろう」人為起源の温室効果ガスは気候変化を生じさせるおそれがある
第2次報告書 Second Assessment Report: Climate Change 1995(SAR)	1995	「影響が全地球の気候に表れている」識別可能な人為的影響が全地球の気候に表れている
第3次報告書 Third Assessment Report: Climate Change 2001(TAR)	2001	「可能性が高い」(66%以上) 過去50年に観測された温暖化の大部分は、温室効果ガスの濃度の増加によるものだった可能性が高い
第4次報告書 Forth Assessment Report: Climate Change 2007(AR4)	2007	「可能性が非常に高い」(90%以上) 温暖化には疑う余地がない。20世紀半ば以降の温暖化のほとんどは、人為起源の温室効果ガス濃度の増加による可能性が非常に高い
第5次報告書 Fifth Assessment Report（AR5）	2013〜2014	「可能性がきわめて高い」(95%以上) 温暖化には疑う余地がない。20世紀半ば以降の温暖化の主な要因は、人間の影響の可能性がきわめて高い

出所：環境省「IPCC「1.5℃特別報告書」の概要」2019年7月、6頁

なお、IPCCは、2007年にアル・ゴア元米副大統領とともに、ノーベル平和賞を受賞している。

[江夏あかね]

4　環境省「気候変動の科学的知見」。

LEED

LEED（Leadership in Energy & Environmental Design、リード）とは、米国グリーンビルディング協会（U.S. Green Building Council、USGBC）が開発・運用している建物と敷地利用に関する環境性能評価システムである。米国で建築物の環境負荷低減が課題となるなか、USGBCが1993年に設立され、1998年にはLEED認証が始まった[1]。

LEED認証は、評価対象の建物の用途に応じて認証システムが分別されており、認証取得にあたっては、最適な評価システムを選択して申請することになる（図表1参照）。各評価システムについては、クレジットと呼ばれる評価項目が示されている（図表2参照）。クレジットの評価基準を満たすことで得られるポイントによって4段階の認証レベルが設けられている（図表3参照）。

160カ国・地域にわたって7万9,000以上のプロジェクト（延床面積約18.5億平方メートル以上）がUSGBCに登録申請されており、世界各国で毎日約500万人がLEED認証の建物を利用し

1　米国において、建物は、二酸化炭素排出量全体の約38％、飲料水全体の約13.6％、電力消費の約73％を占めている（U.S. Green Building Council, *This is LEED*）。

図表1　LEED認証の種類

種　類	詳　細
LEED Building Design and Construction （LEED新築、BD+C）	新築または大規模改修を行う建物全体について評価。BD+Cのなかでもさらに、建物の用途・特性にあわせ、最適なシステムを選択 ・LEED New Construction（新築版）：新築または大規模改修を伴う工事の設計および施工を評価 ・LEED Core & Shell（コア&シェル版）：ビルオーナーがテナントビルを新築するにあたり、LEED認証の取得を目指す場合に選択する評価システム
LEED Interior Design and Construction （内装の設計および施工、ID+C）	建物の内装の設計および施工の工程を評価。テナント利用事業者がテナントスペースについてLEED認証の取得を目指す場合に選択する評価システム
LEED Building Operation and Maintenance （建物の運用と管理、O+M）	既存建物の管理・運用改善および小規模改築を評価
LEED Neighborhood Development （エリア開発、ND）	複合的なエリア開発の計画段階から設計・施工までを評価
LEED Homes（住宅）	戸建てと3階建て以下の集合住宅の設計および施工の工程を評価
LEED Cities and Communitiees （都市とコミュニティ）	都市全体および都市のサブセクションを評価
LEED Recertification（再認証）	使用中すべてのプロジェクトで、LEEDの認証を以前に取得したもの（BD+CおよびID+Cを含む）に適用
LEED Zero（ゼロ）	BD+CまたはO+M格付システムで認定されたすべてのLEEDプロジェクト、またはLEED O+M認

	証を取得するために登録されたすべてのLEEDプロジェクトで利用可能。LEEDゼロは、炭素もしくは資源に関してネットゼロの目標を掲げているプロジェクトが対象

出所：U.S. Green Building Council, *LEED Rating System*、ヴォンエルフ「3. LEED認証の種類」より野村資本市場研究所作成

図表2　主なLEED認証の評価項目

LEED BD＋C／ID＋C	LEED O＋M	LEED ND
・統合プロセス ・水の効率的利用 ・エネルギーと大気 ・材料と資源 ・室内環境 ・革新性 ・地域における重要項目	・立地と交通手段 ・持続可能な敷地 ・水の効率的利用 ・エネルギーと大気 ・材料と資源 ・室内環境 ・革新性 ・地域における重要項目	・スマートな立地選択と周辺のつながり ・近隣街区のパターンとデザイン ・グリーンなインフラと建物 ・革新性 ・地域における重要項目

出所：ヴォンエルフ「4. LEED認証を取得するには」より野村資本市場研究所作成

ているとされている[2]。LEED認証を取得するメリットとしては、⑴競合他社との差別化、⑵魅力的なテナント、⑶高い費用対効果、⑷賃料の引上げ、⑸従業員や被雇用者の幸福度向上、⑹エネルギーやリソースの節約、運用コストの低減、⑺社会貢

2　U.S. Green Building Council, *This is LEED.*

図表3　LEED認証の評価レベル

種　類	ポイント数
LEED Certified（標準認証）	40～49ポイント
LEED Silver（シルバー）	50～59ポイント
LEED Gold（ゴールド）	60～79ポイント
LEED Platinum（プラチナ）	80ポイント以上

（注）すべての評価システムにおいて、獲得可能ポイントの合計は110ポイント。
出所：U.S. Green Building Council, *LEED Rating System*; ヴォンエルフ「8. 評価レベル」より野村資本市場研究所作成

献活動の推進、(8)健康の最適化といったものがあげられる。

21世紀に入って、持続可能な開発目標（SDGs）や環境・社会・ガバナンス（ESG）投資の概念が金融市場にも広まり、LEEDをはじめとした建築物の評価・認証・表示を行う制度への注目も高まっている。

［江夏あかね］

NGFS

気候変動リスクに係る金融当局ネットワーク（Network for Greening the Financial System、NGFS）は、気候変動リスクへの金融監督上の対応を検討するために、2017年12月の気候変動サミット（One Planet Summit）の際に設立された、中央銀行、金融監督当局のネットワークである。設立目的は、パリ協定の目標達成に向けた世界的な対応の強化、環境面でサステナブルな開発という幅広い文脈において、リスク管理およびグリーン・低炭素関連投資に資本を動員するために金融システムの機能を強化することである[1]。同ネットワークでは、ベストプラクティスの定義・推進に加え、グリーンファイナンスに関する分析作業を実施または委託することとされている。

NGFSは当初、８カ国の中央銀行、金融監督当局（英国、ドイツ、フランス、オランダ、スウェーデン、中国、シンガポール、メキシコ）で発足したが、2020年10月30日時点で75のメンバー（各国の中央銀行、金融監督当局）と13のオブザーバー（世界銀行グループ、国際決済銀行、欧州復興開発銀行等）で構成されている[2]。日本からは、金融庁が2018年６月、日本銀行が2019年11

1 Network for Greening the Financial System, *Origin and Purpose*.
2 Network for Greening the Financial System, *Membership*.

月に参加している[3]。

NGFSは2018年5月、活動ミッションを公表している[4]。具体的には、(1)環境リスクをミクロプルーデンス[5]監督に統合するために現行の監督実務を整理するとともに、金融機関による環境および気候関連情報開示をレビューし、グリーン資産とブラウン資産の間に金融面のリスクの差がどの程度存在するか検討、(2)マクロプルーデンス[6]関連で、気候変動がもたらす物理的リスクや移行リスクによる金融システミックリスクの評価、(3)中央銀行や金融監督当局の業務活動に環境・社会・ガバナンス（ESG）基準を取り込むための実務等を検証し、グリーンファイナンス拡大のための中央銀行や金融監督当局の役割の検討、で構成されている。

NGFSは2018年10月、発足以来初となる進捗レポートを公表した[7]。同レポートでは、気候変動リスクが金融面のリスクの源泉であることを認識しており、当局や金融機関が新たな分

3　金融庁「NGFS（気候変動リスクに係る金融当局ネットワーク）への参加について」2018年6月6日、日本銀行「NGFSへの参加について」2019年11月28日。

4　Banque de France, *Publication of the Mandates of the NGFS Technical Workstreams and Expansion of the NGFS Membership*, 29 May 2018.

5　ミクロプルーデンスとは、考査やオフサイト・モニタリングといった活動を通じて、個々の金融機関の健全性を確保すること。

6　マクロプルーデンスとは、金融システム全体のリスクの状況を分析・評価し、それに基づいて制度設計・政策対応を図ることを通じて、金融システム全体の安定を確保すること。

7　Network for Greening the Financial System, *NGFS First Progress Report*, October 2018.

析・監督手法を開発する必要があるものの、ツールや方法論はいまだ初期段階であり、多くの分析上の課題があると指摘した。そのうえで、2019年4月までに公表予定の統合レポートでこれらの課題への対応に向けた提言を行う旨を明らかにした。

そして、2019年4月には、統合レポートを公表した[8]。同レポートには、中央銀行および監督当局に対する提言として、(1)気候関連リスクを金融安定性モニタリングおよびミクロ的監督に統合、(2)金融監督当局、中央銀行におけるポートフォリオ管理にサステナビリティの要素を統合、(3)気候リスク評価に関するデータギャップを補完、(4)意識と知的能力を構築し、技術的支援や知見の共有を奨励、があげられている。そして、中央銀行および監督当局による作業を推進すべく、政策立案者に対して、(5)強固で国際的に一貫した気候および環境関連の情報開示を達成、(6)タクソノミーの開発支援、が示された。

一方、NGFSは2019年10月、中央銀行のポートフォリオ管理向けのサステナブル責任投資（SRI）ガイドを公表した[9]。同レポートでは、SRIの目的と範囲を提示したうえで、戦略、モニタリング、レポーティングといった項目について説明を行っている。加えて、SRIの導入事例として、ノルウェー中央銀行を

8　Network for Greening the Financial System, *A Call for Action: Climate Change as a Source of Financial Risk*, April 2019.

9　Network for Greening the Financial System, *A Sustainable and Responsible Investment Guide for Central Banks' Portfolio Management*, October 2019.

はじめとした７つの中央銀行の事例を取り上げている。

その後、NGFSは2020年５月、「監督当局者向け手引書：気候関連および環境リスクの健全性監督への組込み」および「グリーン、非グリーンおよびブラウン金融資産と潜在的なリスク差異に係る金融機関の経験の現状」（現状報告書）を公表した[10]。手引書では、監督当局の先進的な取組みを収集し、NGFSメンバー等がとるべき行動方針について５つの提言が示されている。具体的には、⑴気候および環境関連リスクが域内の経済および金融セクターにどのように波及するか、そのリスクが監督下の組織にとってどれだけ重大になる可能性があるか特定、⑵明確な戦略の策定、内部組織の確立等を通じて、気候および環境リスクに対処するための十分なリソースを割当て、⑶気候および環境関連リスクに対して脆弱な監督下の組織のエクスポージャーの特定およびリスクが顕在化した場合の潜在的損失を評価、⑷金融機関の透明性を確保するための監督当局の期待値を設定、⑸金融機関による気候および環境関連リスクの適切な管理を確保し、必要に応じてリスク軽減措置を実施、が示されている。

さらに、NGFSは2020年６月、シナリオ分析および金融政策

---

10 Network for Greening the Financial System, *Guide for Supervisors: Integrating Climate-Related and Environmental Risks into Prudential Supervision,* May 2020；Network for Greening the Financial System, *A Status Report on Financial Institutions' Experiences from Working with Green, Non Green and Brown Financial Assets and Potential Risk Differential,* May 2020.

への影響等に関する4つの文書（「中央銀行および監督当局向けNGFS気候シナリオ」「中央銀行および監督当局向け気候シナリオ分析の手引書」「気候変動と金融政策：初期段階の整理」および「気候変動のマクロ経済および金融安定への影響：優先すべき調査事項」）を公表した[11]。このうち、気候シナリオ分析の手引書では、シナリオ分析を用いて経済・金融システムに対する気候リスクを評価するための実践的な助言が提供されており、4段階のプロセス（目標とエクスポージャーの特定、気候シナリオの選択、経済・財政への影響に関する評価、結果の伝達と活用）等が説明されている。

そして、NGFSは2020年9月、金融業界における環境リスク分析を推進すべく、「金融機関による環境リスク分析の概要」と「環境リスク分析手法に係るケーススタディ」と題した文書を公表した[12]。前者のレポートでは、金融における環境リスク分析を主流化するうえで、金融当局に求められる点として、(1)環境リスク分析に対する認知拡大、(2)金融業界向けのキャパシ

11 Network for Greening the Financial System, *NGFS Climate Scenarios for Central Banks and Supervisors,* June 2020；Network for Greening the Financial System, *Guide to Climate Scenario Analysis for Central Banks and Supervisors,* June 2020；Network for Greening the Financial System, *Climate Change and Monetary policy：Initial Takeaways,* June 2020；Network for Greening the Financial System, *The Macroeconomic and Financial Stability Impacts of Climate Change: Research Priorities,* June 2020.

12 Network for Greening the Financial System, *Overview of Environmental Risk Analysis by Financial Institutions,* September 2020；Network for Greening the Financial System, *Case Studies of Environmental Risk Analysis Methodologies,* September 2020.

ティ・ビルディング、(3)自主的に先行実施している金融機関への支援、(4)金融機関に対するリスク・エクスポージャーおよび環境リスク分析結果の開示の推奨、(5)主要リスク指標（KRI）と統計の策定、(6)経済活動に関するタクソノミーの策定、があげられた。

このように、NGFSでは中央銀行および監督当局向けにさまざまな検討、提言等が公表されているが、直ちに日本の金融システムに反映されるわけではないと解釈される。しかしながら、気候変動への対応が世界経済および金融市場共通の喫緊の課題であり、気候関連財務情報開示タスクフォース（TCFD）のような動きもあるうえ、NGFSに金融庁や日本銀行も参加していることから、日本の金融機関にとっても、NGFSにおける議論の行方を把握することが、経営上ますます重要になると想定される[13]。

［江夏あかね］

13　ちなみに、イングランド銀行総裁・金融安定理事会（FSB）議長（当時）のマーク・カーニー氏が2015年９月29日に行った講演では、気候変動が金融の安定性に影響を及ぼす可能性のある経路として、(1)物理的リスク（財産に損害を与えたり、取引を混乱させたりする洪水や嵐のような気候や天候に関連する事象から生じる、保険負債や金融資産の現在価値への影響）、(2)責任リスク（気候変動の影響で損失や損害を被った当事者が、責任を負う者に補償を求める場合に、将来生じる可能性のある影響）、(3)移行リスク（低炭素経済への適応プロセスから生じる財務リスク）をあげ、適切な金融規制・監督や企業等開示の重要性等に言及している（Bank of England, *Breaking the Tragedy of the Horizon-Climate Change and Financial Stability-Speech by Mark Carney*, 29 September 2015）。

RE100

RE100（Renewable Energy 100%：再生エネルギー100%）は、世界で影響力のある企業が、事業で使用する電力において、化石燃料（石油、石炭）や原子力発電を用いず、再生可能エネルギー（水力や太陽光発電など）を100%使用することにコミットする協働イニシアティブである。

RE100は国際環境NGOのThe Climate Groupが2014年から始めたもので、現在はCDP[1]と連携して運営されている。参加企業の業種は、フォーチュン・グローバル500企業を含めて多岐にわたっており、その売上合計は4兆5,000億米ドルを超える。2020年7月現在の加盟社数は世界全体で242社、日本企業では35社が参加している。

参加企業は、将来的に事業の運営を100%再生可能エネルギーで行うことを宣言する必要があり、多くの企業は100%を達成する期限の年もあわせて宣言している。「再生可能エネルギー」は、水力、太陽光、風力、地熱、バイオマスを指し、原子力発電は含まない。企業単位で100%達成が要求され、世界

1　旧名はカーボン・ディスクロージャー・プロジェクト（Carbon Disclosure Project）。英国の慈善団体が管理するNGOであり、投資家、企業、国家、地域、都市が自らの環境影響を管理するためのグローバルな情報開示システムを運営し、グローバルな環境課題に関するエンゲージメント（働きかけ）の改善に努めている。

各地に事業所等がある企業は、そのすべてにおいて100％を達成することが求められる。

再生可能エネルギー100％達成に向けてのオプションとしては以下がある。

⑴　自社で再生可能エネルギー電力発電を行う。

⑵　市場で発電事業者または仲介供給者から再生可能エネルギー電力を購入する。

また、RE100の加盟企業は、毎年「CDP気候変動」の質問票のフォーマットで報告書を作成し、進捗状況のRE100事務局への提出が求められる。なお、報告書に記載する再生可能エネルギー電力発電や消費の情報は、第三者の監査を受ける必要がある。報告された情報は、RE100のホームページや年次報告書のなかで公開される。

RE100は加盟企業が再生可能エネルギー100％の目標達成に向けて行動するだけではなく、加盟企業に影響力のある企業が参加することで、政策立案者や投資家に対して再生可能エネルギーへの移行を推進することも意図している。

［西山賢吾］

SBT

SBT（Science Based Targets）は、パリ協定（世界の気温上昇を産業革命前より２℃を十分に下回る水準〔Well Below ２℃〕に抑え、また1.5℃に抑えることを目指すもの）が求める水準と整合した、５～15年先を目標年として企業が設定する、温室効果ガス排出削減目標のことである[1]（図表１参照）。CDP、国連グローバル・コンパクト（UNGC）、世界資源研究所（WRI）[2]、世界自然保護基金（WWF）[3]が2014年９月に設立したイニシアティブ（SBTイニシアティブ）によって提唱された。同イニシアティブは、SBTの定義について、「企業による温室効果ガス（GHG）の削減目標が、気候変動に関する政府間パネル（IPCC）の第５次評価報告書（AR5）に記述されているように、地球の気温上昇を産業革命前の気温と比べて、２℃未満にするために

1　環境省・みずほ情報総研「SBT（Science Based Targets）について」2020年６月23日、４頁。

2　世界資源研究所（World Resources Institute、WRI）は、気候、エネルギー、食料、森林、水等の自然資源の持続可能性について調査・研究を行う国際的なシンクタンクとして1982年に設立された。GHGプロトコルの共催団体の一つとして、国際的なGHG排出量算定基準の策定等にも取り組んでいる。

3　世界自然保護基金（World Wide Fund for Nature、WWF）は、生物多様性の保全、再生可能な資源利用、環境汚染と浪費的な消費の削減を使命として、世界約100カ国以上で活動する環境保護団体である。同基金は1961年に設立されたが、日本には1971年に世界自然保護基金日本委員会（WWFジャパン）が設立されている。

図表1　SBTのイメージ

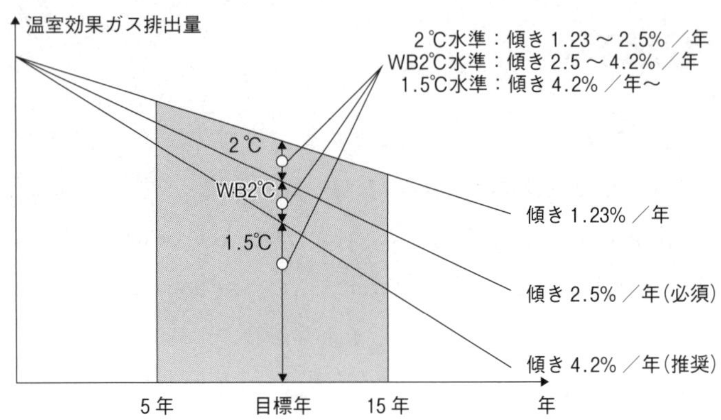

出所：環境省・みずほ情報総研「SBT（Science Based Targets）について」2020年6月23日、5頁

必要な脱炭素化のレベルと一致している場合に、それらの目標は「科学と整合した」ものとみなされる」と記している[4]。

SBTの具体的な申請プロセスは、(1)SBTの設定にコミットメントを表明していることを示すものとしてコミットメントレターを事務局に提出（任意）、(2)コミットメントレター提出後24カ月以内に目標を設定し、SBT認定を申請、(3)SBT事務局による目標の妥当性確認・回答、(4)認定された場合は、SBT等のウェブサイトにて公表、という流れになる。そして、排出量と対策の進捗状況を、年1回報告し、開示するとともに、定期的に目標の妥当性を確認することが求められる。なお、SBT

4　SBTイニシアティブ「Science Based Targets：The Call to Action―科学と整合した目標設定：アクションへの呼びかけ―」2頁。

図表2　SBTの主な要件

項　目	詳　細
目標年	公式提出時から5年以上先、15年以内の目標
基準年	最新のデータが得られる年で設定することを推奨
対象範囲	サプライチェーン排出量（Scope 1 + 2 + 3）。ただしScope 3がScope 1～3の合計の40％を超えない場合には、Scope 3の目標設定の必要はなし
目標レベル	以下の水準を超える削減目標を設定すること Well Below　2℃（必須）＝少なくとも年2.5％削減 1.5℃（推奨）＝少なくとも年4.2％削減
費用	目標妥当性確認のサービスは4,950ドル（外税）の申請費用が必要（最大2回の目標評価を受けられる） 以降の目標再提出は、1回につき2,490ドル（外税）

出所：環境省「SBT概要資料」2020年6月23日、4頁より野村資本市場研究所作成

の設定にあたっては、いくつかの要件がある（図表2参照）。また、Scope 1、2のSBTの設定手法としては、原則として、「総量削減」（〔当初の排出量実績に関係なく〕全企業が排出総量を同じ割合で削減する手法）と、「セクター別脱炭素化アプローチ（SDA）」（国際エネルギー機関〔IEA〕が定めたセクター別の原単位の改善経路に沿って削減する手法）を推奨している[5]。

SBTイニシアティブでは、企業がSBTを設定するメリットとして、温室効果ガス排出削減により気候と地域を守ることに

5　SDAを利用可能なセクターは、発電、鉄鋼、アルミニウム、セメント、紙・パルプ、サービス・商業ビル、旅客・貨物輸送。（環境省・みずほ情報総研「SBT（Science Based Targets）について」2020年11月10日、119頁）

図表3　世界および日本企業におけるSBT累計参加企業数の推移

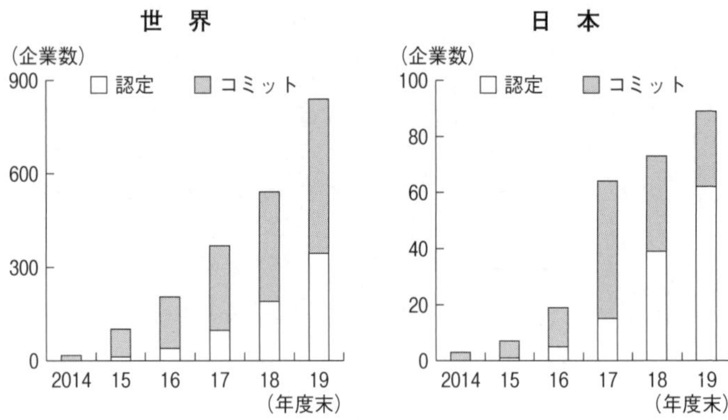

出所：環境省・みずほ情報総研「SBT（Science Based Targets）について」2020年6月23日、39〜40頁

なることに加え、(1)イノベーションの後押し、(2)コスト節減および競争力強化、(3)企業の信頼と評判を構築、(4)将来的な公共政策の変更に向けた対応、をあげ、長期的な事業価値の構築や将来的な収益性を守ることができると説明している[6]。一方、環境省等は、(1)企業が投資家、顧客、サプライヤー、社員等のステークホルダーに対し、持続可能な企業とアピールすることで、評価向上やリスクの低減、機会の獲得といったメリットにつなげられる、(2) SBTは、気候科学に基づく「共通基準」で評価・認定された目標であるため、「パリ協定」に整合していることがわかりやすい、と説明している[7]。このようなメリッ

6　SBTイニシアティブ「Science Based Targets：The Call to Action―科学と整合した目標設定：アクションへの呼びかけ―」3頁。

7　環境省・みずほ情報総研「SBT（Science Based Targets）について」2020年6月23日、12頁。

ト等を背景に、世界の企業によるSBTへの参加が年々増加しており、日本企業の2019年度末時点での認定数（62社）は世界2位となっている（図表3参照）。

[江夏あかね]

TCFD

気候関連財務情報開示タスクフォース（TCFD）は、各国の中央銀行総裁および財務大臣からなる金融安定理事会（FSB）の下部組織で、投資家に適切な投資判断を促すための、効率的な気候関連財務情報開示を企業へ促す民間主導のタスクフォースであり、2015年12月に設立された。TCFDが2017年6月に公表した最終報告書（自主的な情報開示のあり方に関する提言）においては、すべての企業に対し、2℃目標等の気候シナリオを用いて、自社の気候関連リスク・機会を評価し、経営戦略・リスクへの反映、その財務上の影響を把握、開示することを推奨している（図表1・2参照）。

TCFDの提言をめぐっては、世界各国において、複数の主体により、企業等の開示支援、気候関連財務情報に関する利用者需要の強調、タスクフォースへの支援体制の構築が行われている。たとえば、日本に関しては、経済産業省が2018年8～12月にかけて「グリーンファイナンスと企業の情報開示の在り方に関する「TCFD研究会」」を2018年8～12月に開催し、TCFD提言に関する解説、業種別ガイダンス等で構成された「TCFDガイダンス」を2018年12月に公表した。さらに、同省は2019年10月、TCFD提言に先進的に取り組む企業や金融機関等が一堂に会する「TCFDサミット」を世界で初めて日本

図表1　気候関連のリスク、機会、財務的影響

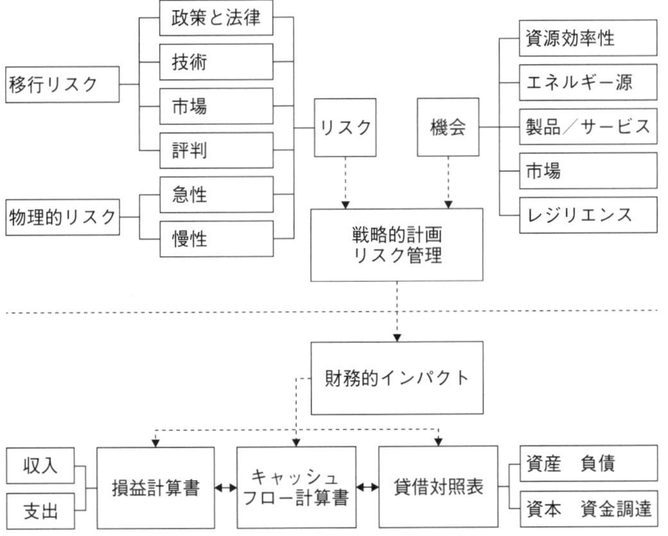

出所：グリーン・パシフィック訳「最終報告書 気候関連財務情報開示タスクフォースによる提言」2017年6月、7頁

で開催した。

金融庁と環境省は、普及啓発に向けたイベントを2019年2月に開催した。環境省は、他省庁との取組みに加え、2018年度から気候変動の影響を受けやすいとされる業種を中心に「TCFDに沿った気候リスク・機会のシナリオ分析支援事業」を実施し、支援事業における事例等を「TCFDを活用した経営戦略立案のススメ～気候関連リスク・機会を織り込むシナリオ分析実践ガイド～」として2019年3月に取りまとめた。同実践ガイドは2020年3月に改訂された。

図表2　タスクフォースによる提言と推奨される情報開示

項目		推奨される開示内容
ガバナンス	気候関連のリスクと機会に係る当該組織のガバナンスを開示	a）気候関連のリスクと機会についての、当該組織取締役会による監視体制を説明
		b）気候関連のリスクと機会を評価・管理するうえでの経営の役割を説明
戦略	気候関連のリスクと機会がもたらす組織のビジネス・戦略・財務計画への実際および潜在的な影響を開示	a）組織が識別した、短期・中期・長期の気候関連のリスクおよび機会を説明
		b）気候関連のリスクおよび機会が組織のビジネス・戦略・財務計画に及ぼす影響を説明
		c）2℃以下シナリオを含む、さまざまな気候関連シナリオに基づく検討をふまえて、組織の戦略のレジリエンスについて説明
リスク管理	気候関連リスクについて、組織がどのように識別・評価・管理しているかについて開示	a）組織が気候関連リスクを識別・評価するプロセスを説明
		b）組織が気候関連リスクを管理するプロセスを説明
		c）組織が気候関連リスクを識別・評価・管理するプロセスが組織の総合的リスク管理にどのように統合されているかについて説明
指標と目標	気候関連のリスクおよび機会を評価・管理する際に使用する指標と目標を、そのような情報が重要な場合は開示	a）組織が、自らの戦略とリスク管理プロセスに即して、気候関連のリスクおよび機会を評価する際に用いる指標を開示
		b）Scope 1、Scope 2および、当該組織に当てはまる場合はScope 3の温室効果ガス（GHG）排出量と、その関連リスクについて説明
		c）組織が気候関連リスクおよび機会を管理するために用いる目標、および目標に対する実績について説明

出所：グリーン・パシフィック訳「最終報告書 気候関連財務情報開示タスクフォースによる提言」2017年6月、12頁より野村資本市場研究所作成

一方、2019年5月には官民連携の取組みとして「TCFDコンソーシアム」が設立された。同コンソーシアムでは、TCFDの提言に賛同する企業や金融機関等が一体となって、企業の効果的な情報開示や、開示された情報を金融機関等の適切な投資判断につなげるための取組みについて議論が行われている。経済産業省、金融庁、環境省がオブザーバーとして参加しているほか、発起人には日本経済団体連合会の中西宏明会長も名前を連ねており、日本の企業に気候関連情報開示の重要性を伝える一助となっている。

日本では、TCFD提言が2017年6月に公表されて以降、各省庁の複数の取組みや、2019年5月のTCFDコンソーシアムの設立等もあり、企業等の非金融機関を中心に賛同表明組織数が順調に伸びている（図表3参照）。

TCFDの賛同表明組織に関するデータベース（2020年5月末現在）に基づくと、日本の賛同表明組織（273組織）について、⑴世界全体（1,249組織）の約2割を占めている、⑵内訳は、非金融機関が全体の約66％（179組織）、金融機関が約25％（67組織）、その他（省庁等）が約10％（27組織）、⑶組織数は、2019年5月に非金融機関による表明が大きく拡大、といった傾向が観察される。なお、諸外国では、TCFDの提言に関する規制化に向けた動きも一部でみられているが、日本の場合、2020年10月末時点では特にない。

図表3　TCFD 賛同表明組織数の状況（2020年5月末時点）

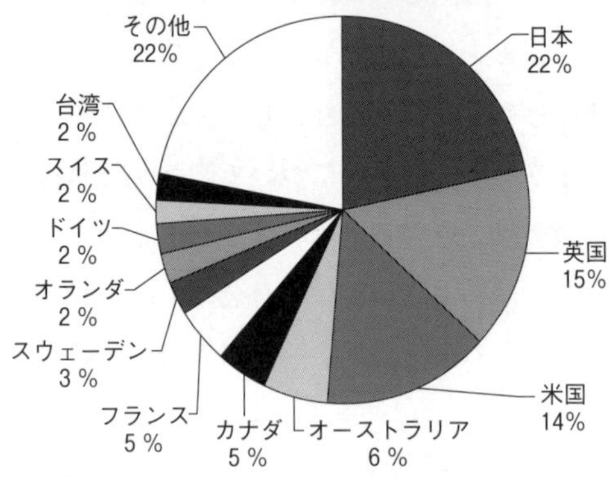

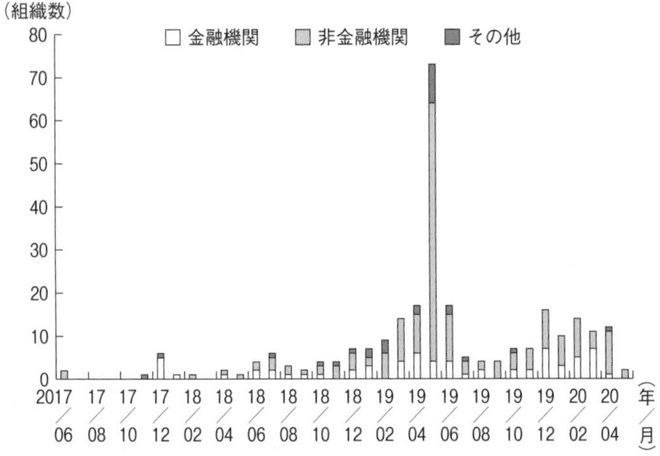

出所：Task Force on Climate-Related Financial Disclosures, *TCFD Supporters* より野村資本市場研究所作成

［江夏あかね］

ZEH/ZEB

ZEH/ZEB（Net Zero Energy House/Net Zero Energy Building: ネット・ゼロ・エネルギー住宅／ネット・ゼロ・エネルギービル）は、快適な室内環境を保ちながら、高断熱化と高効率設備により、できる限りの省エネルギーに努め（エネルギーを上手に使う）、太陽光発電等によりエネルギーをつくることで、建築物が年間で消費するエネルギー量が正味（ネット）でおおむねゼロ以下となる住宅のことである。

住宅やビルといった民生部門で消費されるエネルギーの削減は地球温暖化対策として非常に重要になっている。特に冷暖房や照明、エレベーターやエスカレーターで消費されるエネルギーの削減は、温暖化対策に大きな効果があるため、省エネルギー化と再生可能エネルギーによる自家発電でエネルギー消費量を削減し、限りなくゼロに近づけた建物を増やそうという機運が世界的に高まっている。

たとえば、英国は「2016年までにすべての新築住宅の ZEH 化」「2019年までに住宅以外の建物の ZEB 化」を打ち出した。EU は、2021年からすべての新築の住宅・建築物を ZEB とする方向である。また、米国は2030年までにすべての新築業務ビルのゼロエネルギー化、2050年までには中古物件も含めた全業務ビルをゼロエネルギー化するという目標を立てている。

日本では2014年4月に閣議決定された「エネルギー基本計画」において、2020年までに新築公共建築物等でZEBを実現し、2030年までに新築建築物の平均でZEBを実現・普及させるという目標が設定された。そして、これらの目標を達成するために、⑴ZEBの定義・評価方法、⑵ZEBの実現可能性、⑶ZEBの普及方策を検討することを目的として、学識有識者やデベロッパー・設計事務所・ゼネコンの担当者等で構成されるZEBロードマップ検討委員会を設置することとなった。一方、ZEHを普及するために、⑴ZEH建築への補助金支給、⑵中小企業の省エネ住宅技術者の育成、ZEHの広報、ブランド化が実施されている。

［西山賢吾］

社　会

ジェンダー

ジェンダー（Gender）とは性差（男性、女性）のことであるが、特に生物学的な性差（Sex）に対して社会的・文化的につくられる性差、すなわち世の中の男性と女性の役割の違いによって生まれる性差を指すときに用いられることが多い。いわゆる、「男性らしさ」「女性らしさ」という固定観念から、特に女性に対して社会、仕事上の差別的な扱いや評価のあることをジェンダーバイアスという。

ジェンダーバイアスは政治的、経済的な意思決定にかかわる女性参加率の低さ、たとえば企業における女性役員・管理職や女性国会議員などの少なさ、男女の賃金格差、セクシャルハラスメントやモラルハラスメントなどの問題と関連する。2015年に採択された国連のSDGs（持続可能な開発目標）において17の目標のうちの５番目に「ジェンダー平等を実現しよう：ジェンダーの平等を達成し、すべての女性と女児のエンパワーメントを図る」とされており、ジェンダー・ギャップの解消は世界的な課題となっている。

世界的にみて、日本のジェンダー・ギャップの解消はまだ道半ばである。世界経済フォーラム（WEF）が2019年12月に公表した、各国のジェンダー不平等状況を分析した「世界ジェンダー・ギャップ報告書2020」をみると、日本は対象153カ国中

121位であり、特に政治家や経営管理職、教授・専門職などでジェンダー・ギャップが大きいとの評価となっている。

一方、経済のグローバル化や価値観の多様化が進むなか、企業経営において従来のような男性中心、内部昇進者中心の経営陣では企業を取り巻く環境の変化に対して適切で十分な対応をすることがむずかしくなっており、いわゆるダイバーシティ（多様化）が求められている。ジェンダーはナショナリティ（国籍）と並びダイバーシティを測る代表的な要素である。コーポレートガバナンス・コード（2015年制定、2018年改訂）においても、原則２－４（女性の活躍促進を含む社内の多様性の確保）において、「上場会社は、社内に異なる経験・技能・属性を反映した多様な視点や価値観が存在することは、会社の持続的な成長を確保するうえでの強みとなりうる、との認識に立ち、社内における女性の活躍促進を含む多様性の確保を推進すべきである」とされ、さらに、原則４－11（取締役会・監査役会の実効性確保のための前提条件）では、「取締役会は、その役割・責務を実効的に果たすための知識・経験・能力を全体としてバランスよく備え、ジェンダーや国際性の面を含む多様性と適正規模を両立させるかたちで構成されるべきである」とされている。

さらに、こうした流れを受け、ジェンダーの問題を議決権行使に取り入れる動きがある。議決権行使助言会社の大手グラス・ルイスは2020年の議決権行使方針のなかで、東京証券取引所１部および２部に上場する企業に対し最低１人以上の女性の役員を求め、女性役員が存在しない企業の会長（会長が存在しないときには社長）の取締役選任議案に反対の助言を行った。海外の機関投資家でも同様な動きが出始めている。国内の機関投資家はジェンダー問題への対応を議決権行使基準に取り入れるところまで進んでいないが、各社とも企業とのエンゲージメント活動のなかでジェンダー・ダイバーシティを重要なテーマとしている。

［西山賢吾］

児童労働／奴隷的労働

児童労働とは、国際労働機関（ILO）の定義では、就業最低年齢（通常15歳）に満たない、義務教育を妨げる年齢の者を軽易ではない労働に就かせること、または18歳未満の者を法律で禁じられている危険で有害な労働に就かせることを指す。児童労働者数は2000年時点では約2.46億人で、以降、減少傾向にあるものの、2016年の時点で世界の子どもの約9.6％に相当する１億5,200万人がなお児童労働に従事している（図表参照）。

図表　世界の児童労働者数と子ども人口に占める割合の推移

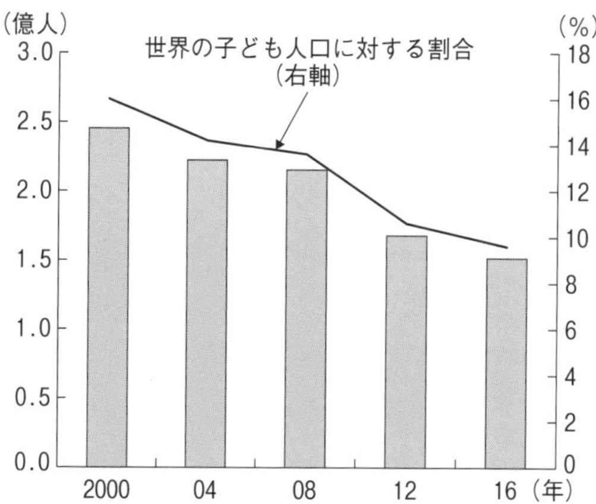

出所：「Global Estimates of Child Labour：Results and Trends, 2012～2016（国際労働機関）」より野村資本市場研究所作成

社

会

地域別にみると、世界の児童労働者の約47%はアフリカにおり、同地域ではおよそ5人に1人が児童労働者との計算になる。次いでアジア・太平洋地域の約41%、南北アメリカの約7%が続く。一方、業種別にみると、農林水産業が70.9%と最も多い。コーヒーや紅茶、ゴム、タバコ等プランテーション(大規模農場)や、家族経営の零細農場で就労しているケースがこれに該当する。17.2%を占めるサービス業では、車の窓ふきや路上での物売り、他人の家で家事使用人として働いている子どもが該当する。工業・製造業は11.9%であるが、衣料品や食品加工工場での就労や、家庭内で大人と一緒に作業をする子どもなどが該当する。

企業が販売する製商品が児童労働を含む奴隷的労働によって製造されている、あるいは製造過程のなかに児童労働が介在していることが発覚して世界的な不買運動に発展すると、短期的な企業収益が減少するだけではなく、レピュテーション(名声、信用)にも傷がつくことにより中長期的にも企業価値が毀損するおそれがある。そのため、グローバルなサプライチェーンを有する企業を中心に、自社のサプライチェーンのなか、たとえば海外の生産工場や下請け工場などで奴隷的労働が行われていないかを精査する人権デュー・ディリジェンスが実施されている。欧米と比較すると日本は相対的に児童労働を含む奴隷的労働が企業価値に与える影響に対する意識が十分とはいえないことから、対応が急がれる。

[西山賢吾]

社会的責任監査

「社会的責任監査（Social Audit）[1]」は自社のみならず、サプライチェーン上にある取引先や利害関係者の人権課題を調査、点検し、状況に応じた問題点の改善を促すものである。

「ビジネスと人権」の観点から人権を尊重する経営を行うにあたり、配慮すべき範囲は企業単体にとどまらずサプライチェーン全体にわたる。対象者も、自社の従業員にとどまらず、サプライチェーン上の利害関係者全体となる。よって、実際に人権を尊重する経営を遂行するのはかなり複雑でむずかしいことになると考えられる。

実際に、一般社団法人日本経済団体連合会が2020年10月に公表した「第２回　企業行動憲章に関するアンケート調査結果」によれば、人権を尊重する経営（経団連企業行動憲章４条）を実践するうえでの課題としては、「一社・企業だけでは解決できない複雑な問題がある」という回答が最も多く、次いで「サプライチェーン構造が複雑・膨大であり範囲の特定が難しい」が多いという結果となっている。

このようななかで、企業が自らの社会的責任を果たすうえで、その製造・販売・提供する製商品やサービスが労働や人

1　社会監査とも訳される。

権、安全衛生、環境などの面で定められた基準等を遵守しているかどうかを把握する必要性が高まっている。それが社会的責任監査が注目されている理由である。

社会的責任監査においてチェックする項目例を図表にあげた。ここから「監査」という言葉から想起されるよりもはるかに広範囲な、社会的な責任に関連する項目が監査の対象となっていることがわかる。

最近は欧米の機関投資家が、日本企業の工場などに対する社会的責任監査を依頼する事例もみられるとのことであり[2]、

図表　社会的責任監査でのチェック項目例

・給与や福利厚生、労働時間などの労務管理に問題がないか（福利厚生・労務管理）
・強制労働、職業選択の自由などの人権侵害が生じていないか（人権侵害）
・工場の排水や廃棄物、薬品の取扱いやエネルギー使用量などの環境に悪影響が生じていないか（環境）
・機械の取扱いや安全な作業環境、建物の安全性、トイレや食堂、寮の衛生環境などの労働安全衛生が保たれているか（労働安全衛生）
・不正防止や贈収賄防止に向けた倫理そして企業全体のマネジメントシステムが機能しているか（企業倫理、マネジメントシステム）

出所：鎌倉サステナビリティ研究所ホームページ（https://kamakurasustainability.com/social-audit）より野村資本市場研究所作成

2 「アップルが拓く「帳簿の世界史」の新局面」（日本経済新聞2020年8月24日朝刊「一目均衡」）。

ESGに関連する投資が増えるなか、投資家による社会的責任監査への関心も高まりつつあると考えられる。

［西山賢吾］

社
会

社会的包摂

社会的包摂（Social Inclusion）とは、一般的に、社会から排除され、孤立している人々を、さまざまな社会資源を動員して同じ社会の構成員として社会全体で包み込み支え合おうとする考え方である。社会的排除（なんらかの原因で個人または集団が社会から排除されている状態）の対概念である。欧州連合（EU）では、社会的包摂を「貧困及び社会的排除のリスクのある人々が、経済、社会及び文化的生活に完全に参加し、かつ、その者が暮らす社会において標準的と考えられている生活水準と福祉を享受するために必要な機会と資源を獲得することを保障するプロセス」[1]と定義づけている。

社会的包摂の概念は、1980～1990年代にかけて欧州で普及した[2]。第二次世界大戦後、福祉国家の拡大を通じて人々の生活保障が追求されたが、1970年代以降の経済低成長下、失業や不安定な雇用の拡大により、若年層や移民等が福祉国家の基本と

1 Council of the European Union, *Joint Report by the Commission and the Council on Social Inclusion*, 5 March 2004, p.8；近藤倫子「社会的包摂（ソーシャル・インクルージョン）政策の展開―我が国と諸外国の実践から―」『調査資料』2016-3号、国立国会図書館調査および立法考査局、2017年２月28日、16～17頁。

2 「一人ひとりを包摂する社会」特命チーム「社会的包摂政策を進めるための基本的考え方（社会的包摂戦略〔仮称〕策定に向けた基本方針）」2011年５月31日、３頁。

なる制度（失業保険、健康保険等）の対象から漏れ落ち、さまざまな不利な条件が重なり、生活の基礎的なニーズを満たすことができず、社会的な参加やつながりが絶たれる新たな貧困が拡大した。このような社会的排除の状況に対応すべく、これらの人々の社会参加を促し、社会参加を保障する諸政策を貫く理念として用いられるようになった。このような流れから、EUでは、社会的包摂を明確に政策課題として位置づけ、指標やデータの整備、共通目標の設定等を通じて加盟国の取組みを促進している。

一方、日本では、2000年代に入った頃から社会的排除／包摂に関する議論が行われるようになり、厚生省（当時）に2000年に設置された「社会的な援護を要する人々に対する社会福祉のあり方に関する検討会」で議論が進められ、公的制度の柔軟な対応と、地域社会の自発的支援の再構築が必要との提言が行われた[3]。

その後、2000年代後半の世界的金融危機に伴う景気悪化により、2008年には派遣労働者の契約解除（いわゆる「派遣切り」）が多発したこともあり、労働市場における社会的包摂も論点として注目を集め、社会保障改革のなかでも社会的包摂に関する議論が行われた。さらに、2012年７月に閣議決定された「日本再生戦略」や2016年６月に閣議決定された「ニッポン一億総活躍プラン」等を通じて、成長戦略のなかでも社会的包摂が重要

3　厚生省「社会的な援護を要する人々に対する社会福祉のあり方に関する検討会 報告書」2000年12月８日。

テーマに掲げられている。

なお、2015年9月の国際連合サミットで採択された「持続可能な開発目標」(SDGs) においても、その達成に向けて、「経済成長」「環境保全」とともに、「社会的包摂」といった主要素を調和させることが欠かせないとされ、政府、民間企業、市民社会等すべてのステークホルダーによる取組みが求められている。ちなみに、金融関連では、欧州評議会開発銀行 (CEB) が2017年4月に発行開始したソーシャル・インクルージョン・ボンド等が知られている。

[江夏あかね]

相対的貧困

相対的貧困とは、ある地域社会の大多数より貧しい状態を指す。具体的には、世帯の所得がその国の等価可処分所得[1]の中央値に満たない世帯員であり、その国の文化水準、生活水準と比較して困窮した状態を指す。なお、相対的貧困に対して、必要最低限の生活水準が満たされていない状態の絶対的貧困という概念もある。

日本は先進国のなかでも相対的貧困率が高い状況となっている。厚生労働省の調査によると、日本の相対的貧困率は2015年時点で15.7％にのぼっている（図表参照）。そのうち、ひとり親世帯の相対的貧困率は50.8％と高い水準になっている。

特に、子どもの貧困をめぐっては、低所得の家庭の子どもが低学力・低学歴となり、将来不安定な就業に陥ることで、次の世代まで貧困状態が連鎖していくといった貧困の世代間連鎖が問題となっている。しかも、日本の場合、厳しい財政状況を抱えるなか、就学前教育費や高等教育費等の公的負担割合が経済協力開発機構（OECD）加盟国のなかでも低く、家計負担が重

1　等価可処分所得は、世帯の可処分所得（所得から所得税、住民税、社会保険料および固定資産税を差し引いたもの）を世帯人員の平方根で割って調整した所得。

図表　貧困率の推移

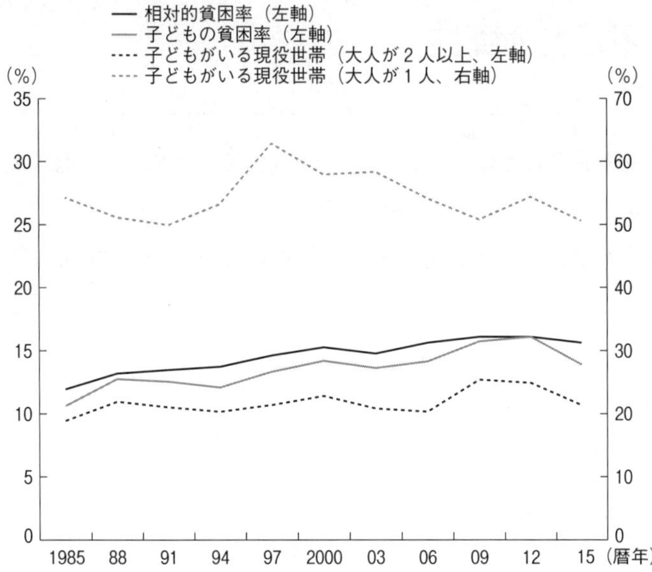

（注）　大人とは18歳以上の者、子どもとは17歳以下の者を指し、現役世帯とは世帯主が18歳以上65歳未満の世帯を指す。

出所：厚生労働省「平成28年　国民生活基礎調査の概況」2017年６月27日、15頁

い状況となっている。

なお、日本財団子どもの貧困対策チームの調査によれば、子どもの貧困を放置した場合、15歳の子ども１学年だけで将来の所得減少が総額2.9兆円、財政収入の減少が1.1兆円に達するといわれ、適切な対応を講じない限り、将来的に日本経済・財政

への影響が顕在化する可能性も否めない状況である[2]。

［江夏あかね］

2　試算は、日本財団子どもの貧困対策チームによる。財政収入は、税・社会保険料負担額から社会保障給付額を差し引いた数値（日本財団『子供の貧困の社会的損失推計レポート』2015年12月）。なお、子ども全体では所得減少額42.9兆円、財政収入の減少が15.9兆円に達するとの試算もある（日本財団子どもの貧困対策チーム『徹底調査　子供の貧困が日本を滅ぼす　社会的損失40兆円の衝撃』文芸新書、2016年）。

ソーシャルインパクトボンド

ソーシャルインパクトボンド（SIB）とは、従来行政が担ってきた公共性の高い事業の運営を民間組織に委ね、その運営資金を民間投資家から募る、社会的課題の解決のための仕組みである[1]。具体的には、資金提供者から調達する資金をもとに、サービス提供者が効果的なサービスを提供し、サービスの成果に応じて行政が資金提供者に資金を償還する。主に予防的なサービスによる将来の行政コスト削減効果が資金提供者への償還資金の原資となり、事前に取り決められた成果目標を達成すれば行政から資金提供者に対して成果報酬が支払われる一方、達成しなければ成果報酬は支払われないという内容である（図表参照）。

SIBの一般的な流れは、(1)行政（国、地方公共団体等）と中間支援組織が社会的課題を解決するために民間資金が必要な行政サービスを選定し、事業の評価指標と資金提供者への支払条件を決定、(2)中間支援組織が資金提供者から資金を募り、成果連動型の複数年契約を締結、(3)調達した資金をもとに行政サービスをサービス提供者に委託し、事業期間終了後に事業成果が

1　本用語については、江夏あかね「ソーシャルインパクトボンドの発展と日本の地方公共団体における課題」『年報 財務管理研究』第31号、日本財務管理学会、2020年５月、11～27頁を参考に記している。

図表　ソーシャルインパクトボンドの仕組み

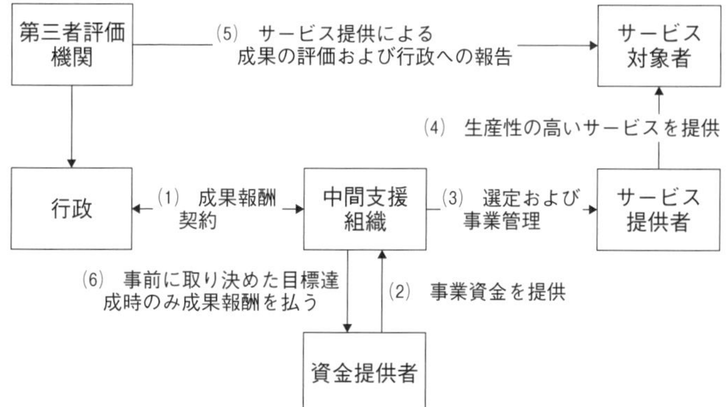

出所：G8社会的インパクト投資タスクフォース国内諮問委員会「日本における社会的インパクト投資の現状」2016年９月28日、59頁より野村資本市場研究所作成

事前に合意した水準に達した場合には行政から資金提供者に元本およびリターンが支払われ、達しない場合は元本を含めた支払は行われない、となる。なお、日本では、多くの地方公共団体において委託業務の一括再委託が禁止されているため、行政がサービス提供者と直接契約し、中間支援組織が契約主体にならないケースが主流となっている。

SIBの特徴としては、⑴「ボンド」と呼ばれるものの、債券の一般的特徴を有さないケースが多い、⑵成果連動型、⑶官民連携（パブリック・プライベート・パートナーシップ、PPP）の一種、⑷社会的インパクト[2]に着目したスキーム、といったものがあげられる。

なお、社会的インパクトに着目する類似のスキームとしては、環境・社会・ガバナンス（ESG）関連金融商品の一つであるソーシャルボンドがあげられる。ソーシャルボンドは、社会的課題の解決に向けた事業を資金使途とする債券であり、調達した資金の使途の面ではSIBと共通しているとも考えられるが、SIBのように成果連動型ではなく、通常の債券の形態をとっている。

世界初のSIBは2010年9月に組成された、英国王立ピーターバラ刑務所の出所者を対象とした社会復帰支援プログラムの資金を調達するためのSIBとされている。英国でSIBが始まった背景としては、2010年5月に発足したキャメロン政権（当時）が掲げた「大きな社会（Big Society）」といった政治理念の影響があるとみられる。同政権では、行政サービス実施のための政府との契約に成果主義や成功報酬契約を取り入れ、社会的課題の解決に、社会的企業や非営利団体等の知見を生かし、革新的かつ質の高いサービスの提供を促進した。

その後、2012年8月には米国初のSIB（ニューヨーク市における再犯防止・受刑者社会復帰を目的とした案件）、同年11月には地方公共団体が行政主体となった初のSIBとして、英国のエセックス・カウンティの児童養護を目的とした案件が始まった。

2　活動や投資によって生み出される社会的・環境的変化（Epstein, M.J. and K. Yuthas, *Measuring and Improving Social Impacts : A Guide for Nonprofits, Companies, and Impact Investors*, Berrett-Koehler Publishers, 2014, p.15.）。

2013年6月には、G8サミットの社会的投資フォーラムにおいて、デービッド・キャメロン英国首相（当時）の呼びかけで、インパクト投資を世界的に推進すべく、G8インパクト投資タスクフォースが創設された。同年7月にはオーストラリア、同年9月にはドイツ、同年12月にはオランダ、2014年にはベルギー、カナダ、2015年にはポルトガルなど、世界各地でSIB案件が組成されていった。

一方、日本においては、2014年7月にG8インパクト投資タスクフォース日本諮問委員会が発足、2015年6月に閣議決定された「経済財政運営と改革の基本方針2015」等でもSIBの活用を拡大する旨が言及された。そして、2015年度に複数のパイロット事業が出現、2017年度からは東京都八王子市や兵庫県神戸市が本格的なSIBに取り組み、それ以降、日本の地方公共団体による取組みが続いている。

世界におけるSIBの組成状況について、社会的課題の解決を目的とした英国の組織であるソーシャルファイナンスのインパクトボンド・グローバル・データベースに基づくと、SIBは2020年11月27日現在、138件の組成実績があり、調達された資金は約4.41億ドルにのぼっている[3]。SIBは、英国、米国、オランダ等における案件が比較的多いほか、分野別では、就労支援、生活困窮者救済、ヘルスケア等が中心となっている。

［江夏あかね］

3　Social Finance, *Impact Bond Global Database*（https://sibdatabase.socialfinance.org.uk/、2020年11月27日閲覧）。

ソーシャルキャピタル

ソーシャルキャピタルとは、社会関係資本と訳されることがあり、提唱者の一人とされている米国の政治学者のロバート・パットナム氏によると、人々の協調活動を活発にすることによって社会の効率性を高めることのできる「信頼」「規範」「ネットワーク」といった社会組織の特徴と定義づけられる[1]。すなわち、社会や地域コミュニティにおける人々の相互関係や結びつきを支える仕組みの重要性を表す考え方といえる。

ソーシャルキャピタルの基本的分類としては、「結合型（ボンディング）」と「橋渡し型（ブリッジング）」が知られている[2]。前者は、組織の内部における人と人との同質的な結びつきで、組織内部での信頼や協力、結束力を生むものとされ、後者は、異なる組織間における異質な人や組織、価値観を結びつけるネットワークとされる。前述のパットナム氏の研究では、イタリアの北部の州は橋渡し型、南部の州は結合型の特徴を有することを指摘し、それをもとに北部の州での民主主義の成功と経済社会的発展が説明されている。

1　Robert D. Putnam et al., *Making Democracy Work：Civic Traditions in Modern Italy*, Princeton University Press, 1993.

2　日本総合研究所「日本のソーシャル・キャピタルと政策―日本総研2007年全国アンケート調査結果報告書―」2008年３月、３頁。

日本では2005年４月、地域再生法に基づく地域再生基本方針が閣議決定され、地域再生のためのひとづくり・人材ネットワークづくりの促進のなかで、地域固有のソーシャルキャピタルを活性化することが明記されたこともあり、同概念に注目が集まっている。ソーシャルキャピタルをめぐっては、社会経済にプラスの効果を与えていることが各種研究によって明らかにされている。たとえば、内閣府国民生活局は、失業率の抑制や出生率の維持等の国民生活面でソーシャルキャピタルが寄与している可能性が示唆されたとしている[3]。日本総合研究所によると、結合型ソーシャルキャピタルが豊かな地域ほど経済格差が小さく、事業所新規開業率が低いといった特徴があげられている[4]。一方、日本の経済学者の稲葉陽二氏は、高齢者就業率が高い県はソーシャルキャピタルも高く、県の財政指標である経常収支比率が低いほど、ソーシャルキャピタルが高いとの結果を明らかにしている[5]。このように、ソーシャルキャピタルの豊かさが地域活性化に資する可能性が各種研究で指摘されていることもあり、地方公共団体レベルでもソーシャルキャピタルを適切に活用すべく、さまざまな取組みが進められている。

[江夏あかね]

3　内閣府国民生活局「ソーシャル・キャピタル：豊かな人間関係と市民活動の好循環を求めて」2003年。

4　日本総合研究所「日本のソーシャル・キャピタルと政策―日本総研2007年全国アンケート調査結果報告書―」2008年３月。

5　稲葉陽二「ソーシャル・キャピタルの政策意義―内閣府調査パネルデータによる検証―」『経済政策ジャーナル』第４巻第２号、日本経済政策学会、2007年、31～34頁。

ソーシャルボンド

ソーシャルボンドとは、社会的課題への対処に向けた事業を資金使途とする債券で、国際資本市場協会（ICMA）が2017年6月、ソーシャルボンド原則（SBP）を公表している[1]（図表1参照)。SBPによると、ソーシャルボンドとは、調達資金のすべてが、新規または既存の適格なソーシャルプロジェクトの一部または全部の初期投資またはリファイナンスのみに充当され、かつSBPの4つの核となる要素に適合しているさまざまな種類の債券と定義づけられている。SBP以外では、ASEAN資本市場フォーラム（ACMF）がソーシャルボンド基準（SBS）を2018年10月に公表している。

ソーシャルボンドは、予防接種のための国際金融ファシリティ（IFFIm）が2006年11月に発行したワクチン債が始まりとされている[2]。日本の発行体では、国際協力機構（JICA）が2016年9月に初のソーシャルボンドを起債している。

1　ICMAは2016年6月、ソーシャルボンド原則の前身に当たる「ソーシャルボンド発行体向けのガイダンス」を公表している。また、ソーシャルボンド原則については、2018年6月および2020年6月に改訂されている。

2　Peter Munro, "Social Bonds：Fresh Momentum", *Quarterly Report*, Issue No.44, International Capital Market Association, 10 January 2017, p.13；International Finance Facility for Immunisation, *International Finance Facility for Immunisation Issues Inaugural Bonds*, 7 November 2006.

図表1　ソーシャルボンド原則の概要

ソーシャルボンド原則が定める4項目および外部評価	
調達資金の使途	調達資金の使途は、明確な社会的ベネフィットをもたらすソーシャルプロジェクトでなければならず、証券に係る法的書類に適切に記載されるべき
プロジェクトの評価と選定のプロセス	発行体は、 ・社会的な目標 ・発行体が、対象となるプロジェクトが適格なソーシャルプロジェクトの事業区分に含まれると判断するプロセス ・関連する適格性についてのクライテリア を投資家に明確に伝えるべき
調達資金の管理	ソーシャルボンドによって調達される資金に係る手取金の全部、あるいは手取金と同等の金額は、サブ・アカウントで管理されるか、サブ・ポートフォリオに組み入れられるか、またはその他の適切な方法により追跡されるべき。手取金の全部は、ソーシャルプロジェクトに係る発行体の投融資業務に関連する正式内部プロセスのなかで、発行体によって証明されるべき
レポーティング	発行体は、資金使途に関する最新の情報を容易に入手可能なかたちで開示し、それを続けるべきであり、また、その情報はすべての調達資金が充当されるまで年に1度は更新し、かつ重要な事象が生じた場合は随時開示し続けるべき
外部評価	発行体は、ソーシャルボンドの発行またはソーシャルボンド発行プログラムに関連して、発行する債券が4つの要素に適合していることを確認するために、外部評価を付与する機関を任命することを奨励 外部評価の類型：セカンド・パーティ・オピニオン、検証、認証、ソーシャルボンドスコアリング／格付

ソーシャルプロジェクトの事業区分（例）
・手頃な価格の基本的インフラ整備（クリーンな飲料水、下水道、衛生設備、輸送機器、エネルギーなど） ・必要不可欠なサービスへのアクセス（健康、教育および職業訓練、健康管理、資金調達と金融サービス） ・手頃な価格の住宅 ・中小企業向け資金供給およびマイクロファイナンスによる潜在的効果の活用を含めた雇用創出、社会経済的な危機に伴う失業の防止または軽減するために設計された、プログラムと雇用創出 ・食糧の安全保障と持続可能な食糧システム（食糧必要要件を満たす安全で栄養のある十分な食品への物理的、社会的、経済的なアクセス、回復力ある農業慣行、フードロス・廃棄物の削減、小規模生産者の生産性向上） ・社会経済的向上とエンパワーメント（例：資産、サービス、リソースおよび機会への公平なアクセスとコントロール。所得格差の縮小を含む、市場と社会への公平な参加と統合）
ソーシャルプロジェクトが対象とする人々（例）
・貧困ライン以下で暮らしている人々 ・排除され、あるいは社会から取り残されている人々、あるいはコミュニティ ・障がい者 ・移民や難民 ・十分な教育を受けていない人々 ・十分な行政サービスを受けられない人々 ・失業者 ・女性ならびに／または性的およびジェンダーマイノリティ ・高齢者と脆弱な若者 ・自然災害の罹災者を含むその他の弱者グループ

出所：International Capital Market Association, *Social Bond Principles*, June 2020より野村資本市場研究所作成

ソーシャルボンドの発行体は、2014年頃までは国際機関が中心だったが、2015年頃から銀行、政府系機関等に発行体セクターが拡大していき、2018年には初めての事業会社（フランスの食品大手ダノン）による起債も実現した。発行残高の内訳では、政府系機関が最も多く、銀行、国際機関と続いている。国別では、オランダが最も多く、国際機関、日本と続いており、通貨別ではユーロが約7割を占めている。なお、加重平均償還年限は約8年となっている（図表2参照）。

なお、2019年末頃からの新型コロナウイルス感染拡大により、ソーシャルボンドの起債に取り組む発行体が増えている。ICMA が2020年3月に公表した新型コロナウイルス感染症関連のソーシャルボンドに関する質疑応答集では、適格ソーシャルプロジェクトの例として、保健医療サービスや設備の供給能力と効率性を高めるための新型コロナウイルス感染症関連支出、医療研究、影響を受けた中小企業における雇用創出を支援する中小企業向け融資、新型コロナウイルス感染症の世界的大流行（パンデミック）に起因する失業の回避もしくは軽減のために特別に設定されたプロジェクトがあげられている[3]。

ちなみに、ソーシャルボンドに類似するものとして、ソーシャルインパクトボンドがある。ICMA は、ソーシャルインパクトボンドについて、ソーシャルボンドと異なり、パブリック・プライベート・パートナーシップ（PPP）の一種であり、

3 International Capital Market Association, *Q&A for Social Bonds Related to Covid-19*, 31 March 2020.

図表２　ソーシャルボンドの発行状況

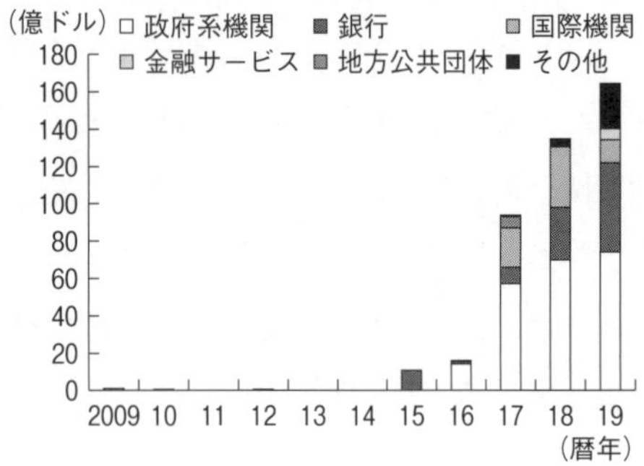

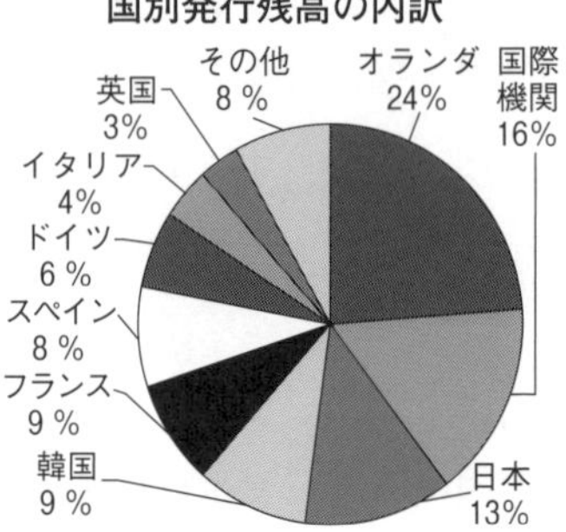

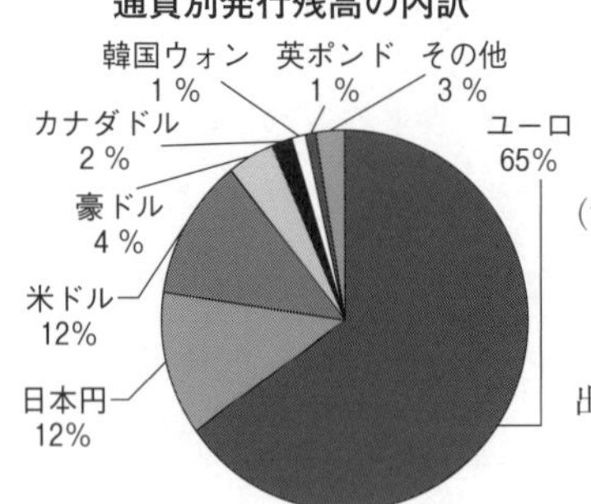

（注）　データ（2019年12月末時点）は、ブルームバーグによるソーシャルボンドの判定基準に基づく。米ドル換算ベース。
出所：ブルームバーグのデータをもとに野村資本市場研究所作成

債券の一般的特徴を有していないことが多いと説明している[4]。すなわち、ソーシャルインパクトボンドは、ソーシャルボンドと異なり、ペイ・フォー・パフォーマンス（成果払い）型の金融商品で、取引に係るキャッシュフローが、あらかじめ定められた非財務パフォーマンス指標の達成に依存するPPPといえる。

［江夏あかね］

4　国際資本市場協会「質問と回答」8頁。

ダイバーシティ

ダイバーシティとは多様性のことであり、ESGの文脈では、特に企業における人材、マネジメント層の多様性を指すことが多い。企業において、従来であれば単一、共通の視点で経営を行うことは効率的で最適といえた。しかし、経済、社会がグローバル化し、変化のスピードも速くなるなかでは多様な視点をもって経営をしていかないと企業の維持発展はむずかしくなっており、ダイバーシティの重要性が取り上げられるようになった。

コーポレートガバナンス・コードの原則４－11「取締役会・監査役会の実効性確保のための前提条件」では、「取締役会は、その役割・責務を実効的に果たすための知識・経験・能力を全体としてバランスよく備え、ジェンダーや国際性の面を含む多様性と適正規模を両立させるかたちで構成されるべきである」とされている。特に2018年の改訂で「ジェンダーや国際性の面を含む」が付け加えられたことからもわかるように、現在日本の取締役会や監査役会におけるダイバーシティとして関心が高いカテゴリーは女性と外国人であるといえるであろう。

図表は上場企業の女性役員数とその全役員数に占める比率の推移を示したものである。これをみると、コーポレートガバナンス改革が始まった2014年頃より女性役員比率が高まっており、2019年には5.2％と、はじめて５％を超え、そして2020年は6.2％に達した。女性役員数は、2020年より議決権行使助言会社のグラス・ルイスが東証１、２部上場会社に対し最低１人以上の女性役員を置くことを求め、女性役員不在企業の会長（会長不在の場合には社長）の取締役選任に反対助言を行うことになった。同じ基準が機関投資家の議決権行使方針にも取り入れられ始めていることもあり、取締役会におけるジェンダー・ダイバーシティはさらに進むと考えられる。なお、現在は当該基準にあわせるために著名な女性社外取締役を置く企業も少なくないが、この基準は、会社の内部から昇進してきた女性役員が増えることも期待するものであり、今後の社内女性役員の増

図表　上場企業の女性役員数の推移

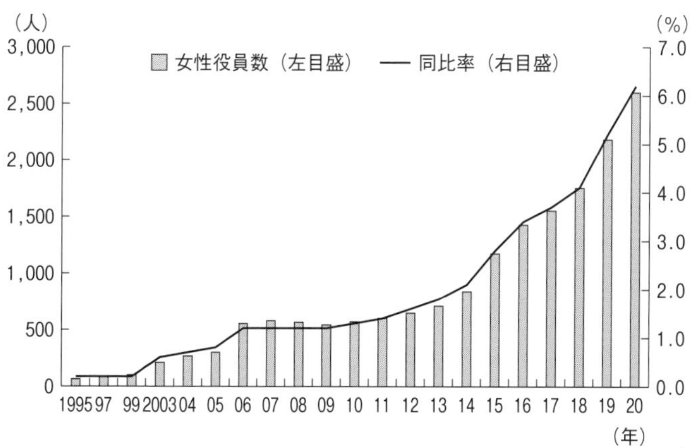

（注）　調査月は毎年７月、2006年よりジャスダック上場会社を含む。
出所：『役員四季報2021年版』東洋経済新報社より野村資本市場研究所作成

加にも注目したい。

また、役員のダイバーシティという観点からは、バックグラウンド（経歴）の多様性も非常に重要である。すなわち、会社の経営戦略、中長期的な方向性に合致した役員構成になっているかどうかである。たとえば、海外展開を拡大したいと考える企業であれば、その方向に合致した、海外経験が豊かな役員や外国人の役員を置くことにより役員構成の多様化を図ることが肝要である。

［西山賢吾］

ビジネスと人権

ESGにおけるS（社会）の課題の重要なテーマとして人権の問題がある。一口に人権問題といっても、児童労働や奴隷的労働、雇用や労使関係、ダイバーシティ、「働き方改革」など、多くの論点がある。

「ビジネスと人権に関する指導原則：国際連合「保護、尊重、救済」枠組実現のために」（以下「指導原則」）は、多岐にわたる人権の問題とビジネスとの関係に焦点を当てている。当時の国連事務総長特別代表のジョン・ラギー氏が2011年６月の国連人権理事会に提出し、全会一致で承認されたものである。法的な拘束力はないものの、企業にとっては人権に関する事実上の基準文書となっている。全世界の企業および国が尊重すべき人権に関する国際的な基準である。

「指導原則」は、2008年６月にジョン・ラギー氏が国連人権委員会に提案した「国際連合「保護、尊重、救済」枠組」を具体的に実施するための原則と位置づけられている。「国際連合「保護、尊重、救済」枠組」は、⑴国民を企業を含む第三者による人権侵害から保護するという国家の義務、⑵人権尊重という企業の責任、⑶実効的な救済手段への容易なアクセスという３つの柱と31の原則からなり、31の原則は８つの「基盤となる原則」と23の「運用上の原則」に分かれている。

「運用上の原則」には、(1)人権方針を確立すること、(2)人権デュー・ディリジェンスを実行すること、(3)人権への負の影響からの是正を可能にするプロセスを導入することといった内容が含まれている。人権デュー・ディリジェンスとは、「人権への負の影響（人権の侵害）」を特定し、防止し、軽減し、そしてどのように対処すべきかについて、いわゆるPDCAサイクルを回していくことである。ここで期待されているプロセスは、(1)人権を尊重する責任に関する方針を決定したうえで、(2)企業活動・取引を通じた人権に与える負の影響の特定と評価を行って（Plan）、(3)負の影響に関する評価の結論の社内部門への組入れと適切な対処をしたうえで（Do）、(4)それらの対処の結果の追跡評価を行い（Check）、(5)それら対処の結果について外部へ公表・報告を行う（Act）ことである。

「指導原則」が2011年6月に承認されて以降、その普及や実施に係る行動計画の作成が各国で始まった。そして、2013年以降、英国、米国、ドイツ、フランス、イタリア、オランダ、ノルウェーなど20を超える国がすでにビジネスと人権に関する行動計画を公表ずみである。アジア地域では2019年5月にタイが初めて策定、公表した。

このような、ビジネスと人権に関する意識の高まりにより、海外ではサプライチェーンを含め企業における人権への配慮に関する法制度を策定し、開示を要請する動きが強まっている。また、ESGにおける社会（S）の主要課題として、責任投資原則（PRI）においてビジネスと人権が位置づけられるようになっている。

英国では2015年に現代奴隷[1]法が策定された。これは、英国に拠点を置く一定の規模以上の企業に対し、各社の事業活動やサプライチェーンにおける、奴隷労働と人身取引の根絶のための取組みに関する情報開示を義務づけるものである。そのなかで人権デュー・ディリジェンスの実施が求められている。2018年にはオーストラリアでも現代奴隷法が成立し、2019年より施行されている。

日本でも外務省などの局長級で構成された「ビジネスと人権に関する行動計画に係る関係府省庁連絡会議」が2020年11月に「「ビジネスと人権」に関する行動計画（以下、NAP）（2020～2025）」を策定・公表した。

日本のNAPの中心となるのは、分野別行動計画（第2章）である。分野別行動計画は、(1)「横断的事項」（以下(2)～(4)のうち複数の観点から横断的に取り組むことが考えられる事項）として、ディーセント・ワーク（働きがいのある人間らしい仕事）の促進等、(2)「人権を保護する国家の義務に関する取組み」として公共調達、開発協力・開発金融等、(3)「人権を尊重する企業の責任を促すための取組み」として国内外のサプライチェーンにおける取組みおよび「指導原則」に基づく人権デュー・ディリジェンスの促進など、(4)「救済へのアクセスに関する取組み」として司法的救済および非司法的救済、(5)「その他の取組

1 「現代奴隷（Modern Slavery）」には、奴隷状態または隷属状態を強要される拘束労働、児童労働、強制労働、人身売買等が含まれる。

み」などをあげている（図表参照）。なお、NAP は公表３年後に中間レビューを行い、５年後に改定する予定である。

図表　「ビジネスと人権」に関する行動計画（2020－2025）「分野別行動計画」の概要

(1)　横断的事項 ア．労働（ディーセント・ワークの促進等） イ．子どもの権利の保護・促進 ウ．新しい技術の発展に伴う人権 エ．消費者の権利・役割 オ．法のもとの平等（障害者、女性、性的指向・性自認等） カ．外国人材の受入れ・共生
(2)　人権を保護する国家の義務に関する取組み ア．公共調達 イ．開発協力・開発金融 ウ．国際場裡における「ビジネスと人権」の推進・拡大 エ．人権教育・啓発
(3)　人権を尊重する企業の責任を促すための取組み ア．国内外のサプライチェーンにおける取組みおよび「指導原則」に基づく人権デュー・ディリジェンスの促進 イ．中小企業における「ビジネスと人権」への取組みに対する支援
(4)　救済へのアクセスに関する取組み 司法的救済および非司法的救済
(5)　その他の取組み ア．途上国における法制度整備支援 イ．質の高いインフラ投資の推進

出所：ビジネスと人権に関する行動計画に係る関係府省庁連絡会議「「ビジネスと人権」に関する行動計画（概要）」より野村資本市場研究所作成

日本企業は海外の企業と比較し、総じて人権問題に対する意識やその企業価値への影響への関心が高いとはいえない状況であるが、NAPでは、人権に関する課題のなかでも、特に「人権デュー・ディリジェンス（当然に実施が求められる注意義務および努力）」と「苦情処理・問題解決メカニズム」の構築が重要と考えられる。さらに、これらについては、自社の内部だけではなく、取引先、協力企業などのサプライチェーン全体を対象とすることが必要と考えられる。

［西山賢吾］

紛争鉱物

紛争鉱物とは、重大な人権侵害を引き起こす内戦や紛争や戦争において武装勢力や反政府組織の資金源となっている鉱物のことであり、コンゴ民主共和国（旧・ザイール）をはじめとしたアフリカ等の鉱物資源国で採掘された希少な鉱物およびその派生物を指す。

コンゴ民主共和国をはじめとしたアフリカ諸国では、鉱物資源の輸出が重要な外貨獲得手段になっている。その一方で、コンゴ民主共和国では、1960年の独立直後から長らく紛争が続き、武装勢力による虐殺等の非人道的行為が繰り返されている。武装勢力は、住民に採掘させた鉱物等を資金源としており、それらの鉱物を購入することは、結果として武装勢力に資金を提供することになる。

特に、鉱物資源（3TG[1]〔金、すず、タンタル、タングステン〕）の不法開発によって得られた利益がコンゴ民主共和国等の紛争を長引かせることにつながった可能性が国際的に懸念されており、世界各国でアフリカ諸国等の紛争地域から鉱物を調達することを規制する動きがみられる。たとえば、米国で2010年７月

1　3TGは、４つの鉱物（コロンバイトタンタライト〔Tantal：タンタルの鉱石〕、錫石〔Tin：すずの鉱石〕、金〔Gold〕、鉄マンガン重石〔Tungsten：タングステンの鉱石〕）の頭文字をとって表現したものである。

に発効した金融規制改革法（ドッド・フランク法）では、コンゴ民主共和国および周辺国から産出した3TGを使用した製品を製造する企業に対して、武装勢力の資金源になっていないかデュー・ディリジェンスを実施し、その結果についての年次報告書（Form SD）を米国証券取引委員会（SEC）へ提出する義務を課した。その後、2017年7月には欧州連合（EU）が新た

図表　米国ドッド・フランク法とEU紛争鉱物規則の比較

項　目	米国ドッド・フランク法	EU紛争鉱物規則
発効日	2010年7月ドッド・フランク法 2012年8月SEC規則	2017年7月発効 2021年1月適用開始
対象企業	米国上場の製造業者	EUに鉱物（鉱石・未加工金属）を輸入する企業
対象となるリスク	武装勢力の資金源	人権侵害全般（OECDガイダンス付属書IIに基づく）
対象鉱物	すず、タンタル、タングステン、金	すず、タンタル、タングステン、金
対象地域	コンゴ民主共和国およびその周辺国	紛争地域および高リスク地域（CAHRA）
対象企業の義務	3TG使用有無、原産国調達、サプライチェーンのデューデリジェンスに関する年次報告	サプライチェーンのデューデリジェンスに関する年次報告

出所：冨田秀実「待ったなし「持続可能な調達」（第8回）原材料の調達⑵「紛争鉱物」規制に対応」『日経ESG』第235巻、日経BP、2019年1月、93頁

に紛争鉱物に関する規則を導入した。ドッド・フランク法が、サプライチェーン下流の製造者を対象としたのに対し、EUの規則は鉱物の輸入企業に義務を課していることが特徴的である(図表参照)。

これらの規制は、米国およびEUのものであるが、日本企業も米国に上場している場合に加え、米国企業に部品等を納入している場合、サプライチェーンのデュー・ディリジェンスを通じて影響を受けることになる。そのため、多くの日本企業も対応を迫られており、たとえば、電子情報技術産業協会（JEITA）が2012年に「責任ある鉱物調達検討会」を設置する等の動きがある。サプライチェーン全体を通じた日本企業の社会的責任の推進が求められている。

[江夏あかね]

ワーカーズキャピタル

ワーカーズキャピタルとは、労働者が拠出した、または労働者のために拠出された資金のことである。最も代表的なワーカーズキャピタルは（企業）年金基金である。

労働者が将来の年金や退職金とすることを目的として拠出した積立金（年金基金）は、労働者の資産である。その積立金が労働権を侵害する企業に投資されたり、結果として雇用や労働条件の悪化につながることが懸念される投資（家）資金として使われたりすることを排除したいという考え方から、国際的な労働運動において、1990年代から積立金の資産運用を通じた企業の行動、金融・資本市場に対する一定の規律づけに向けた取組みが進められた。1999年には国際自由労連（現・国際労働組合総連合、ITUC）が労働者資本委員会（Committee on Workers' Capital、CWC）を設置するなど、労働者や労働団体が率先してワーカーズキャピタルによる責任投資を通じて経済、社会の価値創出に寄与しようとする動きがみられる。日本においても、連合が2009年よりワーカーズキャピタル責任投資を労働運動の一つとして位置づける方針を掲げ、2010年12月に「ワーカーズキャピタル責任投資ガイドライン」を策定、その後の情勢等を考慮して2015年に一部改訂して、責任投資への取組みを推進している。

「ワーカーズキャピタル責任投資ガイドライン」は、責任投資を「ワーカーズキャピタルの投資判断に際し、財務的要素に加えて、非財務的要素であるESGを考慮すること、およびその観点から資産所有者としての権利を行使すること」と定義し、6つの基本理念と7つの行動指針（図表1・2参照）を掲げたうえで、責任投資の導入に向けた取組み手順を示している。

「ワーカーズキャピタル責任投資ガイドライン」における責任投資の定義にもあるESGの考慮については、「ワーカーズキャピタルの位置づけに鑑み、ESGのうち、強制労働の禁止

図表1　ワーカーズキャピタル責任投資の基本理念

1	投資判断において非財政的要素である、環境・社会・ガバナンス（ESG）を考慮する
2	労働者（労働組合）の権利保護を考慮する
3	過度に短期的な利益追求を助長させる行動を排除し、中長期的かつ安定した収益の確保に努める
4	運用方針、または責任投資の手法を明示し、透明性の高い運用に努める
5	投資先企業に反倫理的、または反社会的な行動がみられた場合、経営陣との対話や株主議決権行使など間接的・直接的に資産所有者としての適正な行動をとる
6	運用受託機関に対して責任投資を求め、責任投資を資産運用における主流に（メインストリーム化）していく

出所：連合「ワーカーズキャピタル責任投資ガイドライン（改訂版）」より野村資本市場研究所作成

図表２　ワーカーズキャピタル責任投資のための行動指針

1	ワーカーズキャピタルの所有者として有する責任と権利を認識し、ワーカーズキャピタルの運用方針（「責任投資に関する基本方針」など）を決定する
2	ワーカーズキャピタルの一方の拠出者である企業等との対話を行い、責任投資の手法を具体化する
3	ワーカーズキャピタルの運用方針、または責任投資の手法について明示し、運用受託機関の選定への関与、運用結果の監視を行う
4	ワーカーズキャピタルが過度に短期的な利益追求を助長することにならないよう、適宜、運用の監視を行う
5	ワーカーズキャピタルの最も代表的な年金基金の運用に際しては、年金給付の財源を不当に毀損させないため、中長期的かつ安定した収益の確保を基本とした運用に徹することを求める
6	投資先企業の実質的な株主、あるいは資産所有者として、投資先企業に反倫理的、または反社会的な行動などがみられた場合、投資先企業の経営陣との対話や株主議決権行使など間接的・直接的に資産所有者としての適正な行動をとる
7	ワーカーズキャピタルの運用方針（「責任投資に関する基本方針」など）、責任投資の手法、またはガイドラインの公表などを通して、労働者（労働組合）間の連帯をはかる

出所：連合「ワーカーズキャピタル責任投資ガイドライン（改訂版）」より野村資本市場研究所作成

や児童労働の廃止等、ILO（国際労働機関）の中核的労働基準の遵守、社会保険適用、安全衛生、労働者（労働組合）との対話、人材育成、女性管理職の登用、ワーク・ライフ・バランスの促進などディーセント・ワークの実現に資する分野に着目することは重要である」としながらも、「実際にESGのうちどの要素に着目するか、また、どのような手法でいくら配分するかは、現実的には企業や企業年金、運用受託機関等との調整にもよるため、取組みや協議を進める段階で具体化を図っていくことで問題はない」としている。そして、運用受託機関等の選定基準の一つとして、国連責任投資原則（PRI）や21世紀金融行動原則の署名機関、あるいは「日本版スチュワードシップ・コード」の受入れ表明機関とする、といったことも広義の責任投資であり、それを起点にさらに取組みを具体化していくことが望ましいとされている。

［西山賢吾］

CHRB

CHRB（Corporate Human Right Benchmark：企業と人権ベンチマーク）は、NGO、責任投資調査会社、機関投資家など７つの団体が創設した、ビジネスと人権に関する国際的なイニシアティブである。CHRBは企業の人権に関する取組みについて、2016年から世界の企業をスコアリングしている。2019年度版においては、人権に関する問題で注目を集めることが総じて多い農業（Agricultural Products)、アパレル（Apparel)、資源採掘業（Extractives)、情報通信技術製造業（ICT Manufacturing）のなかから時価総額および売上高の大きい上場企業が選ばれており、対象企業は200社、うち日本企業は18社である。

評価枠組みは、「ガバナンスとポリシー」「人権尊重と人権デュー・ディリジェンス」「救済と苦情処理メカニズム」「人権慣行」「深刻な申立てへの反応」「透明性」の６つの観点から構成されている。2019年の結果は図表に示したが、対象全企業平均が24.2点（満点は100点）と低く、結果をみる限りにおいては、世界的にみても、企業の人権に対する取組み、活動は盛んであるとは言いがたい。

日本企業18社の平均は15.7点と全対象企業の平均を下回っており、企業の人権に対する取組み、活動は世界全体よりさらに消極的にみえる。特に、「実践：企業の人権活動」（2.2ポイン

図表　CHRB スコア（2019年）の日本企業と全対象企業との比較

人権課題への取組み分野	配点	対象企業平均(A)	日本企業平均(B)	(A)－(B)	参考：Adidas
A. ガバナンスと方針（GOVERNANCE AND POLICIES）	10	2.6	2.3	0.3	7.4
B. 尊重の組み入れと人権デュー・ディリジェンス（EMBEDDING RESPECT AND HUMAN RIGHTS DUE DILIGENCE）	25	5.7	3.6	2.1	21.4
C. 救済措置と苦情処理メカニズム（REMEDIES AND GRIEVANCE MECHANISMS）	15	3.1	1.4	1.7	15
D. 実践：企業の人権活動（PERFORMANCE: COMPANY HUMAN RIGHTS PRACTICES）	20	4.3	2.1	2.2	16.1
E. 実践：深刻な申し立てへの対応（PERFORMANCE：RESPONSES TO SERIOUS ALLEGATIONS）	20	5.3	3.6	1.7	15
F. 透明性（TRANSPARENCY）	10	3.2	2.7	0.5	8.4
平均	100	24.2	15.7	8.5	83.3

出所：Corporate Human Rights Benchmark 2019 result より野村資本市場研究所作成

ト）と、「尊重の組み入れと人権デュー・ディリジェンス」（2.1ポイント）において、対象全企業と日本企業とのスコアの差が相対的に大きく、この観点からも、人権デュー・ディリジェンスへの取組みが今後積極化することが期待される。

なお、対象企業のうち最もスコアが高いのはアディダスの83.3点である。内訳をみると、「尊重の組み入れと人権デュー・ディリジェンス」が21.4点と非常に高いことがわかる。これに続き、70点台は6社、60点台は5社となっている。一方、日本企業で最もスコアが高いのはファーストリテイリングの40点台であり、他の17社は20点台であった。

CHRBは、2023年をメドに企業のSDGs達成貢献度を評価する世界的ベンチマークの策定を目指す「世界ベンチマークアライアンス（WBA）」と提携しており、人権に関するベンチマークは今後CHRBとWBAの共同でつくられる方向である。それゆえに、CHRBのスコアに対する注目度は今後さらに高くなるとみられる。

［西山賢吾］

ILO

ILO（International Labor Organization：国際労働機関）は、1919年に創設された世界の労働者の労働条件と生活水準の改善を目的とする専門機関で、スイスのジュネーヴに本部がある。2019年３月現在、187カ国が加盟している。

ILOは、社会正義を基礎とする世界の恒久平和を確立することを目的に、基本的人権の確立、労働条件の改善、生活水準の向上、経済的・社会的安定の増進に注力しているが、その最も伝統的な活動として、条約や勧告の制定といった基準設定活動がある。条約と勧告は、狭義の国際労働基準を構成する。国際労働基準の取り扱う分野は広範囲にわたり、結社の自由、強制労働の禁止、児童労働の撤廃、雇用・職業の差別待遇の排除など基本的人権に関連するものから、三者協議、労働行政、雇用促進と職業訓練、労働条件、労働安全衛生、社会保障、移民労働者や船員などの特定カテゴリーの労働者の保護など、労働に関連するあらゆる分野に及ぶ。

条約は、国際的な最低の労働基準を定め、加盟国の批准によって効力が発生する。一方、勧告は批准を前提とせず、拘束力はない。これまで、89の条約（うち撤回・廃止11、棚上げ19）と205の勧告（うち撤回36、置換え22）が出されている。日本は49の条約に批准している（加盟国の平均批准条約数は44、OECD

諸国の平均批准条約数は75)。

ESGのS（社会）の課題を考えるうえで重要な課題の一つとして、「ディーセント・ワーク：働きがいのある人間らしい仕事」がある。ILOは「すべての人にディーセント・ワーク―Decent Work for All―」の実現を目指して活動を展開している。ディーセント・ワークという言葉は、1999年の第87回ILO総会に提出されたファン・ソマビア事務局長（当時）の報告において初めて用いられたもので、現在はILOの活動の主目標と位置づけられている。ディーセント・ワークとは、仕事があることが基本であるが、その仕事は、権利、社会保障、社会対話が確保されていて、自由と平等が保障され、働く人々の生活が安定する、すなわち、人間としての尊厳を保てる生産的な仕事のこととされている。すなわち、「権利が保障され、十分な収入を生み出し、適切な社会的保護が与えられる生産的な仕事」を意味し、それはまた、「すべての人が収入を得るのに十分な仕事があること」を意味する。

1999年の第87回ILO総会事務局長報告と2008年の第97回総会において採択された「公正なグローバル化のための社会正義に関するILO宣言」のなかで、ディーセント・ワーク実現のための4つの戦略目標が掲げられた。

(1) 仕事の創出：必要な技能を身につけ、働いて生計が立てられるように、国や企業が仕事をつくりだすことを支援。

(2) 社会的保護の拡充：安全で健康的に働ける職場を確保し、生産性も向上するような環境の整備。社会保障の充実。

(3) 社会対話の推進：職場での問題や紛争を平和的に解決できるように、政・労・使の話合いの促進。

(4) 仕事における権利の保障：不利な立場に置かれて働く人々をなくすため、労働者の権利の保障、尊重。

なお、ジェンダー平等は、横断的目標としてすべての戦略目標にかかわっている。

ディーセント・ワークはSDGs（持続可能な開発目標）の8番目「働きがいも、経済成長も」として位置づけられており、持続可能な開発の達成に向けたディーセント・ワークの重要性が示されている。また、日本で策定が進められている国連「ビジネスと人権に関する指導原則」に関する行動計画（NAP）の分野別行動計画原案においても、すべての分野に関連する「横断的事項」としてディーセント・ワークの促進が取り上げられている。

［西山賢吾］

WDI

WDI（Workforce Disclosure Initiative：労働情報開示イニシアティブ）は、企業に対し従業員管理の情報開示を要求する機関投資家の共同イニシアティブである。2017年にESG投資を推進するNGOであるShare Actionが提唱し、当時世界10カ国の機関投資家79社が参加し、運用資産総額は8兆米ドル（約900兆円）にのぼった。

同イニシアティブは、企業の就業規則や労働慣行などを細かくチェックし、同業他社と比べて労働リスクや機会を把握していくものであり、企業に対する調査票はWDIが一括して作成・発送している。調査票はSASB（米国サステナビリティ会計基準審議会）、英国の年金基金団体Pensions and Lifetime Savings Association（PLSA）、米国Human Capital Management Coalition（HCM連合）等が定めたガイドラインを基準に作成された。内容は労働環境、ダイバーシティ、ジェンダー賃金平等（Gender Pay Gap）、賃金、離職率、研修時間、内部通報制度、苦情処理メカニズム、安全衛生、従業員エンゲージメント、サプライヤーの労働面ポリシー等多岐にわたっている。

2017年には74社に調査票を送付したが、2019年には対象を500社に拡大した。機関投資家サイドの参加も110社以上、運用資産総額は13兆米ドル（約1,420兆円）に拡大した。

WDIはESGの「S」課題において、人事・労務が取り上げられるようになったことを示すという意味で注目される。

［西山賢吾］

ガバナンス

アクティビスト

アクティビストは、企業の株式を取得したうえで、当該企業に対し企業価値向上のための施策を提言し、投資収益の向上を目指す投資家のことであり、「物言う株主」ともいわれる。アクティビストは、余剰な現預金を保有する企業や、低採算の事業を抱え、長期に収益が低迷している企業に対し、増配や自己株式の取得、低収益事業や資産の売却による経営資源の集中などを求める。

アクティビストは、まず当該企業の経営陣に対して書簡を送付し、直接交渉を行うことが多い。そして、経営陣との対話が不調に終わると、株主提案（増配、自己株式取得、企業買収等）や取締役選任議案への反対等の行動を起こし、他の株主に対し、株主総会においてアクティビスト側への賛同を求める委任状勧誘（プロキシファイト）を展開する。その際にはメディアやウェブサイトを積極的に利用して、アクティビスト側の考えの正当性を主張していくことも多い。

日本において「アクティビスト」が本格的な活動をみせたのは2000年代前半であり、それは日本の株式保有構造が変化し始めた時期だった。取引関係といった長期的な関係を重視する法人が株主の主体となる「株式持合い」の解消が進み、株主の主体がキャピタルゲイン（株式値上り益）やインカムゲイン（配当）の獲得を保有動機とした純投資家へと移行し始めた時期であった。アクティビストは「会社はだれのものか、株主のものである」と主張して、株主提案などをはじめとする活動を積極的に行った。しかし、これらの活動は一定の賛同を得たものの、彼らによる多くの株主提案は否決された。さらに、積極的な活動を行ったアクティビストファンドの代表者の１人が証券取引法違反により逮捕されると、日本におけるアクティビストは「短期的な視点で、アクティビスト自身の利益のことだけを考える存在」との評価となり、その後、日本におけるアクティビストの活動は下火となった。

しかし、⑴日本においてコーポレートガバナンス改革が本格化し、2014年にスチュワードシップ・コードが制定されると、日本の機関投資家も会社側提案へ反対、株主提案へ賛成する事例が増えてきたことや、⑵海外においてもアクティビストの活動が、「多くの株式を保有して圧力をかける」手法から「株式保有割合は比較的少ないが、多くの株主が受け入れられる合理的な提案を行い、長期的視点をもつ機関投資家の賛同を得る」という手法に移行してきたことから、日本においてもアクティビストの活動が再度活発になってきている。

［西山賢吾］

アセットオーナー／アセットマネージャー

アセットマネージャーは、資産の運用管理を任されている投資信託会社や投資顧問会社など、いわゆる「ファンド」を指す。一方、アセットオーナーは資産保有者を意味する。受託者責任に基づいて自家運用するか、アセットマネージャーに運用を委託し、最終受益者（年金や保険の受給者）から受託した資産の管理、運用を行う保険会社や年金基金などがこれに該当する。

機関投資家の行動規範と位置づけられるスチュワードシップ・コードにおいて、アセットマネージャー（日本版スチュワードシップ・コードでは「資産運用者としての機関投資家、運用機関」）と、アセットオーナー（日本版スチュワードシップ・コードでは「資産保有者としての機関投資家」）はともに「責任ある機関投資家」と位置づけられている。「責任ある機関投資家」は、投資先企業への深い理解に基づく建設的な「目的をもった対話」を通じ、顧客・受益者の中長期的な投資リターンの拡大を図る責任（これを「スチュワードシップ責任」と呼ぶ）を果たすことが期待されている。

さらに、日本版スチュワードシップ・コードにおいては、アセットマネージャー（運用機関）は、投資先企業との日々の建設的な対話等を通じて、当該企業の企業価値の向上に寄与すること、そして、アセットオーナーの期待するサービスを提供できるよう、その意向の適切な把握などに努めるべきであるとされている。一方、アセットオーナーは、スチュワードシップ責任を果たすための基本的な方針を示したうえで、自ら、あるいは委託先である運用機関の行動を通じて、投資先企業の企業価値の向上に寄与することが期待されるとともに、運用機関の評価にあたり、短期的な視点のみに偏ることなく、本コードの趣旨をふまえた評価に努めるべきであるとされている。

[**西山賢吾**]

伊藤レポート

伊藤レポートは2014年８月に公表された経済産業省「持続的成長への競争力とインセンティブ～企業と投資家の望ましい関係構築～プロジェクト」の最終報告書のことであり、同プロジェクトの座長が伊藤邦雄一橋大教授（当時、現・特任教授）であったことからこの名前がつけられた。

同プロジェクトは、企業と投資家による企業価値の向上に向けた対話や開示のあり方を検討、調査、提案する場として2012年７月に設立された「企業報告ラボ」の特別プロジェクトという位置づけで2013年７月にスタートした。企業経営者や長期投資家、市場関係者等が集まり、当時国際的な議論の的となっていた資本市場や企業のショートターミズム（短期主義）、企業と投資家の対話（エンゲージメント）、企業開示・報告のあり方といった課題を日本の文脈においてとらえるとともに、これらの課題の克服を通じて企業の収益力向上や持続的な成長につなげるための方策を検討するものであった。

同プロジェクトは2013年10月に「論点整理」として、「持続的成長の定義」「ショートターミズム」「中長期的な対話に向けた開示」など14の論点を提示、広く意見聴取（エビデンス・情報の募集）を行った。そして、これらエビデンス・情報を整理、分析し、2014年４月に「中間論点整理」を公表、さらなる情報や意見の募集を行って議論を重ねた結果、8月に「最終報告書」がまとめられた。

伊藤レポートは、現状、「最もイノベーティブとみられてきた日本企業が、持続的な低収益性というパラドックスに陥っている」という問題意識から、これを克服し、持続的成長を達成するために、以下のような提言を行っている。

(1) 企業と投資家の「協創」による持続的価値創造を

(2) 資本コストを上回る自己資本純利益率（ROE）を、そして資本効率革命を

(3) 全体最適に立ったインベストメント・チェーン変革を

(4) 企業と投資家による「高質の対話」を追求する「対話先進国」へ

(5) 「経営者・投資家フォーラム[1]（仮）」の創設

すなわち、企業と株主、投資家との間での適切な内容の対話・エンゲージメントが企業の持続的価値を生み出すこと、企業は資本効率を意識した企業価値経営へ転換して、グローバルな投資家と対話をする際の最低ラインとして8％を上回るROEを達成することにコミットすべきであること、収益力と資本効率の向上は日本経済の好循環、持続的成長につながるといったことが、伊藤レポートにおける提言の主な内容である。

伊藤レポートは、2014年に策定された「スチュワードシップ・コード」や、2015年に策定された「コーポレートガバナンス・コード」と並び、日本のコーポレートガバナンス改革の基

1　2015年6月10日に第1回会合が開催された。

本的な考え方や方向性を示すものである。

その後、「日本再興戦略2016」(2016年6月閣議決定)において、コーポレートガバナンスの改革を「形式」から「実質」に深化させ、持続的な企業価値向上と中長期投資の促進につなげるための総合的な政策が打ち出されたが、そのなかで、長期的な経営戦略に基づく投資の最適化を促すガバナンスの仕組みや、経営者の経営判断と投資家の今日のあり方、情報提供のあり方について検討を進め、投資の最適化を促す方向が打ち出された。この検討のため、経済産業省は2016年8月に「持続的成長に向けた長期投資(ESG・無形資産投資)研究会」(座長:伊藤邦雄一橋大特任教授)を設置し、10月には最終報告書となる「伊藤レポート2.0」が公表された。

「伊藤レポート2.0」には、企業と投資家の「共通言語」としての「価値協創ガイダンス」(2017年5月に同研究会の策定した案をもとに経済産業が策定・公表)の活用、企業の統合的な情報開示と投資家との対話を促進するプラットフォームの設立、企業価値を高める無形資産(人的資本、研究開発投資、IT・ソフトウェア投資等)への投資促進のためのインセンティブ設計、等の提言がなされた。「伊藤レポート2.0」にはROE等具体的な数値への言及はないものの、同レポートは伊藤レポートで示された「ROE8%以上」を確実に、そして持続的に実現するための諸提言と位置づけられる[2]。 **[西山賢吾]**

---

2 伊藤邦雄特任教授は、ROEに象徴される企業価値の向上と、ESGに象徴される社会的価値の最適化戦略を統合した価値協創「ROESG」を提唱している。

エスカレーション

エスカレーションは、企業と投資家との対話活動（エンゲージメント）において、対話が不調に終わった際に当該企業に対する働きかけを強めていくことであり、「関与の強化」と訳されることもある。

たとえば、対話が不調に終わった場合には他の投資家と協働（コラボレーション）して対話活動を行う、それも不調に終わった場合は株主提案や委任状争奪（プロクシファイト）へ進む、など、投資家があらかじめエスカレーションの手法を決定する。

英国のスチュワードシップ・コード（The UK Stewardship Cord 2020）のアセットオーナーとアセットマネージャー向け原則[1]において「署名機関は、必要に応じて、発行体企業に影響を与えるためにエスカレーションを実施する（原則11）」[2]とされており、同コードはコードの署名機関に対しエンゲージメントをエスカレートさせる方法の開示を求めている（図表参照）。

1　英国スチュワードシップ・コード2020は、「アセットオーナー、アセットマネージャー向け原則」と、議決権行使会社などの「サービスプロバイダー向け原則」に分かれている。
2　日本語訳は金融庁の仮訳（2019年11月８日時点版）による。

図表　英国スチュワードシップ・コード2020におけるエスカレーション（原則11）

原則11 署名機関は、必要に応じて、発行体企業に影響を与えるためにエスカレーションを実施する
活動 署名機関は、以下について説明すべきである。 ・自分のかわりにスチュワードシップ活動のエスカレーションを行うアセットマネージャーに向けて設定した期待水準 または ・どのように課題を選択し、優先順位を設定し、そしてエスカレーションについてよく事情をふまえた目的を開発させたのか ・エンゲージメントをエスカレーションさせることとしたのはいつか（その際の課題、アプローチをとった理由も含め、具体例を使用しながら） ・ファンド、資産、地理によってエスカレーションはどのように変わったか
結果 署名機関は、自身が直接行ったのと他者が代理で行ったのに関係なく、エスカレーションの結果を説明しなければならない。 〈例〉 ・発行体企業によってとられた行動または変化 ・エスカレーションの結果がどのように投資判断に影響を与えたか（取得・売却・保有維持） ・エンゲージメントのアプローチにおける変化 具体例は、バランスよくあるべきであり、望まれた結果が達成されなかった、または未達成の事例も含むべきである。

出所：英国スチュワードシップ・コード2020（金融庁による仮訳）をもとに野村資本市場研究所作成

日本においても、エスカレーションの手法を決めることや、それらの手法、プロセスの開示を求めることを、スチュワードシップ・コードに取り入れる必要性が指摘されることもあるが、現状では、エンゲージメントの歴史が浅い日本においてエスカレーションを取り入れることには慎重な意見が強く、いまのところ取り入れられていない。

［西山賢吾］

エンゲージメント

エンゲージメントとは、一般的には「契約」「婚約」などと訳されるが、コーポレートガバナンスの分野においては「機関投資家と投資対象先企業との間での対話活動」を意味する。

2014年に制定されたスチュワードシップ・コードにおいて、エンゲージメントは、「機関投資家が投資先企業やその事業環境等に関する深い理解に基づく建設的な「目的をもった対話」」とされた。さらに、2020年の再改訂版では、「投資先企業やその事業環境等に関する深い理解のほか、運用戦略に応じたサステナビリィ（ESG要素を含む中長期的な持続可能性）の考慮に基づく建設的な「目的をもった対話」」とされ、ESG要素を含む中長期的な持続可能性もエンゲージメントの対象となった。

スチュワードシップ・コードにおいて、「エンゲージメントなどを通じ、当該企業の企業価値向上、持続的成長を促すことにより、顧客・受益者の中長期的な投資リターンの拡大を図る」機関投資家の責任が「スチュワードシップ責任」とされた。このため、同コードに署名した投資家は、スチュワードシップ責任を果たすうえでエンゲージメント活動を積極的に行うため、社内体制の整備を行っている。具体的には、アナリストやポートフォリオマネージャー（ファンドマネージャー）が従来の活動に加え、エンゲージメント活動を行うというものである。さらに、大手の機関投資家を中心に「責任投資調査部」などの名前で、コーポレートガバナンス、エンゲージメント活動を専門に行う部署を設置するという動きも進んだ。

エンゲージメント活動を通じて企業と投資家の相互理解を深めることにより、機関投資家が企業の中長期的、持続的成長を促すということが期待される。しかし、両者の意見が対立することもある。その際、同じ意見をもつ複数の機関投資家がまとまって企業との対話を行うことを協働エンゲージメント（コレクティブエンゲージメント、コラボレートエンゲージメントと呼ぶこともある）というが、スチュワードシップ・コードにおいては「機関投資家が投資先企業との間で対話を行うにあたっては（中略）必要に応じ、他の機関投資家と協働して対話を行うことが有効な場合もありうる」とされている[1]。

現在、エンゲージメントの対象は、コーポレートガバナンスから環境、社会課題にも拡大している一方、エンゲージメントを行うためのコストに見合うだけの便益（リターン）を得られるのかどうか、また、エンゲージメントを行った結果、企業価値が向上した場合、その便益はエンゲージメントを行わなかった投資家にも及ぶという「フリーライダー」問題が指摘されることもある。

［西山賢吾］

1　協働エンゲージメントのファシリテートを目的として2017年10月に一般社団法人機関投資家協働対話フォーラムが設立された。同フォーラムが提供する「機関投資家協働対話プログラム」には2020年５月末現在、企業年金連合会、第一生命保険、三井住友DSアセットマネジメント、三井住友トラスト・アセットマネジメント、三菱UFJ信託銀行、明治安田アセットマネジメント、りそなアセットマネジメントの７社が参加している。

親子上場

親子上場とは、親会社、子会社がともに株式市場に上場していることである。野村資本市場研究所の調べによると、2019年度（2020年3月）末現在、日本の親子上場企業数は259社となった[1]。

日本の親子上場企業数の推移を1986年度からみると、2006年度まではほぼ一貫して増加（純増）を続け、1986年度の123社から、2006年度には417社まで増加した。しかし、2006年度をピークに2007年度以降は減少（純減）が続き、2019年度で13年連続の純減となった（図表参照）。この現象は、日本における親子上場に対する評価の変化と深く関連している。

一般に、親子上場には利点と問題点が同時に指摘される。親子上場の子会社側にとっての利点は、上場によって知名度が高まり、優秀な人材の確保や、資金調達手段の多様化が可能になることに加え、引き続き親会社傘下にとどまることで安定的な

1　本稿では、親子上場企業数を「親会社が上場企業である上場子会社の数」としている。上場子会社は、⑴当該企業（子会社）以外の上場会社単独の株式保有比率が50％超であるものと、⑵株式保有比率が40％以上50％以下の場合、証券取引所に提出する開示資料である「支配株主に関する事項」において親子関係が判明したものとしている。上場持株会社傘下の非上場子会社や、非上場の中間持株会社の子会社になっている場合（いわゆる孫会社）は間接的な親子上場（上場子会社）と考えられるが、本稿では対象外としている。

図表　親子上場（上場子会社）企業数の推移

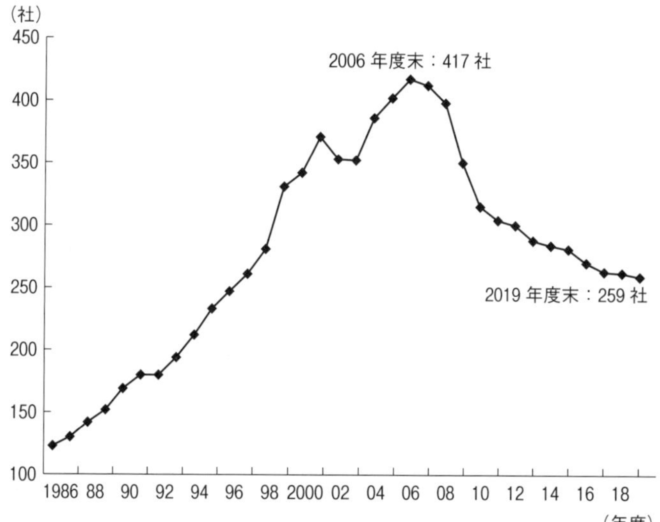

出所：大株主データ（東洋経済新報社）および各社開示資料より野村資本市場研究所作成

企業経営が期待できること等が考えられる。一方、親会社にとっては、子会社の上場時に持分の一定割合を放出することで、親子関係を維持しながら子会社株式の売却益を得られることなどが利点と考えられる。親子上場の増加期にはこうしたメリットを誘因に子会社上場のニーズが高まった。また、当時は証券取引所も優良な子会社の上場を促進する方向であったと推察される。

一方、問題点は、親会社と子会社の少数株主との間の利益相反の可能性があることや、少数株主の権利が十分に保護されていないことなど、主にコーポレートガバナンスの観点からの指摘である。

特に2000年代の半ばに、日本で株主アクティビズムの動きが広がるなかで、投資ファンド等が親子上場を日本の株式市場の問題点の一つとして取り上げた。2007年には、子会社上場に関する証券取引所の見解が従来に比べて慎重になったことに加え、2009年には当時の民主党が親子上場の規制の検討を打ち出した。このように親子上場のデメリットが前面に押し出されるとともに、親子上場企業数は減少に転じた。

親子上場に対する規制に関する議論においては、世界的にみても子会社上場自体を禁止している国はなく、企業再編の過程では親子上場にも一定の意義が認められることや、実証研究などにより、わが国では親会社による子会社の重大な経済的搾取はみられないという見解が示された。その一方で、親子上場に関する議論の進展と時を同じくして、企業グループの強化を目的としたグループ企業の再編が進み、親会社が上場子会社を完全子会社（100％子会社）として子会社を上場廃止とする事例がみられるようになり、親子上場企業数も減少基調になった。これに伴い、親子上場の議論が表に出る機会は減っていった。

しかし、最近になって、親子上場に関する議論が再び活発化し始めた。経済産業省のコーポレート・ガバナンス・システム研究会（CGS研究会）（第２期）は、子会社を保有しグループ経営を行う企業において、グループ全体の企業価値向上を図るためのガバナンス（「グループガバナンス」）を適切に運営・強化するためのあり方を議論し、2019年６月28日に「グループ・ガバナンス・システムに関する実務指針（グループガイドライン）」を策定した。

ここでは特に「上場子会社に関するガバナンスのあり方」が取り上げられた点が注目される。上場子会社という形態には過渡的な選択肢として一定の意義が認められる一方で、支配株主である親会社と、上場子会社の一般（少数）株主の間に構造的な利益相反リスクが内在している。このため、親会社側では子会社の上場を維持する合理的理由やガバナンス体制の実効性確保に関する説明をする必要性が、子会社側では独立社外取締役の比率を高める（３分の１以上や過半数等）ことや、子会社の指名委員会、報酬委員会の親会社からの独立性担保、積極的な情報開示の必要性などが指摘された。

以上の状況を鑑みると、完全子会社化や子会社の売却は今後さらに進むと見込まれる。特に完全子会社化はグループ再編の主な手法として今後も活発に実施されるとみられるため、親子上場の純減は継続しよう。加えて、コーポレートガバナンス、特に少数株主保護の観点からあらためて親子上場のあり方について議論が始まったことをきっかけに、親子上場に対する投資家の目が今後より厳しくなり、親子上場解消の動きがさらに進むことも考えられる。今後の親子上場をめぐる議論の方向性が注目される。

［西山賢吾］

価値協創ガイダンス

価値協創ガイダンス（「価値協創のための統合的開示・対話ガイダンス―ESG・非財務情報と無形資産投資―」）は、経済産業省によって2016年８月に設置された「持続的成長に向けた長期投資（ESG・無形資産投資）研究会」（座長：伊藤邦雄一橋大特任教授）が2017年５月に策定した指針である。

スチュワードシップ・コード（2014年）、コーポレートガバナンス・コード（2015年）の制定や2014年８月公表の伊藤レポートなどにより、日本のコーポレートガバナンス改革は定着し、一定の成果をあげてきた。しかし、この流れをさらに確実にし、コーポレートガバナンス改革を「形式」から「実質」へ昇華させるには、企業と投資家との間で企業価値の向上に向けた建設的な対話がなされることが必要である。そうした対話のあり方や、対話の前提となる情報開示の水準を高めるための基本的な枠組みを提示したものが本ガイダンスである。企業・投資家の自主的・自発的な指針となることを期待して、作成、提案されている。

価値協創ガイダンスに期待される役割としては次の３つがある。

⑴　企業経営者の手引として

企業経営者が、自らの経営理念やビジネスモデル、戦略、ガバナンス等を統合的に投資家に伝える際の手引（長期投資家が企業価値評価のために必要とする本質的な情報の提供）。

⑵ 投資家の手引として

投資家が、中長期的な観点から企業を評価し、投資判断やスチュワードシップ活動に役立てるための手引（企業から出された本質的な情報をどのように生かしていくか）。

⑶ 使われ、進化する共通言語として

ガイダンスが「共通言語」として機能するためには、これが有効に使われ、実務を通じてより用いられるものにしていくことが必要。開示や対話といった手段が目的化することなく、企業の持続的な価値創造、そこに向けた企業と投資家との協創がいかに達成されるかということに、常に焦点が当てられることが必要。

価値協創ガイダンスの基本的枠組みは以下のようになっている（図表参照）。

⑴ 価値観（企業理念やビジョン等、自社の方向・戦略を決定する判断軸）

⑵ ビジネスモデル（事業を通じて顧客・社会に価値を提供し、持続的な企業価値につなげる仕組み）

⑶ 持続可能性・成長性（ビジネスモデルが持続し、成長性を保つための重要事項、ESGやリスク等）

⑷ 戦略（競争優位を支える経営資源や無形資産等を維持・強化し、事業ポートフォリオを最適化する方策等）

⑸ 成果と重要な成果指標（財務パフォーマンスや戦略遂行等）

図表　価値協創ガイダンスの全体像

価値観 → ビジネスモデル → 持続可能性・成長性 → 戦略 → 成果と重要な成果指標（KPI） → ガバナンス

事業環境、外部環境への認識

価値観
- 1.1. 企業理念と経営のビジョン
- 1.2. 社会との接点

ビジネスモデル
- 2.1. 市場勢力図における位置づけ
  - 2.1.1. 付加価値連鎖（バリューチェーン）における位置づけ
  - 2.1.2. 差別化要素およびその持続性
- 2.2. 競争優位を確保するために不可欠な要素
  - 2.2.1. 競争優位の源泉となる経営資源・無形資産
  - 2.2.2. 競争優位を支えるステークホルダーとの関係
  - 2.2.3. 収益構造・牽引要素（ドライバー）

持続可能性・成長性
- 3.1. ESG に対する認識
- 3.2. 主要なステークホルダーとの関係性の維持
- 3.3. 事業環境の変化リスク
  - 3.3.1. 技術変化の早さとその影響
  - 3.3.2. カントリーリスク
  - 3.3.3. クロスボーダーリスク

戦略
- 4.1. バリューチェーンにおける影響力強化、事業ポジションの改善
- 4.2. 経営資源・無形資産等の確保・強化
  - 4.2.1. 人的資本への投資
  - 4.2.2. 技術（知的資本）への投資
    - 4.2.2.1. 研究開発投資
    - 4.2.2.2. IT・ソフトウェア投資
  - 4.2.3. ブランド・顧客基盤構築
  - 4.2.4. 企業内外の組織づくり
  - 4.2.5. 成長加速の時間を短縮する方策
- 4.3. ESG・グローバルな社会課題（SDGs 等）の戦略への組込み
- 4.4. 経営資源・資本配分（キャピタル・アロケーション）戦略
  - 4.4.1. 事業売却・撤退戦略を含む事業ポートフォリオマネジメント
  - 4.4.2. 無形資産の測定と投資戦略の評価・モニタリング

成果と重要な成果指標（KPI）
- 5.1. 財務パフォーマンス
  - 5.1.1. 財務状態および経営成績の分析（MD＆A 等）
  - 5.1.2. 経済的価値・株主価値の創出状況
- 5.2. 戦略の進捗を示す独自 KPI の設定
- 5.3. 企業価値創造と独自 KPI の接続による価値創造設計
- 5.4. 資本コストに対する認識
- 5.5. 企業価値創造の達成度評価

ガバナンス
- 6.1. 経営課題解決にふさわしい取締役会の持続性
- 6.2. 社長、経営陣のスキルおよび多様性
- 6.3. 社外役員のスキルおよび多様性
- 6.4. 戦略的意思決定の監督・評価
- 6.5. 利益分配の方針
- 6.6. 役員報酬制度の設計と結果
- 6.7. 取締役会の実効性評価のプロセスと経営課題

出所：経済産業省「価値協創のための統合的開示・対話ガイダンス－ESG・非財務情報と無形資産投資（価値協創ガイダンス）」

(6) ガバナンス（取締役会の持続性や経営陣、社外役員のスキルや多様性、利益分配の方針や役員報酬制度など、投資家が企業のガバナンスの実効性を確認するための開示）

企業は、投資家に必要な情報を提供するうえで、価値協創ガイダンスに示された各項目を固定的にとらえるのではなく、自社のビジネスモデルや戦略にとって重要なものを選択し、自社価値創造ストーリーに位置づけることが期待される。

［西山賢吾］

株式持合い

株式持合いとは一般に、企業Ａと企業Ｂが相互に株式を持ち合うこと（相互持合い）をいうが、企業Ａは企業Ｂの株式を保有しているが企業Ｂは企業Ａの株式を保有していない「片持合い」も含めて「株式持合い」と定義することもある。

図表は野村資本市場研究所が算出している「株式持合い比率[1]」の推移である。日本における株式持合いの歴史を振り返ると、第二次世界大戦後の財閥解体により株式の保有が分散化し、1949年の東京証券取引所の再開時点での株式持合い比率は20.3％であった。しかし、その後はバブル経済崩壊時の1990年代前半までほぼ一貫して株式の持合いが拡大した。拡大の主な要因は、旧財閥企業グループを中心とした「乗っ取り（敵対的買収）」の防止と、長期、安定した取引関係の構築であった。すなわち、株式持合いの目的は政策的な保有であり、株式の値上り益（キャピタルゲイン）や配当収入（インカムゲイン）の確保を目指した純投資目的ではなかった。

株式持合いは高度経済成長期、バブル経済期を通じ、日本経

1　「株式持合い比率」の定義は、「上場企業と非上場の生命保険会社が保有する、他の上場企業株式（時価ベース）の市場全体の時価総額に対する比率（ただし、子会社、関連会社株式を除く）」としており、「片持ち」も含まれている。

図表　わが国企業の「株式持合い比率」の推移

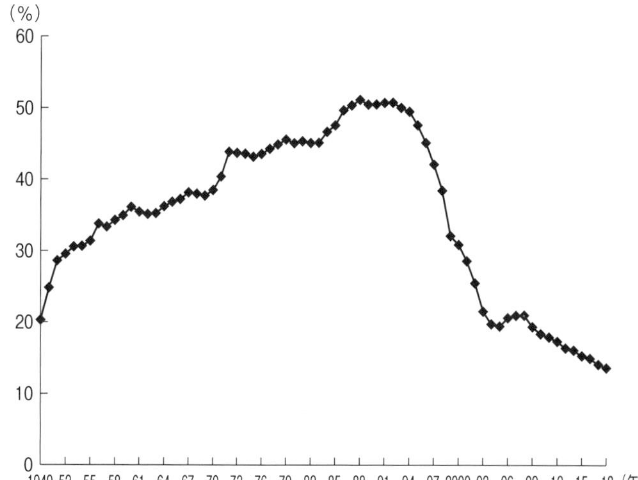

（注）「株式持合い比率」は、上場企業と非上場の生命保険会社が保有する、他の上場企業株式（時価ベース）の市場全体の時価総額に対する比率（ただし、子会社、関連会社株式を除く）。

出所：大株主データ（東洋経済新報社）、各社有価証券報告書および株式分布調査（全国証券取引所）より野村資本市場研究所作成

済、そして企業の強みとなった。長期で安定した取引関係の構築により、良質で安価な製商品やサービスの供給が可能となって日本企業の国際競争力を高めたうえに、主要な株主は経営には口を出さない、「物言わぬ株主」であったため、経営陣も株主をあまり意識することなく、長期的な視点から経営に専心することができた。また、日本企業の成長とともに株価も上昇したが、当時、企業会計上保有株式は簿価（取得時の株価）で評価されていたため、保有する各株式に多額の含み益（株式の時

価と取得時の株価の差）が生じ、企業財務の安定性も高まった。こうした点は日本企業の「強み」として、海外からも注目され、研究対象とされた。株式持合い比率も1992年度末に50.8％まで上昇した。

しかし、それ以降は状況が一変し、2000年代半ばのいわゆる「株主アクティビズム」が活発であった時期を除き、ほぼ一貫して株式持合い比率は低下している。これは、株式持合いが日本企業の「強み」から「弱み」へ転化したことを意味する。バブル経済の崩壊で日本経済が長期停滞を余儀なくされるなか、株価は下落した。さらに、自己資本純利益率（ROE）に代表される資本効率性が重視されるとともに、企業会計においても、保有株式を時価で評価するようになった。その結果、これまでわが国経済の強みとして語られてきた株式持合いと、それに付随した含み資産経営は、低い資産効率、株価の下落による保有株式の含み益の減少、損失を生み出した。さらには、2002年に制定された「銀行等保有株式制限法」による銀行の保有株式削減の進行などもあり、株式持合いの解消が進んだ。

2019年度末現在の株式持合い比率は14.0％とすでに過去最低の水準に低下している。株式持合いの解消は相当進んだとも考えられるが、2015年制定（2018年改訂）のコーポレートガバナンス・コード原則１－４では、⑴政策保有株式の保有にあたり、縮減に関する方針・考え方など、政策保有に関する方針を開示すべき、⑵毎年取締役会で、個別の政策保有株式について、保有目的が適切か、保有に伴う便益やリスクが資本コストに見合っているか等を具体的に精査し、保有の適否を検証するとともに、そうした検証の内容について開示すべき、とされており、保有合理性に乏しい株式の売却の継続が見込まれる。また、株式持合いの状況を議決権行使に反映させようという動きも見られ始めたこともあり[2]、株式持合い解消は今後も緩やかなペースで継続すると考えられる。

［西山賢吾］

ガバナンス

2　議決権行使助言会社大手のISSでは2020年２月開催の株主総会から政策株式の保有先出身の社外取締役、社外監査役は独立性がないと判断する。さらに、2022年からは、「保有目的が純投資目的以外の目的である投資株式」の「貸借対照表計上額」が純資産の20％以上の場合に、経営トップである取締役の選任議案に反対を推奨する。また、もう１つの大手グラス・ルイスでは、2021年から、「保有目的が純投資目的以外の目的である投資株式」の「貸借対照表上の合計額」が、純資産と比較して10％を超える場合、会長（会長が不在の場合には社長等の経営トップ）の取締役選任議案に反対助言を行う。

株主主権／マルチステークホルダー主権

コーポレートガバナンス論において、企業の主権者は株主であるという考え方を株主主権という。株式会社の特質である「所有と経営の分離」によれば、企業への出資者である株主が当該企業の所有者であるが、株主は直接企業の経営にはあたらず、専門家である経営者に経営を委託する。ここから「企業は株主のものである」という株主主権論が生まれる。株主主権論は特に米国や英国など、アングロサクソンの世界で深く根付いている。

一方、日本では、会社は株主だけのものではなく、従業員や取引先も含めた利害関係者（ステークホルダー）主権が根付いていた。これは、日本の株式保有構造が株式持合い主体であるなか、主要な株主が、企業価値の向上や収益拡大より中長期的、かつ有利な取引関係の維持発展を求めていたことも、日本では株主主権よりむしろステークホルダー主権の傾向が強かった要因と考えられる。2000年代半ばの株主アクティビズムが盛んであった時代に日本にも株主主権の考え方が持ち込まれ、当時は「会社はだれのものか」という議論が活発に行われた。

企業の損益計算書に示されるように、企業が稼得した収益は、まず給与や諸費用の支払というかたちで従業員等のステークホルダーへ分配され、最後に残った利益（残余利益）が株主に分配される。したがって、株主への分配が増えることは必然的に他のステークホルダーへの分配も増えることにつながるため、株主利益の最大化が結果的にすべてのステークホルダーの利益になる。株主主権論はこうした考えから支持されてきた。しかし、企業経営者が、株主からの支持を得るために短期的な利益の拡大を目指す株主至上主義、または株主優先主義につながり、その結果、格差問題や環境問題など、他のステークホルダーに負の影響を与えるさまざまな問題を引き起こしているとして、最近は株主主権が批判の対象とされていた。

このようななか、米国の経営者団体であるビジネス・ラウンドテーブルが2019年８月に発表した「企業の目的に対する声明(Statement on the Purpose of Corporation)」のなかで、顧客や従業員、取引先、地域、株主への配慮を打ち出した。この声明は、米国企業が「株主第一主義からの決別」と、「マルチステークホルダー主権への転向」を示したものとして注目されている。しかし、これは、「各ステークホルダー間への配慮が、株主に傾き過ぎたのでバランスを調整する」ということであり、「利益は重要ではない」という声明ではないと考えられる。

こうした状況について、日本では近江商人の「三方よし」に代表されるように、伝統的に「マルチステークホルダー主権」をとってきたのであり、日本的経営のよさが再認識されたとみる向きもある。しかし、これをもって日本企業の低ROEに代表される低資本生産性が正当化されるわけではない。上述のように、株主への分配が増えることは他のステークホルダーに対する収益の分配を増やすことにつながるのであるから、「マルチステークホルダー主権」と「株主主権」は相反するものではなく両立していくべきものと考えられよう。

［西山賢吾］

株主提案

株主総会において株主が議案を提出することを株主提案という。会社法上、株主提案ができるのは、株主の総議決権の1％以上の議決権、または300個以上の議決権を6カ月前から引き続き有する株主に限られる[1]（要件は定款で引下げ、短縮が可能）。この要件は、1人の株主で満たさなくてもよく、株主提案を行う複数の株主の保有分の合算で満たすことでも株主提案は可能である。

株主提案権は、⑴株主が一定の事項（当該株主が議決権を行使することができる事項に限る）を株主総会の目的（議題）とすることを請求する権利（議題提案権）、⑵議題について、株主が提出しようとする議案の要領を招集通知に記載または記録することを請求する権利（議案の要領通知請求権）、および⑶株主総会の議題につき議案を提出することができる権利（議案提案権）をあわせたものをいう。

議題提案権および議案通知請求権の行使については、株主総会の日の8週間（定款で短縮可）前までに行わなければならな

1　企業の保有する自己株式等、議決権のない株式もあるが、現在、上場企業の場合、単元株式数は100株なので、株主提案ができるのは、「発行済株式数の1％以上、または3万株以上を継続して6カ月間以上保有している株主」とほぼ同じである。

い。議案提案権については、提案した議案が法令または定款に違反する場合や、実質的に同一の議案が総株主の議決権の10分の１以上の賛成を得られなかった日から３年を経過していない場合には、提案することができない。

図表は株主提案を受けた企業数の推移を示したものである。これをみると、株主提案数は傾向的に増加しているが、特に、2015年以降は増加傾向がいちだんと強まっている。これは、2014年のスチュワードシップ・コード制定以降、機関投資家が株主提案を判断する際、「企業や株主を含むステークホルダーにとって合理的かどうか」を重視する姿勢がより明確になってきたことにより、株主提案に賛成票が集まる可能性が高まったことに加え、2015年に制定されたコーポレートガバナンス・コードにより、投資ファンド（アクティビスト）が政策保有株式の縮減や資本コストを意識した経営など、コードの原則に関連した株主提案を積極的に行っていることによる。実際に、可決までには至らないものの、一定の賛成を集める株主提案もみられている。

さらに、最近の環境に対する意識の高まりを受け、日本でも2020年６月株主総会においてみずほフィナンシャルグループに対し、日本で初めてとみられる本格的な環境に関する株主提案（「パリ協定および気候関連財務情報開示タスクフォース〔TCFD〕に賛同していることに留意し、パリ協定の目標に沿った投資を行うための指標および目標を含む経営戦略を記載した計画を年次報告書にて開示する」という条項を、定款に規定する）が環境関連の

図表　株主提案を受けた企業数の推移

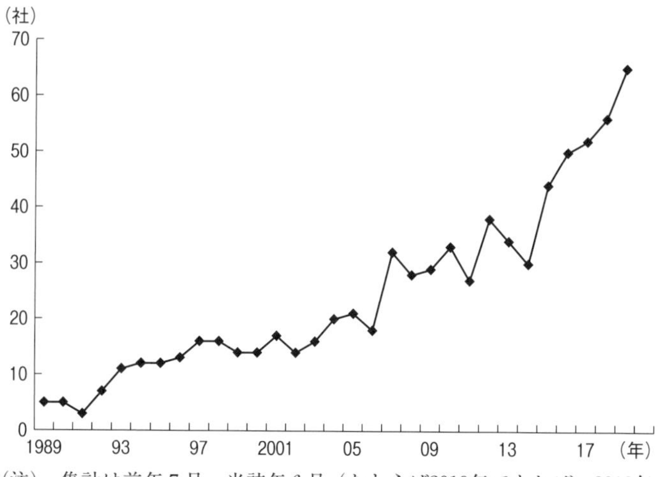

（注）集計は前年７月～当該年６月（たとえば2019年であれば、2018年７月～2019年６月）
出所：株主総会白書（公益社団法人商事法務研究会）より野村資本市場研究所作成

NPOから提出された。結果は否決となったものの、34％の賛成を集めた。今後、アクティビストからのコーポレートガバナンスに関する株主提案と並び、環境関連の株主提案が増えてくるかどうか、そして、それらがどの程度の賛成を集めるかが注目される。

なお、日本の株主提案は仮に可決された場合、企業がそれを受け入れる法的拘束力があるが、米国の場合、株主提案の多くは勧告的決議[2]であり、株主総会で可決されても法的拘束力はない。しかし、株主提案で一定の賛成を集めた内容については、企業側が自発的にそれを受け入れることも少なくない。

一方、１人の株主が数多くの株主提案を行う事例があり、株主権を乱用しているようにみえる株主提案がなされることもあった。こうした事情をふまえ、2020年改正会社法（施行は2021年の予定）において、株主が同一の株主総会で提案できる議案の数の上限は10となり、株主提案の乱用的行使が制限されることになった。

［西山賢吾］

2　たとえば、一部企業で過半の賛成を集める事例もみられた「SAY on PAY」（経営者の報酬関連議案に株主が意見を表明するもの）も勧告的決議である。

議決権行使助言会社

議決権行使助言会社は、企業の株主総会で上程される議案について、その賛否の助言を、主に機関投資家に対して行う会社のことである。機関投資家は数多くの企業の株式を保有しているために、個別企業で上程される議案の内容を精査し、賛否を判断することは容易ではない。そこで、議決権行使助言会社に委託し、議決権行使助言会社が個別の議案について、彼らが定めるガイドラインに沿って賛否の判断を行う。そして、賛否の判断とその理由とをあわせて委託を受けた機関投資家に対して助言を行う。現在、代表的な議決権行使助言会社としてはISS（Institutional Shareholder Services）社とグラス・ルイス（Glass Lewis）社がある。

機関投資家による議決権行使助言会社の利用方法としては、主に、⑴議決権行使助言会社の定める助言方針に従った賛否の助言を、そのまま自社の賛否とする、⑵機関投資家が自社のガイドラインを議決権行使助言会社に示し、議決権行使助言会社はそのガイドラインに沿った賛否を当該機関投資家のために行う、⑶議決権行使助言会社の助言内容を参考にしつつも、機関投資家が独自に定めるガイドラインに沿って判断する、の3つがある。

議決権行使助言会社の議案の賛否に係る情報は、直接的、間接的に多くの投資家が利用するため、彼らの議案に対する賛否の助言は実際の議案の賛否にも影響を与えることがある。また現在、議決権行使助言会社は事実上、ISSとグラス・ルイスの大手2社の寡占状態となっていることもあり、議決権行使助言会社の影響力の大きさに懸念をもつ向きもある。

さらに、議決権行使助言会社に対しては、議案を判断する際のプロセスが必ずしも公表されているわけではないこと、また、議決権行使助言会社は客観性と効率性の観点から、原則として公表された情報に基づいた定量的な判断基準（たとえば、ROE〔自己資本純利益率〕が一定水準を下回る、社外取締役が○人以上）を定め、その基準に合致しない場合は議案に反対を助言することが少なくない。この点が個別企業の状況を勘案しない「杓子定規的」な判断であるとして批判されることもある。

このような議決権行使助言会社への批判は、日本のみならず欧米でもみられ、各国・地域で議決権行使助言会社に対する規制等が検討されている。日本では、2020年3月に改訂されたスチュワードシップ・コードで、議決権行使助言会社は、⑴利益相反が生じうる局面を具体的に特定し、これをどのように実効的に管理するのかについての明確な方針を策定して、利益相反管理体制を整備するとともに、これらの取組みを公表すべきであること、⑵運用機関（機関投資家など）に対し、個々の企業に関する正確な情報に基づく助言を行うため、十分かつ適切な人的・組織的体制を整備すべきであり、透明性を図るため、そうした体制を含む助言策定プロセスを具体的に公表すべきであること、(3)企業の開示情報に基づくほか、必要に応じ、自ら企業と積極的に意見交換しつつ、助言を行うべきであること、が新たに盛り込まれた。

［西山賢吾］

グループガバナンス

コーポレートガバナンスの対象とする範囲を、法人単位、すなわち個別企業（親会社）から企業グループ単位に拡大して議論、検討することをグループガバナンスという。

日本のコーポレートガバナンス改革は、成長戦略の重要課題の一つとして取り上げられている。ここでは、「稼ぐ力を取り戻す」ことにより中長期的な収益性・生産性を高め、持続的に成長することで、企業が国際競争に打ち勝つことを目的とし、攻めの経営判断を行う仕組みをつくるためにコーポレートガバナンスを強化するという、「攻めのカバナンス」が主に議論されてきた。このようなコーポレートガバナンス強化の動きは着実に進み、社外取締役の導入や員数の拡大、株主還元の拡大、株式持合い解消など一定の成果をあげてきているが、企業においては形式的な対応もみられ、今後はこの実効性をさらに高めることが期待される。

この間、コーポレートガバナンスに関する議論は法人単位（個別企業、親会社）で行われたが、実際の企業経営は企業グループ単位で行われていることが課題として浮上してきた。加えて昨今、企業グループ内企業、すなわち子会社において不祥事が発生する事案もみられ、「攻め」のガバナンスのみならず、グループ経営における「守り」のガバナンスとして、子会社管理の実効性確保等も新たな課題となった。このような状況に鑑み、経済産業省の「コーポレート・ガバナンス・システム研究会（CGS研究会）（第2期）」は2019年6月、「グループ・ガバナンス・システムに関する実務指針」を策定した。

「グループ・ガバナンス・システムに関する実務指針」は、主として企業単体の経営を念頭に置いて作成されたコーポレートガバナンス・コードの趣旨を敷衍し、グループガバナンスのあり方を同コードとの整合性を保ちつつ示すという意味において、同コードを補完するものと位置づけられている。ここでは、グループ設計のあり方、事業ポートフォリオマネジメントのあり方、内部統制システムのあり方、子会社経営陣の指名・報酬のあり方、上場子会社に関するガバナンスのあり方について論じられている。

なかでも、上場子会社に関するガバナンスのあり方においては、⑴上場子会社（いわゆる親子上場）には支配株主である親会社と上場子会社の一般株主の間に構造的な利益相反リスクが存在すること、⑵利益相反リスクが顕在化しうる局面においては、一般株主の利益が害されうるため、上場子会社における実効的なガバナンス体制の構築を通じ、一般株主の利益に十分配慮した対応を行うことが求められた。

そして、⑶親会社は、グループ全体としての企業価値向上や資本効率性の観点から、上場子会社の維持の適否について定期的に点検するとともに、その合理的理由や上場子会社のガバナンス体制の実効性確保について、情報開示を通じて投資家への説明責任を果たすべきであるとされている。

一方、上場子会社においては、⑴親会社と一般株主との間に利益相反リスクがあることをふまえた、上場子会社としての独立した意思決定を担保するための実効的なガバナンス体制の構築、⑵独立社外取締役は、業務執行を監督する役割を果たすための執行陣からの独立性に加え、一般株主の利益を確保する役割も期待されるため、独立社外取締役の親会社からの独立性を確保すること、および、取締役会における独立社外取締役の比率を３分の１または過半数等へ引き上げるべきこと、⑶利益相反リスクに対応するため実効的なガバナンスの仕組みの構築、⑷投資家への説明責任や資本市場からの信頼確保の観点から、ガバナンスの方策について積極的な情報開示を行うこと、⑸価値向上に貢献するかという観点から経営陣の指名や報酬決定を行うこと、⑹親会社は上場子会社の独立性を実質的に担保すべきこと、などが求められている。

こうしたグループガバナンスに関する議論は、日本の株式市場における特徴の一つである親子上場にも影響を与えるものとして注目される。

［西山賢吾］

コーポレートガバナンス・コード

コーポレートガバナンス・コードは、金融庁と東京証券取引所が共同事務局となって2015年に制定され、2018年にその内容が一部改訂された、上場企業の行動原則である。2014年に制定され、2017年、2020年に改訂された機関投資家の行動原則であるスチュワードシップ・コードとともに「コーポレートガバナンス改革の車の両輪」とされている。

コーポレートガバナンス・コードは東京証券取引所が定める有価証券上場規程の一部となっており、5つの「基本原則」、31の「原則」、42の「補充原則」の計78原則から成り立っている[1]。東証1、2部上場企業はすべての項目について、新興市場上場企業は基本原則について、それらを受け入れるか、受け入れない場合にはその理由を説明するという、いわゆる「コンプライ・オア・エクスプレイン」を採用している。

コーポレートガバナンス・コードの基本5原則をみると、原則1では「株主の権利・平等性確保」として、株主が適切にその権利を行使できるための環境を確保すること、および株主の実質的な平等性の確保が謳われている。原則2では、株主だけではなく、従業員や取引先などのステークホルダーの権利保護

1　基本原則、原則、補充原則はそれぞれ独立し、その内容の重要度に差異はない。

が謳われている。原則3では財務・非財務、法定・任意を問わず開示に対し主体的に取り組むこと、原則4では取締役会は(1)経営戦略の大きな方向性の提示、(2)経営陣幹部による適切なリスクテイクを支える環境整備、(3)独立した客観的立場から行う経営陣・取締役に対する実効性の高い監督、といった役割・責務を果たすことが謳われている。さらに原則5では株主との建設的な対話の実施、が謳われている。

一方、東京証券取引所の上場規定により、78の原則のうち11の原則については、コードにおいて特定の事項の開示が要請されており、東証に提出するコーポレートガバナンス報告書において開示が求められている[2]。たとえば、政策保有株式に関する方針や政策保有株主との関係（原則1－4）、取締役会による経営陣幹部の選解任と取締役・監査役候補の指名を行う際の、個々の選解任・指名についての説明（原則3－1）、社外取締役の独立性基準（原則4－9）、取締役会の多様性（ジェンダーや国際性を含む）（補充原則4－11①）、などがあげられる（図表参照）。

端的にいえば、コーポレートガバナンス・コードは、企業に対する規律として、「投資家と建設的な対話を行うこと」を求めるものであり、それにより、企業の中長期的かつ持続的な成長を期待するものといえるであろう。

2　これらの項目は「コンプライ・アンド・エクスプレイン」、すなわち、「原則を受け入れた場合、その実施内容を説明する」ものとなっている。

図表　コーポレートガバナンス報告書において開示が求められる11原則

原則１－４	政策保有に関する方針（縮減方針・考え方など） 政策保有株式の保有の適否についての検証の内容 政策保有株式の議決権行使基準
原則１－７	関連当事者間取引についての適切な手続の策定とその枠組み
原則２－６	企業年金の積立金の運用についての人事面や運用面における取組みの内容
原則３－１	会社の目指すところ（経営理念等）や経営戦略、経営計画 コーポレートガバナンスに関する基本的な考え方と基本方針 経営陣幹部・取締役の報酬決定にあたっての方針・手続 経営陣幹部・取締役・監査役を指名するにあたっての方針・手続 経営陣幹部・取締役・監査役候補の指名を行う際の、個々の選任・指名についての説明
補充原則４－１①	経営陣に対する委任の範囲の概要
原則４－９	独立社外取締役の独立性判断基準
補充原則４－11①	取締役会全体としての知識・経験・能力のバランス、多様性、規模に関する考え方
補充原則４－11②	取締役・監査役の兼任状況
補充原則４－11③	取締役会全体の実効性についての分析・評価の結果の概要

補充原則 4－14②	取締役・監査役に対するトレーニングの方針
原則5－1	株主との建設的対話促進のための体制整備・取組みに関する方針

出所：コーポレート・ガバナンスに関する報告書　記載要領（東京証券取引所）より野村資本市場研究所作成

［西山賢吾］

コーポレートガバナンス報告書

コーポレートガバナンス報告書（正式名称は「コーポレート・ガバナンスに関する報告書」）は、東京証券取引所（以下、東証）が同取引所への上場会社に対し提出、開示を求めている書類の一つであり、他の証券取引所もほぼ同様の報告書の提出、開示を求めている。東証によれば、「企業経営者が責任をもって適切なディスクロージャーに取り組むという意識を持つ」ことと、「企業経営者の独走を牽制する観点から独立性のある社外の人材を適切に活用する」ことが、東証の掲げるコーポレートガバナンスの充実に向けた目標であり、その目標の実現を促進する観点から、各社のコーポレートガバナンスの状況を投資者に対して明確に伝える手段として、コーポレートガバナンス報告書の提出、開示を求めるものである。各社の機関設計の違いに応じて、「監査役会設置会社用」「監査等委員会設置会社用」「指名委員会等設置会社用」に分かれているが、求められる開示内容はほぼ同一である。

Ｉの「コーポレート・ガバナンスに関する基本的な考え方及び資本構成、企業属性その他の基本情報」では、コーポレートガバナンス・コードの各原則を実施しない理由（コーポレートガバナンス・コードの各原則のうち実施していないものがある場合に、その理由を記載）、コーポレートガバナンス・コードの各原則に基づく開示（コーポレートガバナンス・コードにおいて「開示すべき」とされている事項の内容の記載）、資本構成、企業属性、支配株主との取引等を行う際における少数株主の保護の方策に関する指針などがある。

Ⅱの「経営上の意思決定、執行及び監督に係る経営管理組織その他のコーポレート・ガバナンス体制の状況」では、採用する組織形態（監査役会設置会社、監査等委員会設置会社、指名委員会等設置会社の別）、取締役、社外取締役に関する事項、独立役員に関する事項、役員報酬などインセンティブに関する事項、代表取締役社長等を退任した者の状況（元代表取締役社長等である相談役・顧問等の氏名、役職・地位、業務内容等の記載）などがある。

Ⅲの「株主その他の利害関係者に関する施策の実施状況」では、株主総会の活性化および議決権行使の円滑化に向けての取組状況、IR に関する活動状況、ステークホルダーの立場の尊重に係る取組状況などがある。

Ⅳの「内部統制システム等に関する事項」では、内部統制システムに関する基本的な考え方およびその整備状況、反社会的勢力排除に向けた基本的な考え方およびその整備状況がある。

Ⅴの「その他」では、買収防衛策の導入の有無、その他コーポレートガバナンス体制等に関する事項がある。

最後に、参考資料として内部統制システムの概要を含むコーポレートガバナンス体制についての模式図が添付される。

コーポレートガバナンス報告書は、コーポレートガバナンス関連の情報を一元的にまとめて開示することにより、投資家などの情報利用者が各社のコーポレートガバナンスに関する情報へのアクセスをしやすくするとともに、統一的な開示内容とすることで、企業間での比較をしやすくすることが意図されている。

［西山賢吾］

サクセッションプラン

サクセッションプランとは「後継者育成計画」のことで、特に、社長などの経営トップをどのように育成していくのかを会社の方針として定めることをいう。

グローバル化や社会、環境問題など、企業を取り巻く環境が大きく変化するなかで、中長期的、持続的に企業価値を向上させるためには、経営トップを中心とした経営陣の的確な経営判断が重要であり、かつそのような意思決定のできる後継者を育成していかなくてはならない。しかし、日本企業においては、経営トップの後継者の選任は現社長の専権事項に近いことが少なくなく、その選任プロセスは不透明で、かつ企業の中長期的な経営方針に合致したものとは言いがたい例も少なくない。したがって、明示的な後継者育成計画を有する企業も相対的に少数であったとみられる。

2015年に制定されたコーポレートガバナンス・コードの補充原則４－１③において「取締役会は、会社の目指すところ（経営理念等）や具体的な経営戦略を踏まえ、最高経営責任者等の後継者の計画（プランニング）について適切に監督を行うべきである」とされ、さらに2018年６月の改訂では、「取締役会は、会社の目指すところ（経営理念等）や具体的な経営戦略を踏まえ、最高経営責任者（CEO）等の後継者計画（プランニング）の策定・運用に主体的に関与するとともに、後継者候補の育成が十分な時間と資源をかけて計画的に行われていくよう、適切に監督を行うべきである」とされた[1]。

コーポレートガバナンス・コードに取り入れられたことにより、サクセッションプランへの関心は高まってきたが、東京証券取引所が2019年11月に公表した「改訂コーポレートガバナンス・コードへの対応状況及び取締役会並びに指名委員会・報酬委員会の活動状況に係る開示の状況」（2019年７月12日現在）によれば、補充原則４－１③のコンプライ（受入れ）率は71.4％と、補充原則１－２④の54.4％（議決権行使の電子化や招集通知の英訳の推進）に次いで、全78原則のなかで２番目に低く、日本の企業は対応の途上であるといえるだろう。

企業がサクセッションプランを検討し、投資家がその評価軸を考えていくうえで参考になるのが、2018年９月に改訂、公表された経済産業省「コーポレート・ガバナンス・システムに関する実務指針（CGC ガイドライン）」の別紙４：「社長・CEO の後継者計画の策定・運用の視点」であり、その概要は以下のようになっている。

(1) 後継者計画を構成する取組み：後継者計画は想定される現社長、CEO の交代時期を見据えて後継者候補を選抜・育成し、必要な資質を備えさせるとともに、経営トップとしてふさわしい人材を見極める中長期的な取組み。不測の

1　下線は筆者。

ガバナンス

事態などにも適切に対応できるよう、複数の時間軸をもって後継者計画に取り組んでおくことが望ましい。

(2) 後継者計画の時間軸：後継者の選定（そのための見極め）と育成の２つの要素に分けて考えることができる。基本的には社長、CEOが就任した時から後継者計画に着手することが望ましい。

(3) 後継者計画の策定・運用に取り組む際の７つの基本ステップ：以下の７つのステップに分けて検討することが有益と考えられる。

① 後継者計画のロードマップの立案

② 「あるべき社長・CEO像」と評価基準の策定

③ 後継者候補の選出

④ 育成計画の策定・実施

⑤ 後継者候補の評価、絞込み、入替え

⑥ 最終候補者に対する評価と後継者の指名

⑦ 指名後のサポート

(4) 各主体の役割：指名委員会は社長・CEOら社内の意見を尊重しつつ、独立した立場から後継者計画の適切な監督に努めることを検討すべき。後継者プロセスのすべてにわたって指名委員会を関与させることで後継者指名のプロセスの客観性・透明性を確保することを検討すべき。社長・CEOは指名委員会に対する十分なサポート体制整備に努めるとともに、指名委員会の社外役員においても、必要に応じ、執行側に明示的に情報提供を求めるなど、積極的な対応も期待される。

(5) 後継者計画の言語化・文書化：後継者計画に関する重要な事項は言語化・文書化して指名委員会などに共有することを検討すべき。

(6) 外部人材の招へい：最も優れた後継者を選ぶという観点からは、外部人材も視野に入れた幅広い候補者のなかから後継者を検討することも有益。内部人材からの輩出と外部人材の招へいについてはそれぞれのメリット、デメリットがあるため、各社の状況をふまえて検討。

(7) 特殊な企業における後継者計画のあり方：創業者、カリスマ経営者、上場子会社など特殊な企業では、自社の特殊な事情を認識したうえで、最適なタイミングで最適な後継者に経営トップを交代するという目的の実現への対応を議論することが望まれる。

(8) 情報発信：社長・CEOの後継者の指名プロセス、指名委員会の構成・役割、関与状況等の情報発信について検討すべき。

［西山賢吾］

資本コスト

資本コストとは、企業の資金調達に伴うコスト（費用）のことであり、通常は実額ではなく率（レート：%）で示される。資金調達の費用を上回る利益を稼得しないとその企業の価値（企業価値）は向上しない。一方、資金の調達方法には借入金や社債（Debt：他人資本）と株式（Equity：自己資本、株主資本）があるが、それらの資金提供者は債権者や株式投資家である。資金提供者は企業に対し、提供した資金のリスク・機会費用を上回るリターン（収益）の実現を期待する。よって、資本コストとは資金提供者が期待するリターンであり、企業価値を拡大するためにその水準を上回ることが要求されるハードルレートということができる。

資本コストは、債権者からみれば借入れに対する利息であり、株式投資家からみれば、株式に対する配当の支払と株価上昇期待である。一方、企業が破綻したときには、借入金や社債に比べて株式への弁済順位は低い。このため、株式投資家が求めるリターン、すなわち株主資本コストは負債（他人資本）コストよりも高くなる。

しかし、日本では、株価上昇よりも投資先企業との中長期的で安定した取引関係の維持を期待して企業が取引先企業の株式を保有する株式持合い構造があった。このため、株式投資家から株価上昇への圧力を強く受けなかったこともあり、会社側でも株主資本コストは配当のみであるという意識が強かった。

日本でコーポレートガバナンス改革が進められるなかで、企業側の課題として、資本コストへの意識が総じて希薄であることが指摘された。そのため、2018年に改訂されたコーポレートガバナンス・コードの原則５－２において「経営戦略や経営計画の策定・公表に当たっては、自社の資本コストを的確に把握した上で、収益計画や資本政策の基本的な方針を示すとともに、収益力・資本効率等に関する目標を提示し、その実現のために、事業ポートフォリオの見直しや、設備投資・研究開発投資・人材投資等を含む経営資源の配分等に関し具体的に何を実行するのかについて、株主に分かりやすい言葉・論理で明確に説明を行うべきである」とされた。

しかし、コーポレートガバナンス・コードでは「資本コスト」という言葉は明示されたが、その明確な定義や具体的な計算方法は示されていない。たとえば、「資本コスト」といったときに、それは「株主資本コスト」を指しているのか、負債コストと株主資本コストの加重平均である加重資本コスト（WACC）のことを指しているのかが明確にされなかった。また、株主資本コストは本来「将来期待される」配当や株価の収益率であるが、特に株価については便宜的に過去の株式市場からのリターンをベースに計算することが多いため、計測期間によって収益率が異なるなどの問題も生じる。そのため、資本コストの定義、計算方法を明確に示してほしいという声が聞かれた。

今回、資本コストの定義や計算方法が示されなかった理由としては、以下が考えられる。まず、コーポレートガバナンス・コードでは、細かな規則や定義を行わず大掴みな原則を示す原則主義（プリンシプルベース・アプローチ）が採用されているためである。「資本コスト」についても、株主等のステークホルダーに対する説明責任等を負うそれぞれの会社が、コードの趣旨・精神に照らして、適切に解釈することが想定されている。

次に、上述のように、資本コストはその前提等に応じて具体的な数値が変化するため、定義や計算の仕方を定めることにはあまり意味がなく、プリンシプルベース・アプローチで考えることが適切である。たとえば、株式投資家からみれば、資本コストは株主資本コストのことを指す一方、企業側からみれば資本コストはトータルな資金調達コストであり、加重平均資本コストを考えることが少なくないなど、資本コストのとらえ方に相違がある。しかし、その場合でも、プリンシプルベース・アプローチで考えれば、結局のところ、株式投資家は「経営者が自社の舵取りをするうえで自社の株主資本コストをどの程度と考えているのか、その根拠は何か」を知りたいのであるから、資本コストをどのような手法で、どのような前提下で算出したかを具体的に開示することが必要になる。この説明により投資家は、経営者が開示する資本コストには何が織り込まれていて何が織り込まれていないかが理解できる。

さらに、投資家、特に長期投資家が知りたいのは、中長期

図表　加重資本コスト（WACC）の計算式

$$WACC = \frac{D}{D+E} \times (1 - \text{法人税率}) \times r_d + \frac{E}{D+E} \times r_e$$

D：負債（他人資本）、E：株式（自己資本、株主資本）、r_d：負債コスト、r_e：株主資本コスト。負債も自己資本（株主資本）も簿価ではなく時価ベースで計算する（ただし、負債は時価と簿価はほぼ同じであることが多いため、簿価を用いることが多い）。

的、かつ持続的に企業価値を向上させることができるか、そのために企業がどのような経営戦略や資本政策を有しているかである。それは、資金調達コストを上回るリターンを稼得できるかどうかに帰着する。よって、資本コストを加重資本コスト（WACC）と考えるなら「ROIC（投下資本利益率）－WACC」、株主資本コストと考えるのであれば、「ROE－株式資本コスト」が中長期的、継続的に正になること、それを実現するための経営戦略を示すことが大切になる。

［西山賢吾］

社外取締役

社外取締役とは、文字どおり会社の内部から昇進してきた取締役ではなく、社外から招へいされた取締役のことであり、会社法２条15項に定義されている（図表１参照）。社外取締役は会社の業務執行を行わないが、会社内部の論理のみを優先した意思決定を行わないよう経営陣を監督することで、客観的かつ透明性の高い経営判断を行わせることが期待されている。

このような目的を果たすためには、会社法に定められた社外取締役の定義、社外性だけでは不十分で、当該企業から独立した立場であることが必要であり、そのような独立性の基準を満たした「独立社外取締役」が重要である。東京証券取引所は独立役員（独立社外取締役、独立社外監査役）の基準を有しており、コーポレートガバナンス・コードの原則４－９では「（東証などの）金融商品取引所の独立性基準を踏まえ、独立社外取締役となる者の独立性をその実質面において担保することに主眼を置いた独立性判断基準を策定・開示すべきである」とされている。一方、議決権行使助言会社や各機関投資家は独自の独立性判断基準を有し、その基準に満たない社外取締役候補者の選任に対して反対をする（図表２参照）。

また、社外取締役の人数について、会社法では現在、「設置することが相当ではない」理由の説明を行って社外取締役を設

図表1　会社法における社外取締役（社外性）の定義

イ　当該株式会社又はその子会社の業務執行取締役（株式会社の第363条第1項各号に掲げる取締役及び当該株式会社の業務を執行したその他の取締役をいう。以下同じ）若しくは執行役又は支配人その他の使用人（以下「業務執行取締役等」という）でなく、かつ、その就任の前10年間当該株式会社又はその子会社の業務執行取締役等であったことがないこと。
ロ　その就任の前10年内のいずれかの時において当該株式会社又はその子会社の取締役、会計参与（会計参与が法人であるときは、その職務を行うべき社員）又は監査役であったことがある者（業務執行取締役等であったことがあるものを除く）にあっては、当該取締役、会計参与又は監査役への就任の前10年間当該株式会社又はその子会社の業務執行取締役等であったことがないこと。
ハ　当該株式会社の親会社等（自然人であるものに限る）又は親会社等の取締役若しくは執行役若しくは支配人その他の使用人でないこと。
ニ　当該株式会社の親会社等の子会社等（当該株式会社及びその子会社を除く）の業務執行取締役等でないこと。
ホ　当該株式会社の取締役若しくは執行役若しくは支配人その他の重要な使用人又は親会社等（自然人であるものに限る）の配偶者又は2親等内の親族でないこと。

出所：会社法より野村資本市場研究所作成

置しないことも可能としているが、2021年3月に改正される会社法では、最低1名以上の社外取締役の設置が必須となる。一方、コーポレートガバナンス・コードでは少なくとも2名以上、また、業種・規模・事業特性・機関設計・会社を取り巻く環境等を総合的に勘案して、少なくとも3分の1以上の独立社外取

図表２　ISS、グラス・ルイスの社外役員（社外取締役、社外監査役）の独立性基準

<table>
<tr><th rowspan="2">機関設計</th><th colspan="2">独立性基準の採用</th><th colspan="2">独立役員の人数</th></tr>
<tr><th>ISS</th><th>グラス・ルイス</th><th>ISS</th><th>グラス・ルイス</th></tr>
<tr><td>監査役会設置会社</td><td>なし</td><td rowspan="2">あり</td><td>（注）
２名以上</td><td rowspan="2">・取締役会と監査役会の合計人数の３分の１以上
・監査役会は過半数（株式保有の上限20％未満）</td></tr>
<tr><td>うち、支配株主・親会社存在</td><td>あり</td><td>２名以上かつ３分の１以上</td></tr>
<tr><td>監査等委員会設置会社</td><td>あり</td><td>あり</td><td>３分の１以上</td><td>・３分の１以上
・監査等委員会は社外取締役が過半数、委員長は独立社外取締役</td></tr>
<tr><td>指名委員会等設置会社</td><td>あり</td><td>あり</td><td>３分の１以上</td><td>・３分の１以上
・各委員会は独立社外取締役が過半数、委員長は社外取締役</td></tr>
</table>

（注）　ISSは2022年より社外取締役が２名以上でかつその割合が３分の１以上であることを求める。
出所：ISSおよびグラス・ルイス社資料より野村資本市場研究所作成

締役の選任が必要と考える上場会社は、上記にかかわらず、十分な人数の独立社外取締役を選任することとされている。

社外取締役について、「社内の事情や所属する業界に対する理解に乏しい者が会社の意思決定に参加しても有益とはいえず、状況によってはかえってマイナスになる」との意見が聞かれる。実際にコーポレートガバナンス・コードで事実上社外取締

役の選任が必須になった2010年代前半には、とりあえず形式を整えることを優先して社外取締役を選任する動きもみられた。

しかし、最近では、社外取締役を選任するのであれば、形式ではなく、「実効性のある」社外取締役を置きたいという動きが強まっている。たとえば、従来であれば企業側から社外取締役や社外監査役の兼任についてあまり意見は聞かれなかった。しかし、最近では兼任が多いと自社のために割く時間が相対的に少なくなり、取締役会における議論を停滞させてしまうという考えから、会社側のほうで社外役員の兼任企業数に上限を設けるケースも増えてきた。

企業が持続的に成長するためには、M&A（企業の合併・買収）や事業ポートフォリオの入替えなどが必要であり、取締役会には重要な意思決定が求められる。そうしたなかで、社外の意見を代表する社外取締役がどのように判断したのかが非常に重要になってきている。また、企業不祥事等の問題が発生した際には、社外取締役も含めて株主代表訴訟の対象となることが考えられるなど、社外取締役の責任は今後ますます重くなっていく。一方で、執行と監督が分離したモニタリング型の取締役会への移行が進み、取締役会における社外取締役の数もさらに増えると考えられる。そうしたなかで、有能な社外取締役を招へいすることができるかどうかが企業価値へ影響する場面も今後さらに増えると考えられる。

［西山賢吾］

ショートターミズム

ショートターミズム（短期志向、短期主義）とは、企業や投資家が短期的な利益を追求する一方で、長期的な成長や企業価値向上を軽視することである。英国のエコノミスト、ジョン・ケイ氏が、英国政府の依頼で行った調査に基づき、英国資本市場が短期志向になっており、市場本来の役割を果たしていないと結論づけ、市場本来の役割を回復するための提言を行ったケイ・レビュー（Kay Review、2012年７月公表）のなかで使われ、世界的に広まった。

株式市場の本来の役割とは、投資家の資金を企業の長期投資のために供給することであり、それによって企業の競争力が高まり、より多くの成果を投資家に分配することが可能になり、経済の持続的成長につながっていく。ケイ・レビューは、英国の株式市場はそのような役割を果たしておらず、先行する投資家に換金の場を提供しているだけだと結論づけ、そのようなショートターミズムから脱し、資本市場が本来の役割を回復するために、⑴機関投資家による集団エンゲージメントを促進する投資家フォーラムの創立や、⑵四半期報告の廃止、⑶非財務報告の推奨など17の提言を行った。英国政府はこの提言を一部修正のうえほぼ全面的に受け入れ、スチュワードシップ・コードの改訂（2012年）や投資家フォーラムの創設（2013年）など、機関投資家による企業に対する長期的な成長に向けた働きかけを促す諸施策が実施されるとともに、2014年には四半期開示義務が廃止された。

日本では、2014年に公表された伊藤レポートのなかで、日本におけるショートターミズム問題が議論された。伊藤レポートでは、企業がショートターミズムに陥っていることが持続的成長を阻害する要因であると指摘するとともに、ショートターミズムが日本の資本市場の短期志向と強く結びついている可能性を示唆している。

具体的には、投資家側において、(1)長期にわたり株価上昇期待が薄い状況下では短期売買が経済合理性に合致していたこと、(2)投資コミュニティ（アセットマネージャー、アセットオーナー、セルサイドアナリスト）のなかで長期的な視点で企業を評価せず、四半期決算の重視など、短期志向化を促すインセンティブが働いていること、(3)企業側から投資家が中長期的な価値創造を理解するための材料が効率的に提示されていないこと、(4)短期志向を助長しうる制度的な仕組み、たとえば、比較的安い株式手数料で高速売買できるインフラの整備や、四半期開示などがショートターミズムの要因と指摘されている。

また、企業側では、(1)短期的な利益調整のために研究開発投資などの大型投資案件が先送りになるケースがあることや、(2)四半期業績や会社側から公表される業績予想の修正コストが大きいため、長期を見据えた経営が行われていないことに加え、(3)経営者が数年単位で交代することも十数年先を見据えた長期投資を躊躇する要因になっているのではないかと指摘している。

以上のような分析を受け、伊藤レポートは、投資家、企業がショートターミズムを脱し、中長期的、持続的な企業価値向上に向け、投資家と企業との協創による持続的価値創造を実現することを提言している。日本では、2000年代の株主アクティビズムの時代に「企業はだれのものか」論を展開したファンドの代表者が証券取引法（当時）で逮捕されるなどの事態が生じたため、投資家からの企業への働きかけは「短期的なもので、かつファンド自身の利益最大化を目的に行われる」という見方が定着してしまった。そうした固定観念を破壊するためにも、伊藤レポートや２つのコードなどにみられるように、日本のコーポレートガバナンス改革において、企業に対して短期的ではない、中長期的で持続的な価値向上を促す機関投資家の役割が特に強調されている。

［西山賢吾］

ステークホルダー／ステークホルダー・エンゲージメント

ステークホルダーとは、企業や組織がその活動を行う際に直接、間接になんらかの影響を受ける者、または企業の活動に影響を及ぼす者、すなわち利害関係者を指す。企業であれば、株主、従業員、取引先、消費者などがステークホルダーに該当するが、より広い意味では社会全体もステークホルダーになる。また、利害の一致、不一致は問わない。

金融資本市場において、いわゆる「企業はだれのものか」という議論がある。企業は資本を提供している株主の利益を第一に考えることで成り立つという「株主主権」と、企業の運営は株主だけではなく従業員や取引先など広範囲な利害関係者と共存し、ステークホルダー全体の利益を考えることで成り立つという「マルチステークホルダー主権」の考えがある。米国や英国といったアングロサクソンの世界では総じて株主主権論が優勢であるのに対し、日本では中長期的、安定的な取引関係の構築を目的に株式を保有する株式持合い構造をベースにしたマルチステークホルダー主権が支持される傾向にあるといえる。

スチュワードシップ・コードとコーポレートガバナンス・コードは、企業と投資家との間で「目的をもった対話」を深めるための行動原則であるが、その「目的をもった対話」がエンゲージメントである。エンゲージメントを行う目的は相互理解

図表　ステークホルダー・エンゲージメントの主な対象と活動例

1．株主 目的：適時・適正の情報開示、利益還元、SRI（社会的責任投資）への対応 活動：株主総会や投資家向け説明会の実施
2．顧客 目的：製品・サービスの安全・適切な供給、情報開示 活動：ショールームやお客様相談センターの設置、展示会の開催、製品情報の提供
3．従業員 目的：公正な処遇、人権尊重、労働安全衛生への配慮 活動：意識調査アンケートの実施、労使懇談会の開催
4．取引先 目的：サプライチェーンにおける人権・環境への配慮 活動：CSR 調査アンケート、方針説明会の実施
5．地域社会 目的：地域社会への貢献、地域文化の尊重 活動：講演・懇談会・工場見学などの開催、NGO や市民団体との協働

出所：Sustainable Japan「サステナビリティ・ESG 投資ニュースサイト」（https://sustainablejapan.jp/2016/03/20/stakeholder/21566）より野村資本市場研究所作成

を深め、対話を企業経営に生かしていくことであるから、その対象は投資家に限らない。ステークホルダー・エンゲージメントとは、企業と利害関係者との間で対話を行うことで、企業が利害関係者の関心事を理解し、それを意思決定に役立てていくことを目的とする。図表は代表的なステークホルダー・エンゲージメントの対象とその活動例である。

ステークホルダー・エンゲージメントは企業のCSR（Corporate Social Responsibility：企業の社会的責任）における基本的かつ重要な活動である。企業がステークホルダーの関心事を把握し、それを企業経営に生かすことは、企業価値を高めるうえでも重要と考えることができる。

［**西山賢吾**］

ガバナンス

スマートフォーマット

スマートフォーマットは、各アセットマネージャーによるスチュワードシップ活動への取組み状況を、アセットオーナーが一元的に把握できるようにするための報告様式のことである。アセットマネージャーの報告実務の効率化と、特に企業年金のスチュワードシップ活動の推進を目的に、20を超える運用会社で組織されたスチュワードシップ責任推進委員会が作成を進め、2018年11月に公表した。

運用受託機関（アセットマネージャー）がアセットオーナー（年金基金等）に対しスマートフォーマットを利用してスチュワードシップ活動について報告することにより、アセットオーナーはこの内容を集計、モニタリングしてアセットマネージャーのスチュワードシップ活動に関するアプローチや活動状況を把握することが可能になる。

2017年の改訂スチュワードシップ・コードにおいて、アセットオーナーは自らスチュワードシップ活動に取り組み、自ら行わない場合には運用機関に実効的なスチュワードシップ活動を求めるべきであるとされた。一方、2018年の改訂コーポレートガバナンス・コードでは「原則２－６　企業年金のアセットオーナーとしての機能発揮」が新たに設けられ、企業年金がスチュワードシップ活動を含む運用の専門性を高めるとともに、アセットオーナーとして期待される機能を発揮するための取組みを実施し、その取組みの内容を開示することが求められた。すなわち、アセットオーナーは、アセットマネージャーが行うスチュワードシップ活動をモニタリングし、自らの取組みとあわせて最終受益者へ報告することが新たな役割として期待されることになった。

しかし、実際にはアセットマネージャーの報告様式がアセットオーナーごとに異なることが多く、アセットマネージャーにとっては実務上の負担となっていた。また、アセットオーナーのなかでも特に企業年金はスチュワードシップ活動のモニタリングを行う人的、専門的リソースが不足しているところも多く、その結果、企業年金におけるスチュワードシップ・コードの受入れが進まず、スチュワードシップ活動推進の制約となっていた。

スマートフォーマットには5つのシート（Excelファイル形式）がある。たとえば、アセットマネージャーが「議決権行使状況」について入力、それをもとにアセットオーナーが「集計元」を用いて集計することで、各アセットマネージャーのスチュワードシップ活動状況を横並びで比較できる。また、「集計」のシートには自動的に項目別の状況が示され、運用委託機関の状況を一目で把握できる。スマートフォーマットはスチュワードシップ活動の中核的な項目を網羅しているため、これを活用することでアセットオーナーは各項目に対するアセットマネージャーの回答を集計し、効果的なモニタリングを実施することが可能になる。

一方、このような一元的な報告様式を用いていると、アセットマネージャーがともすると形式的な説明や報告に終始してしまうとの懸念が生じる。その点、スマートフォーマットでは、必要に応じ各アセットオーナー独自の追加質問を設定することでヒアリング範囲を拡大し、スチュワードシップ活動を深化させることも可能になっている。スマートフォーマットにより各アセットオーナーが把握すべき基礎的、共通項目をまとめることで効率性を高め、専門性や生産性を向上させ、それによって生じた時間をより創造的な分野への取組みの促進にあてることが期待される。

2019年11月にはスチュワードシップ責任推進委員会の活動をさらに発展させるかたちで、運用会社や信託銀行など40の団体・個人により、機関投資家のスチュワードシップ・コードに基づいた活動を推進する団体「ジャパン・スチュワードシップ・イニシアティブ（JSI）」が設立された。日本取引所グループが事務局となり、オブザーバーとして金融庁、日本経済団体連合会も参加している。

JSIはスチュワードシップ活動に係る実務的な課題について、アセットオーナー・運用機関・関連する業界関係者の間で幅広く自由な対話を促進し、対応策やベストプラクティス等を検討して、その成果を業界関係者全体で共有することを目指しているが、当面はスマートフォーマットの見直しや普及に取り組む方針である。こうした活動により、アセットオーナーとア

図表　スマートフォーマットの構成

共通項目部分（スマートフォーマット）

Ⅰ：スチュワードシップ全般に関する質問

1. 方針の有無
2. 体制
3. 自己評価　など

Ⅱ：エンゲージメント活動全般および対話

1. 方針、体制、プロセス
2. 集団エンゲージメント
3. 活動報告、今期の振り返り　など

Ⅲ：議決権行使に関する質問

1. 方針、体制、プロセス
2. 議決権行使状況の報告　など

Ⅳ：変更点・課題点

1. スチュワードシップ活動における変更点および改善点
2. スチュワードシップ活動における課題・提言

個別項目部分

各年金基金の哲学、方針に沿った個別の質問

定期レポートの枠を超えた各年金基金の差別化を促す自由な報告の機会

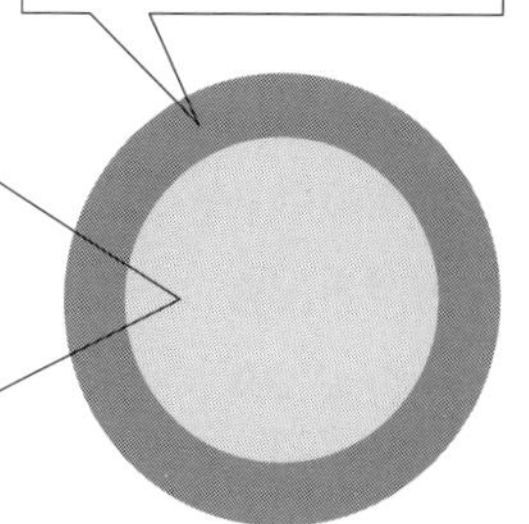

出所：ジャパン・スチュワードシップ・イニシアティブホームページ（http://www.icj.co.jp/jsi/smart/2/）より野村資本市場研究所作成

セットマネージャーの間の相互理解が進み、企業年金基金によるスチュワードシップ・コードの受入れが進むことで、インベストメント・チェーンの高度化に寄与することが期待される。

［西山賢吾］

統合報告書

統合報告書は、貸借対照表や損益計算書といった財務情報（財務報告書）と、経営戦略・環境・社会・知財等の非財務情報をまとめた（統合した）報告書である。

統合報告書は、2013年に国際統合報告評議会（IIRC）が「国際統合報告フレームワーク」を公表して以来、世界的に発行する企業が増えている。日本で統合報告書を発行した企業は、2013年は91社であったが、2019年は513社にのぼっている（図表参照）。513社の内訳をみると、東証１部上場企業が477社と

図表　自己表明型統合レポート発行企業の推移

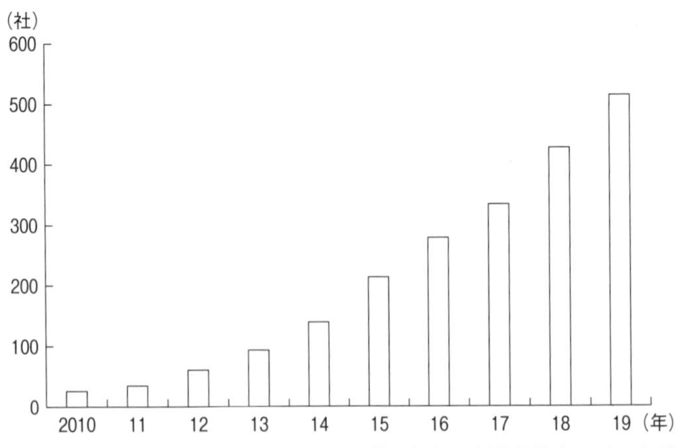

出所：企業価値レポーティング・ラボ「国内自己表明型統合レポート発行企業等リスト2019年版」より野村資本市場研究所作成

90%以上を占める。これは東証１部上場企業の22%であるが、時価総額対比では66%を占めており、総じて企業規模の大きな企業が発行しているといえる。

IIRCは統合報告を、「統合思考を基礎とし、組織の、長期にわたる価値創造に関する定期的な統合報告書と、これに関連する価値創造の側面についてのコミュニケーションにつながるプロセス」と位置づける。ここで統合思考とは、「組織が、その事業単位および機能単位と組織が利用し影響を与える資本との関係について、能動的に考えることであり、短、中、長期の価値創造を考慮した、統合的な意思決定および行動につながる」とされている。そして、「統合思考と統合報告の循環によって、効率的かつ生産的な資本の配分がもたらされ、それによって金融安定化と持続可能性につながる」とIIRCでは考えている。なお、IIRCでは資本を価値の蓄積と考え、財務資本、製造資本、知的資本、人的資本、社会・関係資本、自然資本の６つに分類している。

日本の統合報告書で開示されている情報について分析したKPMG「日本企業の統合報告に関する調査2020」[1]によると、日本企業の統合報告書による開示内容は以下のとおりである。

(1) マテリアリティ（ビジネスモデルとその成果に大きな影響を与えうる事象の「重要度」）：統合報告書でマテリアリティに言及する企業は77%にのぼるが、ビジネスモデルの持続

1　2019年より有価証券報告書の記述情報も調査対象としている。

性の観点から論じている企業は35%にとどまる。

(2) リスクと機会（マテリアルな事象に関して認識したリスクをどう管理し、機会からどう価値を創出するのか）：統合報告書で説明している企業は78%である一方、マテリアリティ評価の結果と関連づけた説明のある企業は22%にとどまる。

(3) 戦略と資源配分（マテリアルな事象から導出したリスクと機会をふまえて、中長期的に価値を創造し続けるために企業が目指す姿への道筋）：戦略に対する理解を得るために、財務の定量目標を掲げる企業は86%にのぼるものの、非財務の定量目標を掲げる企業は26%にとどまる。

(4) 資本コストと財務戦略（財務戦略は財務資本を最適なバランスで循環させ、価値創造ストーリーの実現に必要な将来キャッシュフローを獲得するためのもの。特に資本コストの認識は、不可欠な要素の一つ）：なんらかの財務戦略上の目標を公表している企業は69%にのぼるが、その根拠を資本コストと関連づけて説明している報告書は全体の23%にとどまる。

(5) 業績（戦略目標の達成や進捗状況としての業績だけでなく、目標に対する今後の見通しも説明）：多くの企業が業績の変動理由を付記しているものの、中長期の戦略目標の達成に至る過程として、現在の業績を説明できている企業は48%である。

(6) 見通し（戦略遂行の途上で直面するとみられる大きな課題

や不確実性についての想定と、価値創造ストーリーに与える潜在的影響の見通しの説明）：事業環境の見通しを説明する企業は74％にのぼったが、マテリアルな事象と関連づけてそれを説明している企業は20％にとどまる。

(7) ガバナンス（短中長期にわたる価値向上を支える体制と仕組みの構築、実効性のある運用、説明）：CEO の資質は大切な要素の一つだが、説明のある企業はまだ10％にとどまる。ガバナンス改革の浸透は進んでいるが、「ボイラープレート」と呼ばれる画一的な記載もまだみられる。

単に財務情報と非財務情報を１冊にまとめたものは統合報告書とはいえない。両者が有機的に結びついたかたちで開示されることにより、読者が当該企業の戦略やガバナンス、パフォーマンス、将来見通しがいかに短中長期の価値創造につながるのか、すなわち価値創造ストーリーを把握し、理解できる「真の」統合報告書を発行することが、日本企業の課題の一つと位置づけられる。

［西山賢吾］

取締役会評価

取締役会評価とは、取締役会に期待されている機能が適切に果たされているかを検証し、その機能の向上を目的に実施するものである。上場企業の行動規範であるコーポレートガバナンス・コードでは、原則４－11において「取締役会は、取締役会全体としての実効性に関する分析・評価を行うことなどにより、その機能の向上を図るべきである」、そして補充原則４－11③において、「取締役会は、毎年、各取締役の自己評価なども参考にしつつ、取締役会全体の実効性について分析・評価を行い、その結果の概要を開示すべきである」とされている。

取締役会評価は1990年代に英国で始まったとされており、英国のコーポレートガバナンス・コードにおいては、主要企業（FTSE350）を対象に取締役会評価を実施すること、特に３年に１度は外部専門家による評価を行うこととされている。日本ではこれまで「取締役会を評価する活動」はあまり普及しておらず、東京証券取引所によれば、2015年12月末時点での、上記４－11③の実施率は36.4％（東証１、２部対象）であった。しかし、2019年７月現在では83.6％（東証１部対象）まで拡大してきた。

取締役会評価を行うにあたっては、会社の持続的な成長と中長期的な企業価値の向上に向けて、取締役会が果たすべき役割・責務を明確化することがまず求められる。そして、明確化された役割・責務に照らし、取締役会の構成・運営状況等が実効性あるものとなっているかについて、実質的な評価を行うことが必要である。さらに、実効性評価を受け、取締役会において各社の現状を客観的かつ正しく把握し、課題を抽出し、それらの課題の改善を継続して図っていくというPDCAサイクルを実現していくことが基本と考えられる。

また、PDCAサイクルを実現するに際しては、自らの取組みや実効性の評価の結果の概要について、ステークホルダーにわかりやすく情報開示・説明を行うことが重要である。その際には、単に「取締役会評価の結果、その実効性がおおむね確保されていることを確認しました」といった紋切り型の内容では不十分である。開示の内容については、評価の手法や評価期間、取締役会における議論の内容、評価の結果、それらを受けて取締役会で議論された内容、指摘された課題、前回指摘された課題に対するアクションの状況、等を積極的に示すことが肝要である（図表参照）。さらに、取締役会評価を適切に行うためには、その実効性を適切に評価することができるようにその内容を見直し、充実させていくことも重要である。

日本のコーポレートガバナンス改革が進むなかで、企業が企業価値を高めるうえで取締役会の役割が重要であるとの認識は日々高まっている。すなわち、企業価値の向上という目的に向け、取締役会がどのような活動をしているか、取締役会は企業の現状や課題についてどのように考え、各役員がその解決に向

図表　投資家側からみた取締役会評価に関するチェックポイント

・評価の手法、評価期間、評価項目 ・評価の主体（議長・指名委員会・事務局、外部専門家の関与）など ・取締役会における議論（評価実施の決定時、評価機関、評価結果の受領時、評価後のアクションの決定時） ・評価の結果をふまえたアクションの内容 ・アクションの検証結果

出所：高山与志子「取締役会評価の実際と課題」『証券アナリストジャーナル』2015年11月号より野村資本市場研究所作成

けどのような活動をしているかなどが、投資家だけでなく従業員や取引先といったステークホルダーからも注目されている。こうした観点からも、取締役会の実効性評価の重要性や実効性評価に対する関心の高まりは継続すると考えられる。

［西山賢吾］

報酬ガバナンス

報酬ガバナンスとは、報酬による役員等会社経営陣への規律づけのことである。株式会社の特質の一つである「所有と経営の分離」により、株主は経営者に企業経営を委任するが、意思決定を行う経営者は、株主よりも経営に関する詳細な情報を有する（情報の非対称性）。このため、経営者が自らの利害を優先する結果、企業になんらかの非効率性、企業価値の減少（エージェンシーコスト）が発生する可能性がある。これをエージェンシー問題という。エージェンシー問題の解消はコーポレートガバナンスにおける課題の一つであるが、株主と経営者の間にエージェンシー問題が存在する場合、たとえば、ストックオプションなど業績連動型報酬制度を導入して経営者の報酬を企業のパフォーマンスと連動させることで経営者と株主の利益を一致させ、経営者に株主価値最大化のインセンティブをもたせることで、エージェンシー問題を解消することが期待される。

日本におけるコーポレートガバナンス改革は一定の成果をあげてきたが、さらに実効性を高めていくためには、役員等経営陣に対し、いかに企業価値向上に向けたインセンティブを与えるかが重要な課題である。しかし、日本の場合は、⑴役員報酬において固定報酬の割合が高く、業績を向上させるインセンティブに乏しい、⑵役員報酬を決定するにあたり、事実上経営トップに一任するかたちになっている企業が少なくなく、客観性・透明性が必ずしも十分ではない、などの問題があった。よって、役員報酬制度を業績連動割合の高いものとし、報酬の決定に関する客観性・透明性を高める仕組み（役員報酬ポリシー）を導入するとともに、それらについて株主を含むステークホルダーに対し開示して、説明責任を果たすことが求められてきている。これらが報酬ガバナンスの要諦といえるであろう。

役員報酬の決定に関し透明性、客観性を高め、ステークホルダーへの説明責任を果たす施策として報酬委員会の設置がある。指名委員会等設置会社では報酬委員会の設置は必須であるが、監査役会設置会社や監査等委員会設置会社では任意である。ただし、コーポレートガバナンス・コードの原則４－10①では、経営陣幹部・取締役の指名・報酬などに係る取締役会の機能の独立性・客観性と説明責任を強化するため、取締役会のもとに独立社外取締役を主要な構成員とする任意の報酬委員会を設置することが求められている。

［西山賢吾］

モニタリング・ボード／マネジメント・ボード

取締役会の機能において、監督と執行が分離し、もっぱら監督機能を有している取締役会をモニタリング・ボード、監督機能と執行機能の双方を有する取締役会をマネジメント・ボードという。日本の会社法においては、3つの制度（機関設計）が認められている。このうち、指名委員会等設置会社と監査等委員会設置会社はモニタリング・ボード、監査役会設置会社はマネジメント・ボードである。

日本では監査役会設置会社が最も長い歴史を有しているため、マネジメント・ボードが主流であった。監督と執行が未分離ななかで、「取締役会の主要な職務は、様々な業務執行の決定を行い、会社の経営をすることである」という理解が広がった（田中亘『会社法』東京大学出版会、2016年9月）。しかし、バブル経済が崩壊し、日本型経営の問題点が指摘されるようになると、日本の取締役会に対する批判が聞かれるようになった。主な批判の内容は、⑴社内取締役が主で、社外取締役がほとんどいないなかで、社内取締役が自らの上司である代表取締役を監督することは不可能である、⑵取締役の数が多く、実質的な議論ができない、⑶取締役会の構成員に部門管理者が多く含まれるため、部門の利益が優先されやすく、会社全体の観点からの議論が行われにくい等であった。

さらに、監査役会についても、国際社会では、社外取締役が過半を占める取締役会・監査委員会の指揮命令下に内部監査の専門家集団が置かれ、監査・監督機能を果たす（モニタリング・ボード）が、日本では、(1)内部監査部門が経営者に実質的に従属しており、経営監督機能を果たせない、(2)人事ローテーションでたまたま配属された部署が内部監査を担っていることが、日本の「馴れ合い」「隠ぺい」の企業文化を醸成している、(3)経営者不正や経営者が責任をとるべき重大な問題が起きたときほど日本の内部監査は機能しないとの指摘があり、国際的に理解されにくいという状況となった。

こうした指摘を受けて、まずは社外取締役の設置やその増員などにより、モニタリング・ボード型への移行が始まった。さらに、2015年に制定されたコーポレートガバナンス・コードの原則４－10①で、「上場会社が監査役会設置会社または監査等委員会設置会社では、取締役会の下に独立社外取締役を主要な構成員とする任意の諮問委員会を設置する」ことが求められた。2018年の改訂では「任意の諮問委員会」が「任意の指名・報酬委員会など、独立した諮問委員会」とされたことから、監査等委員会設置会社や監査役会設置会社だが、任意の指名・報酬委員会を設置して事実上のモニタリング・ボードとする企業が、東証１部上場企業の過半を超えるようになった。

しかし、形式的には理想的なモニタリング・ボード型を採用する企業でも深刻な不祥事が起きている。監督機能をもつ社外者と社内役職員との連携が不十分であったことが、経営陣の暴走を許し、不祥事の把握が遅れた、あるいは、未然に防ぐことができなかった要因の一つと考えられる。モニタリング・ボード型のメリットである外部の「目」による監査・監督機能の実効性を高めるには、企業のカウンターパート（内部監査部門など）といかに連携を深めることができるかが一つの鍵となるだろう。

［西山賢吾］

ICGN

ICGN（International Corporate Governance Network：国際コーポレートガバナンス・ネットワーク）は1995年に英米の機関投資家を中心に設立された、コーポレートガバナンスに関する意見や情報を国際的に交換することを目的に設立された団体である。加盟する機関投資家は50カ国超に所在し、その運用資産総額は54兆ドル超にのぼっている。GPIF も ICGN に加盟している。

ICGN は、効率的なグローバル市場と持続的な経済の促進に向け、実効的なコーポレートガバナンスの構築と投資家のスチュワードシップの醸成を使命（ミッション）としている。この目的を達成するため、ICGN には次の３つの作業プログラムが設定されている。

(1) Influencing：ガバナンスとスチュワードシップに関する投資家の経験・意見を結集、信頼できる意見発信を行い、政策に影響を及ぼす。

(2) Connecting：企業・投資家・他のステークホルダーに対話のフォーラムを提供するグローバルなイベントを開催、仲間を結びつける。

(3) Informing：深い見識に基づいた討論・コーポレートガバナンスと投資家のスチュワードシップに関するプロ

フェッショナリズムを高めるための研修を通じ、情報を提供する。

また、ICGNはグローバルに参照、活用されることを意図し、「ICGNグローバル・ガバナンス原則」と「ICGNグローバル・スチュワードシップ原則」を策定している（図表1・2参照）。「ICGNグローバル・ガバナンス原則」は企業のガバナンスに焦点を当て、取締役会が株主以外のステークホルダーにも配慮しつつ企業の成功を導き、投資家にとって持続的な価値創出を可能にする方法について論じている。一方、「ICGNグローバル・スチュワードシップ原則」は投資家のスチュワードシップ責任・方針・プロセスにおけるベストプラクティスについてICGNの見解を示したものであり、受益者・顧客に対し、投資家としての受託者責任を果たす際に必要となるスチュワードシップ活動を実践する枠組みを提供している。

図表1　ICGN「グローバル・ガバナンス原則」

原則1：取締役会の役割と責務 取締役会は、十分な情報に基づき行動するとともに、誠実かつ適切な注意（care and diligence）のもと、債権者を含む関係ステークホルダーに配慮しつつ、会社の長期的利益、株主の利益のために行動すべきである
原則2：指導力（Leadership）と独立性 取締役会の指導力には、取締役会独自の役割と執行の役割の明確化とバランス、少数株主の利益を保護し、会社全体の成功を導く高潔なプロセス（integrity of process）が必要とされる

原則３：取締役会の構成と指名
取締役会には、効果的な牽制や議論、客観的な意思決定を行うことが可能な関係分野の知識、独立性、能力、業界経験など十分な多様性を備えた取締役が配置されるべきである

原則４：企業文化
取締役会は高水準の企業倫理を採用し、会社のビジョン、ミッション、目標の健全性の確保と、それらが会社の価値観を示すようにすべきである。倫理規程は効果的に周知徹底されるとともに、リスク管理システムと報酬体系を含む企業の戦略と事業運営に統合されるべきである

原則５：リスクの監督
取締役会は、定期的に、または、重要な事業上の変更があるごとに、リスク管理の手法を積極的に監督、検証および承認し、当該手法が効果的に機能していることを確認すべきである

原則６：報酬
役員報酬は、会社の長期的な業績と持続可能な価値創造の促進のため、最高経営責任者（CEO）・執行役員の利益と会社・株主の利益が整合的となるように設計されるべきである。また、取締役会は、報酬総額の決定において、株主への配当金支払額、将来の投資に向けた資本確保との適切なバランスがとれるようにすべきである

原則７：報告と監査
取締役会は、財務諸表、戦略・事業成績、コーポレートガバナンス、重要な環境・社会要因に関する投資家やその他のステークホルダーへの開示が、適時かつ高品質の水準で行われるよう監督すべきである。堅牢な監査の実践は必要とされる質の高い開示水準の維持にとって不可欠である

原則８：株主の権利
すべての株主の権利は平等に取り扱われるべきである。このことは、株主議決権が株主の経済的持分（economic stake）に緊密に結びついていること、および、少数株主が会社内における自らの

利益に影響を与える重要な決定や取引について議決権を有することを意味する

出所：ICGN「グローバル・ガバナンス原則（日本語版）」より野村資本市場研究所作成

図表2　ICGN「グローバル・スチュワードシップ原則」

1．内部のガバナンス：実効的なスチュワードシップの基盤 原則1：投資家は国が要求する目標やICGNグローバル・スチュワードシップ原則との整合性が確保できるよう自らのガバナンスの実務に対するレビューと受益者・顧客に対し受託者としての役割を果たす能力があるか否かについてのレビューを継続的に行うべきである
2．スチュワードシップ方針の策定・実施 原則2：投資家は、責任ある投資の範囲を特定するスチュワードシップ方針を策定・実施することについてコミットすべきである
3．投資先企業のモニタリングおよび評価 原則3：投資家は投資ポートフォリオに含まれる企業のモニタリングと新規の投資対象企業の評価に努めるべきである
4．企業へのエンゲージメントと投資家の協働 原則4：投資家は受益者・顧客のために、投資先企業へのエンゲージメントを実施し、価値の維持・向上に努めるべきである。また、懸念のある分野について意見交換を行えるよう、他の投資家と協働する準備も行うべきである
5．議決権の行使 原則5：議決権を有する投資家は受益者・顧客の利益のため、ポートフォリオ全体において、適切な注意（due care, diligence）と判断のもと、十分な情報に基づき、独立した議決権行使の意思決定に努めるべきである

6．長期的価値創造の促進と環境・社会・ガバナンス（ESG）要因の統合 原則６：投資家は企業の長期的な業績と持続的な成功の促進に努め、マテリアルな環境・社会・ガバナンス（ESG）の要因をスチュワードシップ活動に統合すべきである
7．透明性、開示、報告の強化 原則７：投資家は自らの責任の実効的な履行について十分な説明責任を果たすため、スチュワードシップ方針・活動を公表するとともに、どのように履行されたかについて受益者・顧客にも報告を行うべきである

出所：ICGN「グローバル・スチュワードシップ原則（日本語版）」より野村資本市場研究所作成

［西山賢吾］

事項索引

【ア行】

【カ行】

【サ行】

【タ行】

【ナ・ハ行】

【マ～ワ行】

ESG/SDGsキーワード130

2021年２月16日　第１刷発行
2021年３月31日　第２刷発行

著　者　江　夏　あかね
　　　　西　山　賢　吾
発行者　加　藤　一　浩

〒160-8520　東京都新宿区南元町19
発　行　所　一般社団法人 金融財政事情研究会
企画・制作・販売　株式会社 き　ん　ざ　い
出 版 部　TEL 03(3355)2251　FAX 03(3357)7416
販売受付　TEL 03(3358)2891　FAX 03(3358)0037
URL https://www.kinzai.jp/

校正：株式会社友人社／印刷：奥村印刷株式会社

ISBN978-4-322-13592-3